10억 연봉에 도전하는 세일즈맨이 되다

10억 연봉에 도전하는
세일즈맨이 되다

초판 3쇄 발행 | 2015년 12월 15일

지은이 | 정원옥
펴낸이 | 이성범
펴낸곳 | 도서출판 타래
디자인 | (주)우일미디어디지텍
인 쇄 | 우일프린테크

주소 | 서울시 마포구 성지3길 29 그레이트빌딩 3층
전화 | (02)2277-9684~5, 070-7012-4755 / 팩스 | (02)323-9686
전자우편 | taraepub@nate.com
출판등록 | 제2012-000232호

ISBN 978-89-8250-066-4   13320

· 값은 뒤표지에 있습니다.
· 파본은 구입한 서점에서 교환해 드립니다.

성공한 백수의 비즈니스 일지

10억 연봉에 도전하는 세일즈맨이 되다

정원옥 지음

도서출판 **타래**

내 인생을 세일하다

영화를 보다 보면 극적인 반전이 있는 경우가 종종 있다. 그런 장면은 보는 사람에게 충격을 주기도 하고 한없는 감동을 주기도 한다.

이런 영화를 볼 때마다 나는 '왜 내 인생에는 영화 같은 극적인 반전이 일어나지 않는 것일까?'를 무척이나 고민했다.

그런데 지금에 와서 돌이켜보니 그 이유를 조금은 알 것 같다.

인생이라는 항로에서 원하는 방향으로 가기 위한 방향키의 각도를 틀고자 나는 죽을 만큼의 노력과 열정을 다했다. 그렇게 최선을 다했더니 겨우 1도 정도가 틀어졌다.

그런데 최선을 다한 것이 겨우 1도라니……. 내가 봐도 표가 전혀 안 나는데 남들 눈에는 오죽할까?

"쟤는 열심히 사는 것 같은데 왜 늘 저 모양이냐?"

타인의 시선은 둘째 치고 나 자신에 대한 자괴감의 무게가 훨씬 컸다.

‘최선을 다해서 열심히 사는 거나 그냥 편하게 사는 거나 결과가 같다면 지금 쓸데없이 에너지와 시간을 낭비하며 살아갈 필요가 있을까? 죽도록 노력한 것의 결과가 이 정도 밖에 안 된다면 굳이 왜 노력을 하면서 살아야 하는가?’

이런저런 생각 때문에 밤잠을 설치는 날이 많았는데, 그때 중요한 사실 한 가지를 망각하고 있었다. 1도라는 작은 방향 전환이 시간이라는 동지를 만나서 유유히 바다로 나아가 5년, 10년이 흘렀을 때 인생 항로에서 엄청난 차이가 벌어진다는 사실을 말이다.

10년이라는 시간이 흐르고 나서야 나는 출발점과는 많이 다른 방향에 서 있는 나를 발견했다.

인생은 그냥저냥 흘러가는 것이 아니다. 나무가 뿌리를 깊이 내린 후에 줄기를 뻗어가듯 사람은 과거에서 현재로, 현재에서 미래로, 끊임없는 연결 고리를 만들며 뻗어나간다.

뼛속깊이 세일즈맨인 나는 ‘이렇게 하면 이렇게 된다.’는 이론보다는 내가 살아온 삶과 내가 걸어온 길을 통해 세일즈의 뿌리를 보여주려고 한다.

대나무는 5년간 뿌리를 내린다

여수는 아버지와 어머니의 고향으로, 엄마가 나를 뱃속에 넣고 계셨을 때 아버지의 외도로 우리 집은 풍비박산이 났다. 아버지가 새로운 여자와 살림을 차린 후에 장남인 형만 데리고 집을 나가신 것이다.

나는 8살이 될 때까지 엄마, 누나와 함께 여수에서 살았는데, 어느 날 새벽녘에 일어나 보니 엄마가 없었다. 지긋지긋한 삶이 싫었던 것일까? 벽에 걸린 엄마의 체취가 담긴 옷을 붙잡고 누나와 나는 참 많이도 울었던 것 같다.

　나는 그때 13살이었던 누나를 부둥켜안고 울면서 잠드는 일이 많았는데, 얼마 후에 우리가 걱정이 됐는지, 친할아버지가 우리를 서울에 사는 아버지 집으로 데려가기 위해 오셨다.

　난생 처음 타보는 기차에 앉아 나는 아버지와 형을 만난다는 들뜬 마음으로 의자에 앉았다 섰다 하며 창밖 풍경을 바라보면서 마냥 기뻐했다.

　할아버지 손을 잡고 드디어 서울에 있는 아버지 집에 도착했고, 낯선 모습의 아버지와 형을 만났다. 너무 어렸을 때 헤어졌기 때문인지 기억 속에 남아있지는 않았지만, 피는 물보다 진하다고 아버지와 형을 보니 울컥하는 마음이 있었다.

　처음 보는 아주머니가 어린 여자애를 하나 데리고 있었는데, 아버지는 "이제부터 엄마라고 불러라."고 하면서 인사를 하라고 했다.

　쑥스럽게 인사를 하자, 아버지는 동전을 주면서 형하고 나가서 과자를 사먹고 놀다 오라고 했다. 아마도 어른들끼리 할 얘기가 있었으리라.

　형하고 나는 동네 구멍가게로 신나게 달려가서 과자를 사들고 동네를 이리저리 돌아다녔다.

　한참 놀다가 집으로 다시 돌아와 보니, 할아버지는 시골로 내려갈 채비를 하고 계셨고, 곧 "아빠 엄마 말씀 잘 듣고 잘 지내라."하시면서 나와 누나의 머리를 쓰다듬고는 집밖으로 나가셨다. 그렇게 할아버지를 배웅하고 돌아오니 저녁시간이었고, 서울이라는 낯선 도시에서 난생 처음으로 아빠, 새엄마, 누나, 형, 여동생까지 이렇게 여섯 식구가 오붓한 저녁밥을 먹었다. 밥맛이 꿀맛처럼 달았던 것 같다.

이렇게 서울에서의 생활이 시작됐다. 서울 초등학교로 전학을 하고, 새로운 선생님과 친구들도 만났다. 새엄마도 우리한테 잘해 줬고, 여동생도 서울 애라 그런지 무척이나 예뻤다.

그렇게 며칠이 지나자 아버지는 돈을 벌어야 한다며 여수로 내려가시게 되었는데, 만난 지 얼마 되지도 않아서 헤어져야 한다는 생각에 슬펐지만, 어린 마음에도 돈을 많이 벌어야 잘 살 수 있다는 생각으로 아버지를 떠나보냈다.

그런데 아버지가 시골로 내려가시고 나자, 그날부터 새엄마가 갑자기 돌변했다. 틈만 나면 우리 셋을 몽둥이로 때리고 구박을 했다.

그 당시는 연탄을 피웠기 때문에 집집마다 연탄집게가 있었는데, 새엄마는 그것으로 자주 우리를 때렸다. 그밖에도 대빗, 철사 옷걸이 등 손에 잡히는 대로 이것저것 트집을 잡아 마구잡이로 우리를 때렸다. 어느 날은 연탄집게로 맞은 내 머리에서 피가 터졌다.

새엄마도 놀랐는지 그날만은 매질을 멈췄다.

이웃들이 말리는 데도 불구하고 새엄마는 독하게 우리를 매질 했지만, 친자식은 끔찍이도 사랑했다. 그런 모습을 볼 때마다 우리 삼남매는 엄마가 보고 싶다는 그리움이 사무쳐서 차가운 구들 장을 덮은 얇은 이불 위에서 서로를 껴안고 울었다. 온갖 눈치를 보며 밥을 먹을 때에도 툭하면 숟가락으로 머리를 맞았기 때문에 울음을 참아가며 밥을 먹는 것이 내게는 너무 큰 고역이었다. 눈 칫밥은 아무리 먹어도 살이 찌지 않는다는 것을 오랜 시간이 지 나서야 알게 됐는데, 나는 엄마 뱃속에 있을 때부터 제대로 먹지 못했기 때문에 선천적으로 몸이 몹시 허약했다. 그래서인지 20살이 넘도록 온 몸이 비쩍 말라 있었고, 늘 감기를 달고 살았다. 새엄마는 아버지가 돌아오시면 그때는 언제 그랬냐는 듯이 잘해줬고, 아버지가 여수로 내려가면 다시 모진 구박과 매질을 해댔다.

아버지가 집으로 오신 어느 날 참다 못한 누나가 아버지한테 울면서 대들었다.

"새엄마는 아빠가 있으면 잘해주고 없으면 우리를 개 패듯이 패는데 왜 아빠는 가만히 보고만 있어요? 네? 우리를 엄마한테 데려다 주세요."

그날 저녁 아버지는 우리 삼남매를 놓고 새엄마와 싸움을 했고, 며칠이 지나 아버지가 여수로 내려가시자마자 새엄마는 기다렸다는 듯이 왜 고자질을 하냐며 누나의 머리채를 잡고 사정없이 흔들고 때렸다.

중학교에 진학을 해서 친구들처럼 공부도 하고 한창 부모 사랑을 받으며 살아야 할 그 나이에 사춘기였던 누나는 모진 학대를 견디다 못해 엄마를 찾으러 간다며 집을 나갔다.

누나가 집을 나간 후에도 새엄마의 학대는 그치질 않았고, 오히려 누나를 욕하며 우리 형제를 늘 못 잡아먹어서 안달이었다.

우리는 새엄마에게 언제 맞을지 모른다는 두려움에 떨면서 지냈는데, 형은 초등학교 때까지 공부를 잘했다고 한다.

전교에서 1~2등을 다툴 정도였으니 꽤나 머리가 좋았지만, 가정환경이 나쁘다보니 중학교에 입학해서 공부에 집중을 할 수가 없었다. 집에 들어오는 것 자체가 지옥이었으니 어떻게 공부를 할 수 있었겠는가?

그러던 어느 날, 참다못한 형이 안방에 있는 저금통을 털었다. 그리고 내 손을 잡고 엄마를 찾으러 가자고 했다. 어디에 사는지도 모르지만 철없던 우리는 집을 뛰쳐나왔다.

여기저기 한참을 돌아다니다가 배가 고파서 빵과 우유를 사 먹었는데, 어느새 날이 저물어 엄마를 찾기도 전에 깜깜한 밤이 찾아왔다.

하지만 우리는 갈 곳이 없었고, 형과 나는 다음날 다시 엄마를 찾기로 하고 동네 근처 뚝방 밑에 있는 군인 대피소에 몸을 뉘었다.

겨울이어서 무척이나 추웠고, 하천 옆이다 보니 바람도 거셌다. 나는 덜덜 떨며 형을 꼭 껴안다. 형도 나를 꼭 껴안았다. 사람이 다니지 않는 칠흑 같은 어둠이 깔린 그곳에서 우리는 서로의 온기로 추위를 이기고자 애를 썼지만 겨울바람은 인정사정없이 매서웠다.

어디에 사는지도 모르는 엄마와 누나를 생각하니 한없는 그리움에 눈물이 솟아올랐고, 얼마나 시간이 지났을까, 그대로 있다가는 둘 다 얼어 죽을 것 같다는 생각이 들었는지 형이 집으로 돌아가자고 했다.

또다시 그 생지옥으로 들어가서 새엄마의 얼굴을 볼 생각을 하니 두려움이 몰려왔다. 우리는 손을 붙잡고 집 앞까지 갔지만, 도저히 들어갈 용기가 나지 않았다. 다행히도 우리 옆집에 세 들어 살던 아저씨가 한 분 계셨는데, 누구보다 우리 사정을 잘 알고 계셨기에 그 집 문을 두드리고 들어갔다. 아저씨는 우리가 없어진 걸 이미 알고 계셨다.

"아저씨! 집에 들어가야 하는데 도저히 못 들어가겠어요. 아저씨가 우리를 좀 데리고 들어가 주세요. 네?"

측은한 눈빛으로 우리를 쳐다보던 아저씨는 우리의 손을 붙잡고 가서 문을 두드렸다.

새엄마가 나왔다. 차갑게 우리를 내려다보는 새엄마의 눈빛을 보니 아저씨가 가고 나면 죽도록 맞을 게 뻔했다.

아저씨는 "애들이 어려서 그런 거니 이해하세요." 라는 말과 함께 집으로 어서 들어가라는 시늉을 우리에게 해보이고는 발길을 돌리셨다.

새엄마의 첫마디는 "너네들 저금통에서 돈 빼갔지? 얼마 썼어?"

배가 고파서 빵과 우유를 사먹고 남은 돈을 내놓자 새엄마는 "이거 남았어? 이 개새끼들 너희들 오늘 죽을 줄 알아."라고 하면서 부엌에 있던 빗자루를 들고 오더니 사정없이 때렸다. 우리 형제는 무릎을 꿇고 "잘못했어요. 한번만 용서를 해주세요. 흑흑. 잘못했어요. 용서해 주세요. 다시는 안 그럴게요."라며 두 손이 발이 되도록 싹싹 빌었다. 쉬지 않고 매질을 하던 새엄마는 지쳤는지 "나가! 너네 방으로 가. 어휴, 저 개새끼들. 귀신은 뭐하나 몰라. 저런 새끼들 안 잡아 가고. 아이고 내 팔자야." 하면서 신세한탄을 했다.

온기라고는 찾아볼 수 없는 우리 방으로 돌아왔을 때 눈물로 얼룩진 내 얼굴을 형이 닦아 주었다. 그렇게 우리는 다시 부둥켜안고 잠이 들었다.

그러던 형이 중학교 3학년이 되었을 때 집을 나갔다. 그때 나는 초등학교 5학년, 12살이었다.

형까지 집을 나가고 나니, 나는 정말 외톨이가 되었다. 여동생과 나에 대한 차별대우는 갈수록 심해졌는데, 새엄마는 맛있는 음식을 사서 여동생만 먹였다. 먹고 싶은 마음이 굴뚝같았지만 차마 먹고 싶다는 말을 못했다. 내가 잠이 들었다 싶으면 둘이서 몰래 먹기도 했는데, 나는 깨어 있었지만 일어날 수가 없었다. 어린 마음에 울음이 터져 나왔지만, 내 울음소리가 그들에게 들릴까봐 나는 입을 막고 이를 악문 채 자는 척 해야만 했다.

죽고 싶었고, 한없이 슬펐다. 여동생은 잘 먹고 잘 입혀서 누가보아도 부잣집 딸내미처럼 보였고, 나는 비쩍 마른데다가 키도 작아서 완전 시골촌뜨기였다.

준비물을 사야 하는 날에도 말을 하지 못했다. 돈을 주지 않을 게 뻔했고, 또 맞는 것이 두려웠다. 어느 추운 겨울날은 발가벗겨져 집밖으로 쫓겨나기도 했는데, 한참이나 집 앞에 쭈그리고 앉아서 울다가 눈치를 보면서 슬그머니 집으로 들어오기도 했다.

보통의 아이들은 학교가 끝나면 "엄마"를 외치며 대문을 박차고 집으로 들어가고, 그러면 엄마는 집안일을 하다 말고 얼른 뛰어나와 가슴이 으스러져라 아이를 껴안는다. 뺨을 부비며 배는 안 고픈지, 학교에서 별일은 없었는지, 도란도란 이야기꽃을 피운다.

그러나 나는 학교에서 집으로 돌아가는 길이 가장 싫었다. 아니 무서웠다. 세탁기가 없던 그 시절에 새엄마는 대문 앞 수돗가에서 빨래를 했는데, 새엄마가 빨래를 하고 있는 날은 집으로 들어가지 않고 다시 돌아 나와서 동네를 한참 방황하다가 들어가곤 했다. 왜냐하면 옷을 더럽게 입는다며 자주 맞았기 때문이다.

판잣집이 다닥다닥 붙어 있는 가난한 동네에서는 온가족이 모여 오손도손 저녁밥을 먹으며 얘기하는 소리가 들린다. 그 풍경은 밝게 켜진 창문의 불빛만큼이나 따사롭고 행복해 보인다. 나는 그 광경을 물끄러미 바라보며 남의 집 창문 밑에 앉아 있었다. 차가운 시멘트벽이 등에 닿았지만, 그렇게라도 가족의 온정을 느끼고 싶었던 것이다.

　여동생은 나보다 키도 크고 덩치도 컸다. 그래서 동생 옷을 물려 입는 일이 많았는데, 남자애가 여자애 옷을 입으니 얼마나 이상했겠는가!

　냉장고에 과일이 있어도 나는 먹을 수가 없었다. 훔쳐 먹다가 들켜서 여러 번 맞았는데, 새엄마가 과일 개수를 세어놓는다는 것을 몰랐던 것이다.

　한 번은 새엄마 친구가 집에 놀러왔다가 책상에 앉아 있는 나를 보더니 "얘, 너 목에 난 상처 이거 뭐야? 누구랑 싸웠니?"라고 하며 내 옷을 들췄다. 등 여기저기에 난 상처를 보고는 놀란 아줌마는 "너, 왜 그래. 누구랑 싸웠어? 누구한테 맞았어? 응?" 하며 나를 다그쳤다.

　나는 '어제 새엄마한테 맞았어요.' 하고 말하고 싶었지만, 아무 말도 하지 못했다. 대충 눈치를 챘는지 아줌마는 더 이상 묻지 않았다.

　그렇게 시간이 흘러 나는 중학교에 진학을 하게 됐고, 중학교 2학년에 재학 중이던 어느 날 비가 몹시도 많이 오던 저녁이었다. 그날은 오전에 비가 와서 우산을 가져갔는데 낮에는 개어서 해가 나왔다. 학교를 마치고 집으로 돌아오는 나를 보더니 새엄마가 우산 어디에 있냐고 물었다. 그제야 나는 학교에 우산을 놓고 온 것을 알았다. 새엄마의 얼굴이 심상치 않았다. "우산을 놓고 와? 너 오늘 이따가 죽을 줄 알아."

　그 말을 듣는 순간, 나는 오늘 정말 죽을 지도 모른다는 두려움이 밀려들었고, 새엄마가 청소를 하고 있는 사이 몰래 집을 빠져 나왔다.

좀 전까지만 해도 오지 않던 비가 세차게 내리고 있었고, 나는 집 근처에 있는 공중전화로 달려가서 당시 인천에서 공장에 다니고 있던 형에게 울면서 전화를 걸었다.

"형! 오늘 내가 우산을 학교에 놓고 왔는데, 새엄마가 나를 죽일 것만 같아. 형, 나 무서워 엉엉."

당시 형은 19살이었다. 울면서 두려움에 떠는 내게 형은 우선 인천으로 내려오라고 했고, 나는 집 근처에 있는 친구 집을 찾아가서 차비를 빌려 인천행 전철을 탔다. 전철 밖으로 전보다 더 많은 억수같은 비가 내리고 있었다.

인천역에 형이 마중을 나와 있었고, 형은 빗물인지 눈물인지 모를 정도로 하염없이 눈물을 흘리며 나를 부둥켜안았다. 우리는 비를 맞으면서 길가에 서서 한참을 울었다. 그날 저녁, 형은 먹지도 못하는 소주를 마구 들이키고는 여수에 있는 아버지한테 전화를 걸었다.

"아버지! 지금 원옥이가 인천에 내려왔습니다. 나하고 누나는 그렇다 치더라도 막내인 원옥이가 때릴 때가 어디 있다고 그년이 애를 개 패듯이 팹니까? 아버지는 왜 가만히 있습니까? 그년이 사람입니까? 아버지가 사람입니까? 어떻게 부모로서 우리한테 이럴 수가 있습니까? 우리가 태어나고 싶어서 태어난 것도 아닌데, 도대체 우리가 무슨 죄를 지었길래 이런 고통을 당해야 합니까? 네? 흑흑. 말 좀 해보세요."

장대비가 억수 같이 쏟아지는 밤, 공중전화 박스 안에서 전화기를 붙잡은 형은 오열을 했다.

어두컴컴한 공장 기숙사 방으로 들어온 우리 형제는 서로를 붙잡고 밤새도록 울다가 지쳐서 잠이 들었다. 끝나지 않을 것만 같은 고통, 부모와 함께 하지 못하는 설움, 엄마에 대한 그리움이 꿈속에서도 나를 흐느끼게 만들었다.

다음 날, 아버지가 서울로 올라오셨고, 나는 형 손을 잡고 서울 집으로 향했다. 새엄마와 마주할 생각을 하니 가는 내내 가슴이 두근 반 세근 반 콩닥거렸다.

집에 들어가니 아버지와 새엄마가 나를 기다리고 있었다. 새엄마가 나를 노려보는 눈빛에 나는 주눅이 들어 얼굴이 새파래졌다.

아버지가 "니 엄마가 너를 그렇게 때렸냐? 어떻게 했냐?"라고 묻는데, 나는 새엄마 얼굴을 보면서도 말이 나오지 않았다. 맞을까봐 무서웠다. 다시 나 혼자 남게 될까 봐 무서웠다. 그동안 쌓였던 것들을 모두 쏟아내고 싶은데, 서럽고 두려운 마음이 복받쳐 하염없이 눈물만 흘렸다. 아버지는 그 길로 나를 시골로 전학시켰고, 나는 여수로 내려와서 학교를 다니게 됐다. 여수에 내려와서도 여기저기 눈치를 보는 건 마찬가지였지만, 그나마 서울에서의 생활보다는 나았다.

나는 빨리 어른이 되어서 돈을 벌고 싶었다. 그래서 실업계 고등학교에 진학을 했고, 고등학교 3학년 2학기가 시작될 무렵 졸업에 앞서 먼저 취업을 나왔다. 수원에 사는 누나 지인의 소개로 자그마한 중소기업체에 총무과 사원으로 입사를 하게 된 것이다.

누나와 지내는 수원에서의 시간은 너무 좋았다. 나에게 누나는 엄마 그 자체였다.

태어나서 처음으로 따뜻하고 정성이 담긴 밥을 마음 편하게 먹을 수 있게 됐다. 그것만으로도 너무나 감사하고 행복했다.

누나 역시 어린 나이였지만 나를 자식처럼 돌봐주고 아껴주었다. 그래서 나는 어린 마음에 성공하면 누나한테 멋진 집을 선물해야겠다고 생각했다.

회사 일은 나름 재밌었다. 월급은 많지 않았지만, 탄탄한 중소기업이었고 사장님은 지금 돌이켜보면 훌륭한 경영자였다는 생각이 든다.

당시에 내가 졸업을 앞둔 고등학교는 실업계였지만 대학에 진학을 하는 친구들이 제법 많았는데, 나는 별로 관심이 없었다. 돈을 버는 게 우선이었기 때문이다.

그런데 우리 회사 사장님 아들이 공교롭게도 나와 동갑내기였다. 그 친구는 공부를 아주 잘했고, 수능 성적이 잘 나와서 서울대에 합격을 했다. 사장님은 하루 종일 축하전화를 받느라 정신이 없었고, 그 친구를 본 적은 없었지만 나는 너무도 부러웠다. 좋은 부모가 있다는 것이 부러웠고, 나와 같은 나이인데도 나와는 전혀 다른 인생을 사는 모습이 나와 너무 큰 비교가 됐다. 직원 모두가 사장님에게 축하 인사를 건네는데 나는 쥐구멍에라도 들어가고 싶었다. 나 자신이 너무도 초라했다. 문득 나도 대학교에 가고 싶다는 생각이 들었다.

그러던 중 회사 월급날이 돌아왔다. 당시에는 월급을 봉투에 넣어서 직접 직원들에게 나눠줬는데, 머리가 희끗희끗한 차장님과 부장님들이 월급을 받고 즐거워하는 모습이 어린 내 눈에 들어왔다.

'나도 여기에 있으면 나이가 들어서도 월급날 저렇게 좋아하고, 저런 모습으로 늙어 가게 될까?' 하는 생각이 드니 도저히 그 회사를 더 다니고 싶은 마음이 들지 않았다.

치기 어린 마음이지만, 나에게는 성공하고 싶은 꿈이 생겼고,

그래서 퇴사를 결심했다. 그리고 누나에게 말했다.

"누나……. 나 대학 가고 싶어……. 회사 다니고 싶지 않아……."

누나는 어린 동생의 모습을 보면서 가슴이 아팠던지, 등록금을 본인이 댈 테니 회사를 그만두라고 했다. 그렇게 해서 나는 입사 1년 만에 다니던 회사를 그만두었다.

실업계에다가 그다지 머리도 좋지 않은 내가 대학교를 간다는 것은 힘든 일이었지만, 내신 성적이 그나마 받쳐주어서 지방에 있는 전문대에 겨우 들어갈 수 있었다.

대학생활은 정말 좋았다. 말이 대학이지 지방 전문대이다 보니 나와 비슷한 수준의 친구들이 제법 많았다. 나는 학교에 들어가자마자 친해진 친구들과 매일 술을 마셨다. 공부는 안중에도 없었다. 학과 자체가 공부를 하는 학과가 아니라, 실용학과다 보니 과제물로 성적이 매겨졌다. 1년 동안 학교 근처에서 자취를 하면서 나는 거의 매일 술을 마셨다. 원래 약했던 몸은 더 약해졌고, 22살이 되던 해에 군에 입대를 해서 제대를 하자, 나는 스물네 살이 되어 있었다.

실패를 실패라고 말하지 마라!

제대 후에 나는 형과 인천에서 자취생활을 시작했다.

제대하기 전에 나는 사회에 나가서 무엇을 해야 하나 고민을 했었는데, 연예인 매니저였던 동료가 정병장님은 매니저 일과 잘 어울릴 것 같다며 한번 해보라고 권했다.

음반매니저가 되면 왠지 화려한 생활을 할 수 있을 것 같았고, 평소 음악을 좋아하는 내 적성과도 맞을 것 같다는 생각이 들었다.

'그래, 음반매니저로 성공을 하자.'는 뜻을 정하고 나니 뚜렷한 목표가 생겼고, 나는 아르바이트를 하면서 MBC에서 운영하는 사설학원을 다녔다.

6개월 코스였던 학원 매니저 과정을 수료한 나는 졸업하기 전에 취업을 했다. 일은 나름 재미있었다. 연예인들이 내 눈 앞에서 돌아다니는 것을 보면서 처음에는 무척이나 신기했다. (그때 내가 맡았던 연기자는 아직도 활동을 잘하고 있다.)

그러나 그것도 잠시 월급이 너무 작았고, 매니저로 이 바닥에서 성공한다는 것은 거의 불가능하다는 것을 얼마 지나지 않아 깨닫게 됐다.

일을 관뒀다. 매니저로 성공한다는 꿈이 날아가니 허탈감이 몰려왔는데, 지금 생각해보면 포기를 빨리한 것은 잘한 선택이었다.

인생을 살면서 포기해야 할 것과 하지 말아야 할 것은 늘 존재한다. 아니다 싶을 때는 빨리 포기하는 것이 현명한 선택일 수 있다. 어차피 한정된 시간에 모든 것을 다하면서 살 수는 없지 않은가?

별다른 일 없이 매일 집에서 놀기만 하던 나는 무엇을 해서 먹고 살아야 할지 도무지 감이 잡히지 않았다. 그런데 같은 기획사를 다니다 그만둔 형이 본인도 답답했던지 앞으로 뭘 해야 하는지 점집에 가서 한번 물어나 보자고 했고, 함께 동네에 있는 철학관을 찾았다.

우리 둘의 사주를 한참이나 놓고 보던 아저씨가 마침내 입을 열었다.

"음…… 둘 다 나무여. 그런데 여기 형님은 나무로 보자면 꽃나무고, 아우님은 큰 아름드리나무여. 많은 사람들이 쉴 수 있는 나무라고 봐야지. 꽃나무는 아름드리나무 옆에 꼭 붙어 있어야 살어. 그리고 무슨 일이 맞냐면……."

돈을 내고 나오는데 형의 얼굴을 보니 안색이 별로 좋지 않았다. 하지만 나는 기분이 그리 나쁘지 않았다.

'내가 큰 아름드리나무라고? 많은 사람들이 쉴 수 있는 그런 나무라…….'

어디로 가야할지 모르는 힘들고 어려운 상황에서 그 아저씨가 해준 말이 내 가슴에 잔상으로 남았다. 지금은 어렵지만 앞으로 희망이 있다는 말이 아닌가!

지금 나는 세일즈맨이다. 내 의지와는 상관없이 가정이 깨어져서 빨리 사회에 나와서 돈을 벌고 싶은 마음이 강했기에 20대에 세일즈에 뛰어 들었고, 이런 저런 직업을 거치며 여기까지 왔다. 꿈을 가지고 사회생활을 시작했지만 약 10년 동안 되는 일이 하나도 없었다.

여러 개의 직업을 거쳤지만 지하 월세방을 벗어나지 못해 늘 월세 독촉에 시달려야 했고, 밥값이 없어서 밥을 먹지 못한 적도 많았다.

배고픔은 그나마 참을 수 있었지만, 꿈과 현실의 괴리감은 나를 더욱더 힘들게 했다.

빛나는 꿈과 성공이 가슴 속에 있는데, 현실은 냉정하다 못해 시베리아 벌판에 홀로 서 있는 듯한 느낌이 들 정도로 참혹했다.

때로는 주먹으로 가슴을 치면서, 때로는 비 내리는 차 안에서 흐르는 빗줄기와 함께 서럽게 울었다. 그러나 그 어떤 인생이든 포기하지 않으면 반전의 기회는 있기 마련이다.

나는 벼랑 끝에 선 심정으로 새로운 아이템으로 다시 세일즈를 시작했다.

‘하루 20군데를 방문하고 단 하루도 쉬지 않는다.’는 굳은 결단으로 1년이라는 시간을 보낸 후에 나는 그토록 원하던 인생의 반전을 이루었다.

10년이라는 짧지 않은 기간 동안 나는 계속되는 실패가 지긋지긋할 정도로 싫었는데, 시간이 지나 반전의 무대에 섰을 때, 10년 동안의 실패가 ‘실패자의 꼬리표’가 아닌 ‘디딤돌’이라는 이름으로 바뀌어 있었고, 더 멀리, 더 높이 날 수 있도록 나를 밀어주는 용수철이 되었다.

인생에 있어 낭비되는 시간은 없다. 죽을 것 같은 오늘도 내일이 되면 추억이 되고, 어느 날인가는 더 높이 뛸 수 있는 디딤돌로 바뀔 수 있다.

세일즈의 ‘세’자도 모른 채 시작했지만 지금 나는 스스로 밥을 해결하는 사람이 됐다.

청년 실업이 엄청난 사회 문제로 대두되고 있는 이 시점에 사회에 첫발을 내디디며 나와 같은 분야에 들어서는 초보생도 있을 것이고, 현재 세일즈를 하고 있지만 잘 되지 않아서 침체된 인생의 터널을 지나고 있는 사람도 있을 것이다.

‘어디로 가야 할지, 어떻게 해야 잘하는 것인지, 과연 내가 해낼 수 있을까?’ 하는 불안과 염려가 있을 수 있다. 그러나 걱정은 금물이다.

이 책을 집어든 당신은 성공까지는 아니더라도 스스로 자신의 삶을 개척해 나가는 방법을 알게 될 것이다.

나는 하나부터 열까지 내가 직접 경험한 내용을 이 책에 기록
했다.

과거 나의 실패 원인이 타인과 싸웠기 때문이라면, 지금의 승
리 요인은 나와의 싸움에서 이겼기 때문이라고 당당히 말할 수
있다.

세일즈는 자신과의 싸움에서 승리한 사람만이 성공이라는 달
콤한 열매를 맛볼 수 있는 일이다. 내가 나를 넘어서지 않으면 인
생에서도, 비즈니스에서도 성공을 이룰 수 없다.

성공은 둘째 치고 밥 먹고 살기도 어려운 처지가 될 수도 있
다. 그러나 지금, 인생과 비즈니스가 열세에 놓여 있더라도 반전
의 여지는 남아 있다.

당신이 지금 어떤 분야에 있든지 그건 사실 중요하지 않다. 내
가 했던 모든 것이 정답은 아닐지라도 어느 하나는 당신에게 맞
을 수 있다.

이 책을 통해 그 어느 한 가지만이라도 본인의 것으로 만들어
보길 바란다. 그리고 자신과의 싸움에서 승리하는 쾌감이 어떤
것인지도 제대로 맛보길 바란다.

그것은 세상 그 어떤 것과도 맞바꿀 수 없는 달콤함 그 자체
다. 그 달콤함을 맛보는 순간, 성공은 이미 당신의 것이다.

인생의
터닝 포인트를 찾다

새로운 결단,
비즈니스를 꿈꾸다

역사적인 사실을 토대로 제작된 드라마나 영화를 보면 위기의 순
간마다 위대한 개인이 나타나서 의로운 결단을 내리는 장면이 종
종 등장한다. 위대한 개인의 결단은 엄청난 파장을 불러일으키고,
결국 그들은 역사의 주역이 된다. 그들의 공통된 특징은 어려운
환경에 굴하지 않고 불가능한 것을 가능한 것으로 바꾸는 끈질긴
근성과 호기심으로 문제를 해결한다는 것이다.

나는 평범한 개인이지만 새로운 결단을 내리게 되면서 언제부
턴가 위대한 비즈니스맨을 꿈꾸기 시작했다. 지금부터 평범한 개
인의 위대한 비즈니스맨 도전기를 통해 성공 비즈니스의 문을 열
고 밥을 넘어서는 도전을 시작해보자.

내게는 나보다 두 살 많은 친한 형이 있었는데, 그가 새로운
사업을 시작해서 동업자가 필요하다는 전화를 걸어왔다.

그 말에 내 귀가 솔깃해졌는데, 어차피 놀고 있는 형편에 이것

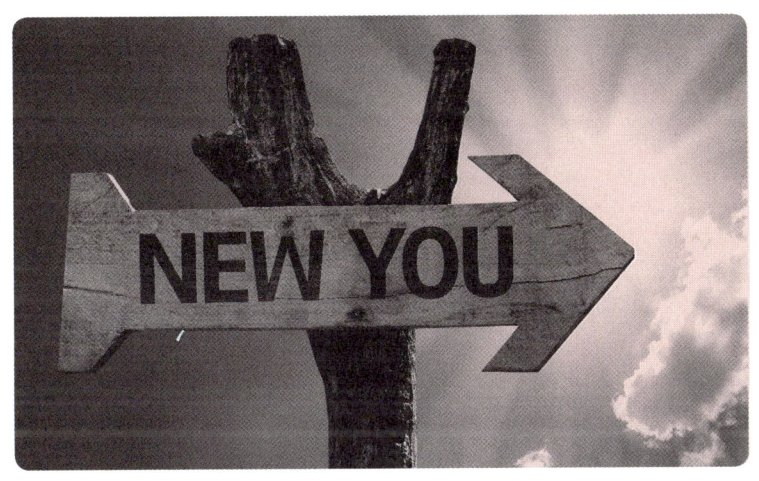

저것 가릴 상황도 아니었고, 평소에 신뢰하던 형이 하는 말이라 바로 만났다. 대충 얘기를 듣고 보니 영업과 관련된 일이었고, 열심히만 하면 돈도 제법 벌고 잘하면 성공할 수 있을 것만 같았다.

그날 내게 온 전화 한통으로 나는 마케팅이라는 새로운 세계로 뛰어들게 되었다.

내가 알고 있는 내 주변 사람이 아닌, 새로운 세상 속에서 살아가는 새로운 사람들을 처음으로 보면서 느꼈던 것은 나는 그동안 우물 안 개구리였다는 사실이다. 병아리가 알 속에 갇혔다가 부화를 해서 처음 세상에 나오면 모든 것이 신기하듯 나 역시도 그랬다.

성공을 얘기하고 꿈을 추구하며 사는 사람들을 보면서 내가 진정으로 원하는 인생이 무엇인가를 진지하게 고민했다. 다른 건 모르겠지만 적어도 내가 밥만 먹고 살기 위해서 태어난 것은 아니라는 확신이 드는 순간, 이 일을 한번 제대로 해봐야겠다는 생

새로운 결단, 비즈니스를 꿈꾸다

각이 강하게 들었다.

'바보들은 항상 결심만 한다.'라는 책이 있다.

우리는 흔히 결심과 결단을 혼동하는 경향이 있는데, 결심은 모래 위에 글을 쓰는 것과 같다. 아무리 크게 글씨를 써 놓아도 파도가 몇 번 왕래하면 이내 그 글씨는 지워져 버리고 만다.

새해가 되면 담배를 끊느니, 운동을 하느니, 다이어트를 하느니 등 별별 결심을 다하지만 작심삼일이라고 3일도 채 지나기 전에 포기를 했던 기억이 한번쯤은 있을 것이다.

그러나 결단은 다르다. 결단은 시멘트 바닥에 글을 쓰는 것이다.

시간이 지나면 그 결단은 딱딱하게 굳은 콘크리트와 같으며, 그 글은 선명하게 가슴 속에 박히게 된다. 아무리 비가 오고 태풍이 몰아쳐도 그 글은 지워지지 않는다.

‘그래, 이제껏 지나온 삶은 아무것도 아니다. 이제부터가 진짜다. 내가 하고 싶은 것을 하면서 살겠어. 자유롭고 위대한 인생으로 내 인생을 바꾸겠어. 꼭 성공하고야 말 것이다.’

비즈니스맨으로 성공을 하겠다는 결단이 내 가슴 속 깊은 곳에 새로운 꿈으로 새겨졌고, 성공을 해서 자유롭게 살겠다는 꿈이 생기니 그 꿈 때문에 가슴이 뛰어 잠을 이룰 수가 없었다. 꿈을 가진다는 것이 그토록 가슴 뛰는 일임을 그때 처음으로 알게 됐다.

인생을 살면서 오늘보다 내일 나아질 수 있다는 희망이 있다면 그 어떤 고난과 역경이 오더라도 견뎌낼 수가 있다. 그러나 만약 오늘보다 내일은 나아질 거라는 희망이 없다면 어떻게 될까? 결국 우리를 힘들게 하는 것은 현실에서 오는 고단함이 아니라, 오늘보다 내일은 나아질 것이 없다는 ‘희망’ 자체가 없기 때문이 아닐까?

어느 연구소에서 쥐 두 그룹을 가지고 실험을 했다고 한다.

캄캄한 암실에서 쥐를 두 그룹으로 나누고, 한 그룹에게는 바늘구멍만한 아주 작은 구멍을 뚫어 햇빛이 들어가게 했고, 한 그룹은 캄캄한 암실에 그냥 방치해 두었다고 한다.

시간이 지나서 두 그룹을 비교를 해보니 캄캄한 암실에 있던 쥐들은 전부 사망했고, 바늘만한 구멍으로 작은 빛이 들어간 암실에 있던 그룹은 한 마리도 죽지 않았다고 한다.

말 못하는 쥐도 작은 빛을 보면서 희망을 가지며 사는데, 만물의 영장인 사람은 말할 것도 없다. 나는 사람에게 가장 중요한 것은 꿈과 희망이라고 생각한다.

사람이 꿈을 갖는다고 해서 전부 이룰 수는 없다. 그러나 꿈이 없다는 것은 살아 있지 않은 것이나 같다. 오늘보다 내일은 나아질 수 있고, 그 어떤 고난과 역경이 오더라도 참고 견디면 지금보다 더 잘 살 수 있는 날이 반드시 있을 것이라고 믿는 것이 꿈이고 희망이다.

모든 세일즈가 그렇겠지만 몸값은 내가 정하기 나름이다. 어차피 기본급이 있는 것도 아니고, 내가 열심히 하면 많이 벌고, 내가 열심히 하지 않으면 돈을 한 푼도 벌지 못할 수도 있다.

나는 그때까지 세일즈를 해본 적이 없었다. 대학교에 들어가기 전에 액세서리 가게에서 두 달 간 아르바이트를 한 것이 전부인 내가 마침내 세일즈 계에 발을 들여 놓은 것이다.

그때까지 나는 세일즈란 누군가에게 아쉬운 소리를 하는 것이고, 세일즈맨은 말을 번지르르하게 하거나 약간의 거짓말을 해서라도 많이만 팔면 된다는 사고방식을 가진 얄팍한 사람들이라는 고정관념을 갖고 있었다. 그러나 실제로 내가 그 일에 뛰어들어 보니, 그건 정말 내 고정관념에 지나지 않았다.

미국은 이미 오래전에 1인 기업가 시대가 시작됐으며, 우리나라도 IMF를 지나면서 평생 직장이라는 단어는 사라지고 평생 직업이라는 새로운 직업의 시대가 오고 있다.

정직하고 진솔한 마음으로 세일즈에 임하는 사람이 훨씬 많으며, 간혹 변칙을 동원하는 방법으로 성공을 거머쥐었다 하더라도 오래가지 못한다는 사실을 나는 알게 됐다.

지금 생각해보면 나는 행운아였다. 일단 20대라는 어린 나이에 새로운 트렌드를 빨리 접할 수가 있었고, 내 주변의 안전지대를 벗어나 너무나도 크고 멋진 새로운 세상이 있다는 것도 알았다. 부양할 가족이 없었기 때문에 내 한 몸만 책임지면 그만이었고, 굶어도 나만 굶으면 됐기 때문에 다른 사람에게 피해를 줄 일도 없었으며, 어차피 가진 게 없었기 때문에 잃을 것도 없었다. 그래서 나는 바로 비즈니스에 올인했다.

이 글을 읽고 있는 사람 중에 가진 게 없는 가난한 사람이 있다면 오히려 좋을 수 있다.

어차피 잃을 게 없으니 과감한 도전을 할 수 있지 않은가?

가진 것이 있으면 그것이 많든 적든 자신이 가진 것을 잃을까 두려워 새로운 일에 과감히 도전하지 못하는 사람들을 많이 보았다. 그런 자세를 가지고는 아무것도 이룰 수가 없다.

세계적인 CEO들 중에 고학력자가 많지 않고, 오히려 저학력자나 무학력자가 많다는 신문 기사를 본 적이 있는데, 잃을 게 없다는 것이 오히려 자신감으로 바뀌어 무에서 유를 창조해내는 힘으로 전환이 된 것이다. 나는 잃을 게 없었기에 새로운 도전에 대한 실패를 생각할 필요가 없었다. 어쩌면 그건 결핍이 주는 교훈일 수도 있다.

BMW의 주인은
누구일까?

비즈니스를 시작하고 나서 나는 열심히만 하면 바로 성공할 줄 알았다. 열정을 가지고 하면 모든 것이 금방 이루어질 줄 알았지만 시간이 가면 갈수록 성공은 점점 내게서 멀어져갔다.

많은 사람들을 만나고 정말 열심히 설명을 하고 다녔지만 거의 대부분 냉담했고, 물건이 잘 팔리지 않았다. 나는 힘이 빠지고 열정이 바닥을 칠 때면 늦은 밤중이라도 강서구청 사거리를 찾았다. 그곳에는 언제나 환하게 불을 밝히고, 나를 기다리는(?) 애마가 있다.

힘들고 지친 날이면 유난히 더 번쩍이는 차를 나는 한참동안 바라보며 서 있곤 했다.

'아 내가 탈 차가 저기에 있구나.……'

그 차를 보고 있는 것만으로도 금방 기분이 좋아지고 가슴이 뛰었다. 어느 날은 꼭 그 차가 내게 말을 하는 것 같았다.

"빨리 와서 타……. 왜 거기 밖에 서서 맨날 보기만 해. 나는

네 차잖아. 주인이 왜 안 타고 나를 이곳에 계속 세워두기만 하는 거야.”

‘아 그래…… 내가 탈 차가 바로 저 차다. 지금은 비록 똥차를 끌고 다니지만, 내가 탈 차는 바로 BMW야.’

나는 번쩍이는 BMW를 보며 힘을 냈고, 그 다음날이면 또 열심히 세일즈를 하고 다녔다. 그렇지만 정말 열심히 최선을 다하는데 실적이 저조했다. 절망이 몰려왔다.

‘이래 가지고 언제 저 차를 탈 수가 있을까? 과연 탈수나 있을까? 다 성공하는데 나만 안 되는 거 아닐까? 친구들은 전부 회사에 취직을 해서 월급 받고 잘 사는 것 같은데, 나는 괜히 쓸데없이 시간낭비나 하고 있는 건 아닐까? 그냥 포기할까?’

별의별 생각이 다 드는 날에는 정말이지 죽고 싶었다.

늦은 밤. 나는 쓸쓸히 아무도 없는 지하방으로 들어갔다. 냉골이다. 차가운 방안의 공기만큼이나 내 인생의 시간도 차가웠다.

어느 날 밤에는 한참을 밖에서 서성이며 차를 보고 있는데, 그 건물의 경비아저씨가 나왔다.

"아니, 뭘 그렇게 쳐다보고 있는 거요?"

"아, 네. 차를 좀 구경하고 있습니다."

"구경을 하려면 낮에 와서 봐야지, 새벽에 제대로 볼 수나 있나."

"예. 그냥 보고 있었습니다. 그만 갈게요."

매장 앞에 세워둔 내 차로 가는데, 뒤통수가 따가웠다.

그 아저씨가 무슨 똥차를 타고 다니는 사람이 BMW를 쳐다보고 있냐고 내 등에 대고 말을 하는 것만 같았다. 그 뒤로는 한동안 차 구경을 가지 못했다. 그 아저씨를 또 만날까봐서.

그 분이 나에게 뭐라고 하지는 않았을 것이다. 괜히 스스로의 열등감에 사로잡힌 것이다.

비즈니스는 정말 생각대로 잘 되지 않았다. 시간은 계속 흘러가고 있었지만 활동경비도 벌지 못했다. 겉으로는 웃고 있었지만 나는 이미 실패의 늪으로 점점 빠져 들어가고 있었다.

언젠가 친구들을 만나러 대학로로 가기 위해 신길동에 있는 집에서 버스를 탔는데, 누나가 전화를 걸어왔다. 그날따라 버스에는 사람이 아무도 없었고, 누나는 내가 얼마 전에 친척집에 가서 영업했던 얘기를 하면서 전화기에 대고 욕을 해댔다. 가뜩이나 일이 안 되서 심란해 죽겠는데, 누나한테 그런 얘기까지 들으니 왈칵 눈물이 쏟아졌다. 버스는 마침 한강대교를 건너는 중이어서 창밖으로 한강이 보였다.

참았던 눈물이 폭풍처럼 터졌다. 홍수가 쏟아지는 것처럼 걷

잡을 수 없는 눈물이 앞을 가렸다. 서러운 마음에 숨을 헐떡이며 누나한테 다시 전화를 했다.

"누나! 나 꼭 성공할 거야. 꼭! 그리고 성공 안 하면 그냥 죽을 거야."

목이 메어서 제대로 나오지도 않는 목소리로 겨우 그 말 한마디를 하고는 전화를 끊었다. 나는 버스를 타고 가는 시간 내내 울었다. 버스에 타고 있는 사람이 없어서 다행이었다.

누나가 일부러 나를 울리려고 전화를 한 것은 아니다. 동생이 취직을 해서 안정적으로 살면 좋으련만, 그렇지 못하니 누나가 봤을 때는 내가 완전히 뜬구름을 잡으러 다니는 사람처럼 보여서 걱정이 많이 됐을 것이다. 하지만 나는 성공하고 싶은 꿈이 있었다. 그 꿈을 누나에게 전부 설명할 수 없었기 때문에 누나가 나를 이해하지 못하는 것은 당연한 일이었다.

한번은 아버지가 서울에 올라오셨다. 며칠이 지나 아버지를 김포공항에 모셔다 드리는데, 여수로 돌아가는 아버지에게 용돈을 드리고 싶었지만 돈이 없었다. 겨우 비행기 티켓을 끊어 드리고, 비행기를 타러 들어가는 아버지의 뒷모습을 바라봤다. 많이 야윈 데다가 머리까지 희끗희끗하니 그날따라 아버지가 왠지 더 없이 초라해 보였다.

주차장에 세워진 내 차로 돌아오는 발걸음이 어찌나 무거운지, 김포공항에서 나와 남부순환도로를 타는데 그 김포공항대로가 한없이 길게 느껴졌다.

아버지를 많이 원망했는데, 이제는 저렇게 힘없이 늙어가는 모습이 안타깝기도 하고, 서울에 오랜만에 오셨는데 변변한 식사도 한 끼 대접 못하는 내 모습이 한없이 초라하게 느껴졌다.

'과연 언제까지 이렇게 살아야 하나?'

가슴이 찢어질 듯해서 운전을 할 수가 없었다. 손으로 가슴을 내리치고 또 내리쳤다.

이놈의 인생이란 게 어쩌면 이리도 안 될 수가 있는 것일까?'

앞이 안 보일 정도로 비가 쏟아지는 어느 날, 차 안에 앉아있는 내 입에서 하나님을 향한 원망의 기도가 쏟아져 나왔다.

"하나님! 지금 저를 보고 계시죠? 정말 저는 이렇게밖에 못사는 건가요? 제가 뭘 잘못해서 안 되는 겁니까? 저는 왜 안 되는 걸까요? 남들은 다 되는 것 같은데 왜 저만 늘 이 모양인가요? 정말 저를 도와주고 계십니까? 제가 하나님 자녀인 거 맞습니까? 정말 하나님 자녀라면 제가 이렇게밖에 안 되는 것은 하나님이 창피한 거잖아요. 저를 도와주십시오. 저에게 용기와 힘을 주십시오. 네? 하느님."

나는 눈물로 얼룩진 기도를 하며 유리창 밖으로 내리는 빗물을 하염없이 바라보았다.

아침에 눈을 떴는데 갈 곳이 한군데도 없다.

오늘은 어디를 가야 하나 생각해 보지만, 나를 반겨줄 곳도 반겨줄 사람도 없다. 그러나 무작정 양복을 입고 고물차에 시동을 걸고 집을 나섰다.

여름이라 그런지 여기 저기 수풀이 울창해 보였다. 날씨는 더없이 맑고 하늘은 파랬지만 내 마음에 더해진 우울함과 상실감이 이루 말할 수 없이 가슴을 짓눌렀다.

관악산이 떠올랐다. '그래, 산에 가서 기분전환이라도 좀 하고 오자.'는 마음으로 관악산에 도착했다. 평일이지만 등산객들이 삼삼오오 짝을 지어서 산행을 하는 모습들이 보였다.

처음에는 입구에서부터 산행이 본격적으로 시작되는 곳까지만 가려고 했는데, 걷다보니 이런저런 생각이 꼬리에 꼬리를 물었다. 나도 모르게 산을 오르기 시작했다.

구두를 신고 양복에 넥타이까지 맨 사람이 산을 오르는 것을 보고, 올라가거나 내려가는 사람들이 나를 힐끗힐끗 쳐다보았다. 그러나 나는 그냥 산을 오르고 싶었다. 인생의 정상에 오르고 싶지만 오를 수가 없다. 하지만 산은 내가 원하면 지금처럼 언제든지 오를 수가 있는 것이다.

굽이진 산을 미친 듯이 올라가는데 소나기가 내렸다. 우산도 없었고 우비도 없었다. 그냥 그렇게 비를 맞으며 계속 산을 올랐다. 온 몸이 비와 땀으로 젖었다. 팬티까지 흠뻑 젖었지만 춥지 않았다. 그냥 더 오르고 싶은 마음뿐이었다. 계속 오르다보니 어느덧 산중턱에 다다랐다. 비가 그쳤다. 바위에 앉아서 가쁜 숨을 몰아쉬면서 하늘을 바라보았더니 언제 그랬냐는 듯 어느새 맑아졌다. 기분이 상쾌해졌다. 오랜만에 느껴지는 좋은 기분이다.

'언젠가는 나도 내 인생에서 이렇게 정상에 설 날이 있을까? 산을 오르면서 비를 맞고, 다리도 아프고, 심장이 터질 것처럼 힘들지만 정상에 오르고 나니 힘든 것을 모르겠구나. 내 인생의 정상도 이렇게 가다 보면 오르게 되는 것일까?'

이런저런 생각을 하면서 한참을 쉬다가 내려왔다. 비 맞은 생쥐 꼴이었지만, 무언인가를 해냈다는 뿌듯함이 있었다. 지금도 가끔씩 관악산을 지나쳐 갈 일이 있으면, 그때 기억이 나서 피식 웃곤 한다.

무시당하는 사람이
더 나쁜 사람이다

나는 서울에서 자취생활을 하면서 월세만 살았다. 집은 거의 반지하였고, 월세 집을 몇 번이나 옮겼지만 월세보증금을 제대로 받아서 나온 적이 한 번도 없었다.

어느 여름날, 누나가 집에 하룻밤 묵으러 왔는데, 지하라 방이 많이 습했다. 보일러를 돌리면 되겠지만, 가스비를 못 내서 끊긴 지가 오래되어 눅눅한 이불을 그냥 덮고 잤다. 나를 보는 누나의 눈빛이 안타까웠다.

영업은 정말 안 됐다. 아침부터 밤늦도록 혼신의 힘을 다했지만, 물건들이 잘 팔리지 않았다. 기본적인 생활이 안 되다 보니 카드빚이 눈덩이처럼 불어나기 시작했다.

금방 될 줄 알았던 일이 장기적으로 침체되면서 생활이 안 되다 보니, 나는 다른 직업을 구해야 할 판이었다. 내일의 희망도 중요하지만 오늘의 삶도 소중한 것 아니겠는가?

영업을 포기하고 싶었지만 해온 것도 아깝고, 여기서 포기하면 앞으로의 인생에서 작은 역경조차 견뎌낼 수 없을 것 같아 포기할 수도 없었다.

나는 영업을 계속하면서 살기 위해 우유 배달을 시작했다. 남들은 어렸을 때 용돈을 벌기 위해 아르바이트를 하거나, 나이가 들어서 하는 사람은 새벽에 운동겸 하는 일인데, 나는 생계를 위해서 그 일을 시작했다. 한 달에 50~80만원은 벌수 있다고 했다. 그리고 제대로 하면 그 이상도 할 수가 있는 일이었는데, 문제는 영업을 밤늦게까지 하고, 새벽에 일찍 일어나서 배달을 한다는 것이 쉽지가 않았다. 그래도 젊으니까 할 수 있다는 마음으로 시작을 했지만, 체력이 따라주지 않았다. 결국 두 달을 채우지 못하고 그만두었는데, 쉽게 얘기해서 짤린 것이다.

새벽에 배달되어야 하는 우유가 오전시간이 끝나갈 무렵에 배달이 되니 고객들의 클레임이 장난이 아니었다. 어느 날 아침은 아파트 주차장에서 배달통을 들고 걸어가는데, 아는 동생을 만났다. 새벽에 일찍 누군가를 데려가기 위해 온 모양이었다.

"아니, 형! 여기서 우유배달 하세요?"

"어, 운동 삼아 하고 있어. 배달이 바빠서…… 담에 보자."

정말 난감했던 순간이었다.

먹고 살아야겠다는 간절한 마음으로 다른 일을 찾다가 나는 택배를 시작하게 됐다. 택배는 새벽에 일찍 일어나지 않아도 되니, 그나마 다행이었다.

저녁 8시 정도가 되면 일이 끝났고, 그 다음부터는 양복을 다시 갈아입고 여기저기 사람들을 만나러 다니면서 세일을 했다. 배달을 하다가 대학 친구를 만나기도 했고, 아는 지인을 우연히

무시당하는 사람이 더 나쁜 사람이다

만나기도 했다. 세상 참 좁다는 말이 새삼스러웠다.

내 구역은 합정역 근처였는데 지방에서 자식들에게 보내는 쌀이며 김치의 양이 장난이 아니었다. 오래된 빌라단지가 많다보니 엘리베이터가 거의 없었다.

어떤 날은 40킬로그램짜리 쌀가마니 몇 개를 배달해야 하는데, 아뿔싸 주소를 보니 엘리베이터가 없는 4층이다. 등에 겨우 쌀가마니를 메고 바들거리는 다리를 붙잡고 계단을 오르내리는데 이런 짐들이 몇 개씩 있는 날에는 거의 초죽음이 된다. 땀이 범벅이 되도록 낮에 열심히 일을 하고 저녁에 또 일을 한다는 것이 쉽지 않았지만, 그래도 영업 일을 포기하고 싶지는 않았다.

하지만 택배 일도 얼마간 하다가 관둘 수밖에 없었는데, 내가 살고 있는 집에 형과 함께 지내게 된 것이다.

형도 하던 사업이 망해서 오가지도 못하는 처지에 놓였기 때문에 지하방이긴 하지만 등을 뉘일 곳이 있으니 함께 지내자고

Track 1 인생의 터닝 포인트를 찾다

했다. 그 후 형은 다시 힘을 내서 다른 일을 하게 되었는데, 형이 시작한 건강식품 판매업이 제법 잘 되었다. 그러면서 형이 함께 일을 해보자고 해서 택배 일을 그만두게 된 것이다.

형이 하는 일은 강의를 해서 고객들에게 건강식품을 판매하는 일이었는데, 이것도 세일이기 때문에 월급이 있었던 것은 아니고, 많이 팔면 그만큼 수당을 많이 가져가는 일이었다. 형은 능력이 좋아서 가는 곳마다 많이 팔았고 돈도 잘 벌었다. 문제는 나였다.

쉽지가 않았다. 의뢰가 들어오는 곳에 가서 나름대로 열심히 최선을 다해서 강의를 하고 판매를 했지만 판매가 잘 일어나지 않았다. 생각했던 만큼 판매가 잘 일어나지 않으니 자신감이 많이 떨어졌다. 자신 있게 강의를 해도 팔릴까 말까 한데 어정쩡한 모습으로 소심하게 강의를 하니 시간이 갈수록 물건이 팔리지 않았다. 어느 날은 전라도에서 강의 의뢰가 들어왔다. 잘 나가는 강사들은 그곳까지 가지 않았지만 나는 사정이 달랐다. 어떻게 해서든 가서 팔아야 했다. 새벽 일찍 출발해서 4시간을 달렸다. 차가 중간에 퍼질지도 몰랐지만 다행히도 시간 맞춰서 강의 장소에 도착했다. 몇 명 되지는 않았지만 최선을 다해서 강의를 했는데, 막상 판매를 하고 보니 1개가 고작이었다. 1개 마진이 1만원이었으니, 만원을 번 것이다. 왔다갔다 기름 값에 밥값까지 완전 마이너스였다. 덜덜거리는 차를 타고 서울로 올라오자니 저절로 한숨이 나왔다. 나라는 인간은 정말 안 되는 모양이다. 실력이 없으니 그런 것이겠지만, 운마저 따라주지 않는다는 생각에 가슴이 꽉 막힌 듯 답답해졌다. 결국 형이 월세며 생활비를 모두 부담했고, 나는 그냥 얹혀사는 처지가 됐다. 물건을 많이 팔지 못하다 보니 수입이 생기지 않았고, 실력이 안 되는 강사에게 일이 주어질

무시당하는 사람이 더 나쁜 사람이다

리 만무했다. 건강식품 유통업계에서도 내가 있을 곳이 없었다.

어떻게 하는 일마다 이렇게 안 될 수가 있을까? 정말 성실하게 한다고 하는데, 정말 최선을 다한다고 하는데, 이렇게 인생이 안 풀리는 것인지 정말 하나님이 원망스러웠다.

일이 안 되는 사람의 특징은 안 되는 책임을 남에게 돌린다.

실패자는 "실패의 원인은 나에게 있다."라고 하지 않는다. 경기가 안 좋은 탓이며, 누가 도와주기 않기 때문이며, 운이 없었기 때문이며, 자본이 없기 때문이라는 등의 보기 좋은 변명은 전부 가져다 붙인다. 그러나 성공하는 사람은 실패하면 실패의 원인을 자신에게서 찾고, 성공을 하면 운으로 돌리거나 주변의 공으로 돌린다. 삶의 자세가 다르기 때문에 성공과 실패가 나뉘는 것이지, 특별한 요건이 성공한 사람에게 더 좋게 작용하는 경우는 극히 드물다.

나는 전형적인 실패자의 모습이었다. 세상 모두가 원망스러웠다. 저녁 늦게 형이 술을 먹고 전화를 했다. 그리고 정말 내 자존심을 건드리는 말을 쏟아냈다.

지금 돌이켜 보면 전부 다 맞는 말이기 때문에 할 말은 없다. 그러나 그 당시에는 그 모든 말이 다 맞는다는 것을 알면서도 인정하고 싶지 않았다.

'무시하는 사람은 나쁜 사람이다. 그러나 무시당하는 사람은 더 나쁜 사람이다.' 나는 더 나쁜 사람이었다. 무시당할 일을 하면서 무시하는 형을 욕했고 비난했다.

도저히 집에 있을 수가 없었다. 무능한 나 자신에게 너무도 화가 났고, 나에게 그렇게 말을 하는 형에게도 화가 났다.

짐을 쌌다. 옷이며 책, 이불 등 낡은 차 안에 넣을 수 있는 것은 전부 다 넣었다. 막상 집을 나왔지만 갈 곳이 없었다. 이리저리 다니다가 성수동의 한 불가마 찜질방에 들어가서 하룻밤을 보내기로 했다. 가서 보니 찜질방에서 생활을 하는 사람들이 의외로 많아 보였다.

'저 사람들도 나처럼 갈 곳이 없는 모양이구나.'

하룻밤을 잤는데 감기까지 걸렸다. 돈이 전혀 없는 상황에서 이리저리 방을 구하러 다녔다.

벼룩시장을 뒤지다가 어느 교회선교원에서 운영하는 월 10만 원짜리 지하방을 알게 됐는데, 그곳은 지하방이라기보다는 지하에 나무로 칸막이를 몇 개 쳐서 방을 만들고, 잘 수 있는 간이침대를 한 개씩 넣어둔 곳이었다. 주로 노숙하는 사람들이 겨울을 피하기 위해 잠시 지내다가 가는 곳인 것 같았다. 그 10만원도 아침을 먹는 식대이지 실제로는 그냥 재워주는 것이나 다름없었다. 지하를 많이 경험하긴 했지만, 그 지하는 지금까지 본 지하 중에 가장 깊었던 것 같다. 그것도 감지덕지라 여기고 짐을 풀려 했는데, 다행히도 건강식품 유통 일을 관두고 새롭게 시작한 휴대폰 판매 회사에서 내 사정을 듣고, 가불을 해주었다.

나는 보증금 200만 원에 월 15만 원짜리 반 지하 월세방을 얻었다. 다세대의 한쪽 귀퉁이 방이긴 했지만, 방을 얻고 나니 무척 기뻤다.

밖은 너무나도 추운데 등 뉘일 곳이 있다는 것이 그처럼 행복하다는 것을 그때 알았다.

차에서 짐을 빼내 전부 정리를 하고 근처 시장에 가서 5천원에 3팩 하는 반찬을 샀다. 햇반을 샀지만 전자렌지가 없어서 그냥 뜯었다.

무시당하는 사람이 더 나쁜 사람이다

냉골방에서 밥알이 모래알처럼 튕겼지만, '이제 이곳에서 다시 시작해야 한다.'는 굳은 마음으로 허기진 배를 채웠다. 그때 누가 나를 봤다면 정말 거지같다고 했을 것이다. 차가운 겨울밤은 그렇게 깊어 갔다. 휴대폰을 판매하는 일은 내 적성에 맞았다.

통신사와 OO은행이 제휴를 해서 신용카드 포인트로 휴대폰 대금을 결제를 해주는 제도가 있었다. 그 은행 CD기 안에서 좌판을 펴놓고 오가는 은행 고객들을 대상으로 휴대폰을 판매했는데 제법 판매가 잘 됐다. 은행이 한두 개가 아니기에 한 달 정도 하고 자리를 옮겨서 판매를 했다. 거의 5년 이상을 되든 안 되든 세일을 하다 보니, 더디긴 했지만 내게도 변화가 찾아왔다.

어떤 분야가 됐든 6개월만 전력투구를 할 수 있다면 그 분야의 세미프로가 되고, 1년을 전력투구 할 수 있다면 완전한 프로가 된다는 말이 있다. 그 말에 따르면 나는 탑 세일즈맨이 돼야 하는 것이 맞겠지만, 워낙 기본기가 부족했기 때문에 남들보다 두세 배 이상 시간이 걸렸다.

큰돈은 아니지만 적게나마 돈을 벌었다. 그러나 그동안 누적된 생활비가 쌓여서 생긴 카드빚을 갚기에도 턱없이 부족했다. 한 달 열심히 일을 하고 아무리 계산기를 두드려 봐도 갈수록 빚이 쌓여가는 상태가 지속됐다. 생활이 아닌 생존을 하면서 살아가자니, 모든 게 멀어져간 느낌이었다. 내가 꿈꾸던 삶은 과연 어디로 갔을까?

성공해서 돈도 잘 벌고, 가족들은 물론 많은 사람들에게 인정을 받으며 자유롭게 살겠다는 꿈은 완전 뒷전이 됐고, 하루하루 먹고 살기 위해 애를 쓰는 초근목피의 인생이 되어버린 것이다. 그러나 나를 가장 힘들게 하는 건 생활고의 고통이 아니라 꿈과 현실과의 괴리감이었다.

비즈니스맨으로 성공해서 아름다운 여자와 결혼을 하고, 귀여운 아이를 낳고, 멋있는 전원주택에 살면서 일 년에 한두 번은 해외여행도 다니고, 책도 쓰고, BMW를 타고 강사가 되어 많은 사람들에게 동기를 부여해 주는 그런 멋지고도 자유로운 인생을 살겠다는 꿈을 꾸었는데, 그런 나는 지금 어디로 가버리고 오늘 당장 먹을 밥을 걱정해야 하는 사람이 되어 버린 것일까? 밤하늘의 별처럼 셀 수 없는 꿈을 꾸었지만, 이루어낸 것은 단 하나도 없었다.

친구들은 결혼해서 가정을 꾸리고, 차곡차곡 저축을 해서 집도 넓혀 나가며 다들 행복하게 살아가는데, 나는 성공은커녕 아무것도 없는 빈털터리에 빚만 잔뜩 졌다. 내일이 오늘보다 나을 수 있다는 확신이 있다면 괜찮지만, 솔직히 그럴 가능성이 전혀 보이지 않았다. 모든 걸 다 포기하고 평범하게 살고 싶은 생각도 많이 들었다.

그러나 어찌된 일인지 가슴 속에서 꿈의 불길이 그치질 않았다. 그치면 그렇게 살아도 될 것 같은데, 그게 맘대로 되지를 않았다. 그게 너무나 괴로웠다.

나는 컴컴한 지하방에 앉아서 혼자 쓸쓸이 김치를 안주삼아 소주를 들이켰다. 현실에 살면서 거대한 꿈에 갇힌 내 모습이 한없이 처량하기만 했다.

기회를 엿보다

은행에서의 판매를 그만두고 전철역 앞에서 가판대에 휴대폰을 진열해 놓고 노상판매를 시작했다. 어느 따스한 봄날이었는데, 수 없이 많은 직장인들이 삼삼오오 짝을 지어서 점심을 먹으러 갔다. 내 배꼽시계도 요란하게 울렸지만, 지갑 속에는 꼬깃꼬깃한 천 원짜리 지폐 한 장 뿐이었다. 500원짜리 캔 커피를 하나 사서 마시며, 지나다니는 사람들을 바라보았다. 든든한 점심을 먹고 난 그들의 얼굴에는 편안함이 깃들어 있었고, 쓴 커피 한잔으로 배를 위로하는 나보다 10배는 더 행복해 보였다.

휴대폰 노상판매도 잘 되지 않았기 때문에 나는 그 일을 그만두고 법인 특판을 하기 시작했다. 규모가 큰 회사를 골라 점심시간을 이용해서 휴대폰 판매를 하는 일이었는데, 몇 군데 회사를 컨택하고 들어가서 판매를 해봤지만 신통치가 않았다. 결국 그 일도 얼마하지 못하고 접었다. 무슨 일이든 해서 돈을 벌고 성공을 하고 싶은데 취직은 싫었다. 그러다보니 집에서 쉬는 날이 많

았다. 수입이 없으니 자연스럽게 월세가 밀렸고, 밀린지 몇 달이 지나자, 주인집 아주머니가 문을 두드렸다.

"총각, 월세 좀 줘. 월세로 생활하는 늙은이인데, 돈을 안 주면 어떻게 먹고 사나? 아, 그 월세가 얼마나 된다고. 그걸 못 줘. 참 나……."

"정말 죄송합니다. 조금만 기다려 주세요. 돈 생기는 대로 꼭 드릴게요."

얼굴이 뜨겁고 부끄러웠다.

아주머니는 틈만 나면 와서 문을 두드렸다. 어떤 날은 방에 있으면서도 없는 척했지만, 그것도 하루 이틀이지 사람 할 짓이 못 됐다.

"총각, 방에 있는 거 다 알아. 문 좀 열어 봐. 사람이 약속을 했으면 지켜야지. 이게 뭐 하는 짓이야? 총각…… 문 좀 열어 봐……."

베토벤이 월세를 받으러 오는 주인집 아줌마의 발걸음을 생각하며 '운명'이라는 명곡을 지었다는데 그 말에 나는 공감한다. 그 아줌마의 발걸음이 어찌 그리 무서운지, 당해보지 않은 사람은 그 고통을 잘 모를 것이다.

집으로 돌아오는 길 중간에 버스 정류장이 하나 있고, 그 앞에 휴대폰 가게가 하나 있었다. 그런데 어느 날 문득 보았더니 웬일인지 장사를 하지 않고 있었다. 나는 그냥 무심코 그 가게 앞에 내렸다. 문이 잠긴 상태를 보고 안을 보았더니 장사를 안 한지 두세 달은 넘어보였다. 집기가 그대로 있는 것으로 봐서는 문만 닫힌 것으로 빈 가게가 아니었다.

한참동안 밖에서 안을 들여다보고 있는데, 아저씨 한 분이 가게 앞을 청소하시다가 나한테 말을 걸었다.

"이 가게 주인하고 아는 사람이요?"

"저요? 아닙니다. 그냥 문이 닫혀 있길래 들여다봤습니다."

"내가 이 건물 주인인데, 이 가게 사장이 연락이 안 되네. 2달 동안 월세도 못 받고 있어. 내 전화도 안 받고."

"번호 아세요?"

"알지. 내 전화는 안 받으니까. 당신이 한번 전화를 걸어봐요. 걸어서 받으면 주인집 아저씨가 그런다고 월세 좀 달라고 해줘요."

그러면서 번호를 알려주었다.

나는 그 자리에서 전화를 걸었다. 역시 전화를 안 받았다. 그래서 문자를 보냈다.

"핸드폰 가게 문이 닫혀 있어서 문자를 보냅니다. 그냥 비워

Track 1 인생의 터닝 포인트를 찾다

두기에는 너무 아까워 보이네요. 연락 좀 주세요.”

잠시 후에 전화가 왔다.

“누구세요?”

“네. 그냥 지나가는 사람인데요. 가게는 있는데 장사를 안 하는 것 같아서요. 조금 아까워 보이네요. 혹시 제가 장사를 한번 해볼 수 있을까요?”

“…… 영등포로 나올 수 있습니까?”

“네, 가능합니다.”

그렇게 해서 영등포에서 그날 오후에 가게 사장을 만나게 됐다. 사장은 모 통신사 대리점을 영등포에서도 운영하고 있었는데, 그곳 말고도 영등포구청 쪽에 다른 대리점이 있었다.

그의 말을 들어보니 현재 문을 닫고 있는 그 가게는 관리할 직원이 없어서 그냥 닫아둔 거라고 했다.

나는 솔직하게 현재 나의 상황을 대리점 사장에게 고백했다.

“저는 돈이 없습니다. 그래서 가게를 인수할 능력은 안 됩니다. 그러나 휴대폰 판매는 잘할 자신이 있습니다. 어차피 비워 둘 가게라면 월세도 그냥 나가는 걸 텐데, 저에게 그 가게에서 장사를 할 수 있도록 해주십시오. 밀린 월세와 전기세는 제가 벌어서 전부 다 내겠습니다.”

그 사장님은 무척 젊어보였다. 실제로 나보다 1살이 많았으니 꽤 젊은 편이었는데, 가게를 여러 개 낸 것이다. 그는 나를 유심히 보더니 그렇게 한번 해보라고 했다.

사장의 입장에서는 손해날 게 없었다. 어차피 닫힌 가게이기도 했고, 월세를 대신 내준다는데 마다할 이유가 없는 셈이다.

내 입장에서는 사람이 잘 다니지 않는 거의 죽은 상권이긴 했지만, 일단 월세가 저렴했고, 몇 대만 팔면 되겠다는 자신감이 있었다. 그리고 보다 중요한 건 이렇게 놀고만 있을 상황이 아니라는 것이다. 나는 고맙고 감사하다는 인사를 몇 번이나 하고, 키를 받아서 당장 가게 청소를 시작했다.

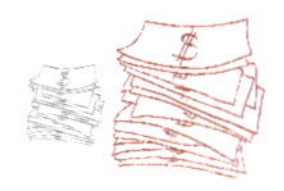

세상에서 제일 일찍 문을 여는
휴대폰 가게

노상판매의 가장 어려운 점은 비가 오거나 눈이 내리거나 춥거나 덥거나 하면 장사를 접어야 한다는 것이다. 휴대폰이 저렴한 액세서리도 아니고 이것저것 상담을 해줘야 하는데, 궂은 날씨에 노상판매를 하다 보면 상담이 오래 지속되지 않는다.

그런 악조건 속에서도 일을 해봤는데, 외부의 날씨와는 전혀 상관없이 겨울에는 따뜻하고 여름에는 시원한 내 가게가 있다는 것 자체가 너무도 행복했다.

특히 비가 오는 날은 너무나도 좋았다. 잔잔한 음악을 틀어놓고, 그윽한 커피 한잔을 마시며 창밖으로 떨어지는 빗방울을 보고 있노라면 세상 부러울 게 없었다.

수입은 노점판매보다는 많이 나았다. 그러나 상권 자체가 워낙 인적이 드문데다가 사람이 머물지 않는 곳에 가게가 있다 보니 내방고객이 많지 않았다. 하루에 정말 많으면 5명, 보통은 2~3명, 날씨가 궂으면 사람 구경하기가 하늘의 별따기였다. 그러니 확률적으로 판매 수치가 낮을 수밖에 없었다. 그러나 나는 세상 그 누구보다 행복했다.

보통 휴대폰 가게는 10시 전후로 해서 장사를 시작하지만, 나는 새벽 6시에 가게 문을 열었다. 그 누구도 새벽 6시에 문을 여는 휴대폰 가게를 본 적이 없을 것이다.

나는 눈만 뜨면 바로 씻고 나왔다. 양복을 깨끗하게 차려 입고 넥타이를 매고 출근을 했다. 나는 어엿한 휴대폰 가게 사장님이었고, 주위에서도 나를 그렇게 불렀다. 알고 보면 그냥 영업자지만, 보기에는 그럴 듯해 보였으니 손해날 건 없었다.

내방 고객은 정말 드물었다. 그러나 문의를 하러 온 손님을 나는 거의 놓치지 않았다. 수년간 세일즈를 하면서 많은 사람들을 만나다 보니 나름 노하우가 생겼기 때문인데, 나이 여하를 막론하고 고객의 수준에 맞는 상담을 해서 판매를 성공시켰다.

나중에 들은 얘기지만, 가게 원주인이 가끔씩 가게를 보러 왔다고 했다. 그럴 때마다 가게에 사람이 있어서 놀랐다고 한다. 왜냐하면 본인이 그곳에서 장사를 해봤으니 얼마나 장사하기 힘든 장소인지를 아는데, 장사가 제법 되는 것처럼 보였으니 그럴 법도 할 것이다.

몇 개월 장사를 하고 나니 사장님이 가게를 내놓자고 했다. 영등포구청에 다른 가게가 있으니 나보고 거기 가서 장사를 해보라고 했다.

정직하게 판매를 하고, 판매일지를 꼼꼼히 기록해놓자, 얼마 지나지 않아서 가게를 인수하겠다는 사람이 나타났다. 가게를 넘기고 더 좋은 상권이 있는 곳으로 자리를 옮겼다. 옮긴 곳은 예전과는 비교가 안 될 정도로 유동인구가 많았고 그만큼 장사도 잘 됐다.

나는 한 개를 팔더라도 정확한 마진을 보고 팔았기 때문에 거래하는 대리점 영업사원들이 놀라곤 했다. 특별한 것은 아니었지만 나는 나름대로 다음과 같은 판매 전략을 세워서 운영을 했다.

첫째, 손님이 오면 절대로 먼저 다가가지 않는다.

보통 우리나라 사람들은 그냥 편안히 구경을 왔는데, 판매사원이 달라붙으면 구경하는 것 자체를 부담스러워 한다. (아마 독자들도 그런 경험이 있을 것이다.)

그런 것을 알기에 나는 일단 손님이 들어오면 가벼운 인사를 하고 이렇게 얘기했다.

"편하게 보십시오. 구경하는데 돈 드는 거 아니니까, 보시고 궁금한 게 있으시면 그때 저한테 얘기하세요. 차도 한잔 드시면서 천천히 보세요." 하고는 내 할 일을 했다.

이러면 보통 편안한 마음으로 구경을 하다가 궁금할 때 질문

세상에서 제일 일찍 문을 여는 휴대폰 가게

을 한다. 그럴 때 나는 정확하게 요점만 추려서 간단하게 설명을 해주었다. 고객은 부담을 느끼지 않았기 때문에 가게에 오래 머물었고, 오래 머물수록 구매를 할 확률이 높았다.

둘째, 추천을 해달라고 하면 2개 이상을 내놓지 않는다.

무엇인가를 선택하는데 있어서 다양한 것을 보고 나면 어떤 것을 선택해야 하나 고민을 하게 된다. 물건이 다양할수록 하나를 선택하기가 더 어려워지는 법이다. 고객이 내게 무엇인가를 추천해 달라고 하면, 고객의 눈높이에 맞춘 상품 1개 혹은 2개를 내어놓는다. 혹 내가 추천하는 것이 마음에 들지 않는다고 하면, 꺼내 놓은 것을 도로 집어넣고 새로운 것을 한두 개 꺼내어 놓는다. 심플한 추천으로 빠른 선택을 할 수 있도록 유도하는 것이다. 그렇게 하면 판매 성공 확률이 높아진다.

셋째, 절대 공짜로 주지 않는다.

지금은 그렇지 않지만 예전에 휴대폰 매장을 가보면 유리벽에 고객을 유혹하는 많은 문자들이 붙어있는 것을 본 적이 있을 것이다. 그 대표적인 문자가 바로 '휴대폰 공짜'다.

그러나 나는 한 번도 공짜로 팔아본 적이 없다. 물론 공짜로 팔아도 수익이 되는 저렴한 폰들이 있다. 그러나 그런 폰임에도 불구하고 반드시 3~5만원을 받았다. 그 이유는 그 돈을 받으면 고객들은 싸게 줘서 고맙다고 말하며, 지인도 소개해준다. 그러나 공짜로 주면 여기저기서 흔히들 받는 공짜폰으로 알고 고마운 줄도 모르고 으레 그냥 어디서나 주는 그런 폰으로 알아버린다. 한마디로 가치가 떨어지는 것이다. 그래서 나는 늘 돈을 받았다. 물론, 다른데서는 공짜인데 왜 여기서는 돈을 받느냐며 화를 내는 고객도 있었다. 그러나 그런 고객은 소수이기 때문에 나는 내 원칙을 고집했다.

넷째, 친절에 유머를 더하다.

장사를 하는데 있어서 친절은 기본이다. 그러나 지금은 어느 가게를 가든 모두 친절하기 때문에 차별화가 되지 않는다. 그래서 나는 유머를 많이 사용했다. 가벼운 농담으로 기분을 좋게 만들고, 짧은 시간이지만 편안하게 언제든지 차를 한잔 마시러 오고 싶을 만큼 격 없는 사이를 만들고자 노력했다. 그렇게 하다 보니 어떤 아주머니는 2시간 넘게 우리 가게에 있다가 돌아가기도 했다(그 시간 손님이 없어서 천만 다행이었다).

물론, 내가 한 일은 별로 없다. 그냥 자식처럼 장단을 맞춰주었을 뿐이다.

나이가 지긋한 어머니 같은 분이 오시면 "빠마는 어디서 하셨어요? 빠마 참 잘 나오셨네용, 2년 가도 안 풀릴 빠마네요." 하면서 너스레를 떨면 좋은 분위기가 금방 형성된다.

젊은 처녀들에게는 "오늘 화장이 제대로 먹었네용······. 피부가 너무 좋아 보여용." 등.

나이와 상황에 맞게끔 농담을 즐겨하다 보니 고객들이 다른 가게보다 우리 가게를 훨씬 친근하게 여겼고, 그러다보니 기왕에 휴대폰을 살 거라면 우리 가게에서 사려는 사람이 많아졌다. 덕분에 장사는 제법 잘됐다.

이런 식으로 나름대로의 원칙과 노하우를 가지고 장사를 했지

세상에서 제일 일찍 문을 여는 휴대폰 가게

만, 반면 애로사항도 많았다. 휴대폰 시장은 외부의 영향을 너무나도 많이 받는다. 방통위에서 통신사를 상대로 규제를 하면 시장이 바로 얼어붙었다. 어제까지만 해도 3만원에 사는 휴대폰을 오늘 20만 원 주고 사라면 누가 사겠는가? 그러다 보니 정책이 들쭉날쭉해서 종잡을 수 없을 때가 많았다.

나는 팔고 싶은데 유점포의 특성상 결국 고객이 오지 않으면 아무것도 할 수가 없는 상태가 된다. 그런 상태가 지속될 때면 정말 가게 문을 박차고 나가고 싶을 때가 많았다.

그래도 감사했다. 아무것도 없는 내가 가게를 할 수 있게 된 것 자체가 다른 사람에게는 몰라도 내게는 기적과도 같은 선물이었기 때문이다.

Track 1 인생의 터닝 포인트를 찾다

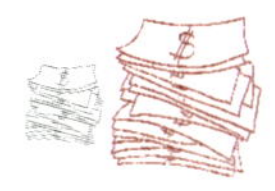

잠수는 아무나 하나

가게를 하면서 형편이 좀 나아진 나는 보증금을 올려서 300만 원에 월세 25만 원짜리 집으로 이사를 했다. 거의 지하에서만 살다가 처음으로 2층에서 살게 된 것이다.

처음에는 너무 좋았다. 지하에 살아보지 않은 사람들은 이해를 못하겠지만 지하방은 여름에 장판을 들춰보면 눅눅함과 습기가 늘 배어 있으며, 곰팡이 냄새가 사라질 날이 없다. 어느 집에서는 내 손가락 길이보다 더 큰 바퀴벌레와 함께 살기도 했는데, 그런 집에서만 살다가 4층 건물의 2층 집으로 이사를 했으니 얼마나 뽀송뽀송한지 그 기쁨은 이루 말할 수가 없었다. 차도 오래된 중고이긴 했지만 바꿨다.

남들이 보기에는 후진 차였지만 내게는 에쿠스보다 더 훌륭했다. 장족의 발전을 한 셈이다. 여름이 시작되기 전에 이사를 했는데 여름이 다가오면서 문제가 생겼다. 퇴근을 해서 방문을 열면 일단 너무 더웠다. 더워서 잠을 잘 수 없을 정도였다.

내가 살던 집은 적벽돌로 지은 상가건물이었는데, 이 벽돌은 열을 흡수하기만 하고 방출이 안 된다는 사실을 나중에 알았다. 여름 내내 자다가 깨기를 하룻밤에도 몇 번씩 했고, 샤워를 하면 몇 분이 지나기도 전에 금세 등줄기로 땀이 흘러내렸다. 베개에 머리를 대면 바로 잠이 드는 내게 본의 아니게 불면의 밤이 지속됐다. 밤에 잠을 충분히 자고 낮에 열심히 일을 해야 하는데, 제대로 잠을 못 자다 보니 정신이 몽롱해서 일에 집중이 잘 안 됐다. 그래서 돈이 있으면 여관에 가서 에어컨을 춥도록 틀어놓고 잤다. 금전적인 여유가 안 되면 찜질방에 가서 잤고, 그마저도 안 되면 그냥 차 안에서 에어컨을 틀어 놓고 뒷좌석에 쭈그리고 잤다. 한 번은 집 근처 한강 고수부지에서 에어컨을 틀어놓고 차에서 자고 있는데, 고수부지를 관리하는 아저씨가 문을 두드렸다. 여기서 이렇게 자면 큰일 난다고 얼른 집으로 가서 자라고 했다.

이렇게 생활하면서 어렵게 돈을 벌었지만 그동안 쌓여있던 빚

Track 1 인생의 터닝 포인트를 찾다

이 너무 많았다. 내 카드는 이미 연체가 된지 한참이나 되었고, 내게 동업을 하자고 손을 내밀었던 친한 형에게 빌려 쓴 카드대금도 눈덩이처럼 불어나더니 어느새 1,000만원을 넘고 말았다.

이 큰 돈을 도대체 어떻게 마련해서 갚아야 할지 눈앞이 캄캄했다. 형을 보기가 너무 미안했다. 워낙 사람이 좋아서 본인은 힘든데도 불구하고 돈을 갚으라는 직접적인 얘기는 하지 않았지만, 그런 태도가 오히려 내게 더 많은 죄책감을 안겼다.

돈 갚으라는 전화가 아니고 가벼운 안부를 묻는 전화에도 도저히 받을 용기가 나지 않아 결국에는 내 휴대 전화번호를 바꾸어 버렸다. 흔히 말하는 잠수를 한 것이다. 그리고 내가 연락을 하지 않았기 때문에 우리는 오랜 시간 연락이 끊겼다. 하지만 가슴 한켠에 '혹시 길을 가다가 만나면 어떻게 할까?' 하는 걱정이 늘 있었다. 일부러 잠수를 한 것은 아니었지만, 결과적으로 나는 빚쟁이가 되어서 연락을 끊어버린 파렴치한 인간이 되어버린 것이다. 다행히도 우연히 마주친 적은 없었고, 그렇게 몇 년 연락을 못하다가 비즈니스가 어느 정도 성장을 하고 여유가 조금 생겼을 때 용기를 내어 그 형에게 전화를 걸었다.

"형! 나야 원옥이……. 그동안 잘 지냈어?"

"원옥이라고? 야! 너 잘 살고 있냐?"

천만 원이나 되는 돈을 갚지도 않은 채 연락을 끊고 잠수해버린 동생의 전화를 받으며 그 형은 무척이나 반가워했다. 상스런 욕을 할 법도 한데, 그 형은 나쁜 말 한마디 하지 않고, 그동안의 내 근황을 물었다. 인간성이 좋은 사람은 그렇게 빛을 드러낸다. 그렇게 우리는 오랜 시간이 지나서 다시 만났다. 거의 5년만의 재회였다. 내가 여기저기 빚에 시달리며 되는 것이 하나도 없는 인

잠수는 아무나 하나

생이었다는 것을 누구보다도 잘 알고 안타까워했던 형을 만나니 좋았다.

그러나 다시 재회를 했을 때의 나는 예전의 내가 아니었다. 형도 180도 변한 내 모습에 약간 충격을 받은 것 같았다. 우리는 그동안 나누지 못했던 서로의 인생 공백기에 관한 얘기들과 함께 밤늦도록 술잔을 기울였다.

"연락 끊어서 원망 많이 했지? 미안했어. 형."

"네 형수가 나한테 그러더라. 원옥이가 다시 전화를 해온다면 그때는 정말 뭔가 다른 모습이지 찌질한 모습은 아닐 거라고."

두 사람은 나를 믿고 기다려준 것이다.

물론, 채무 관계는 깨끗하게 정리했고, 우리는 인생의 좋은 선후배로 여전히 남아있다.

Track 1 인생의 터닝 포인트를 찾다

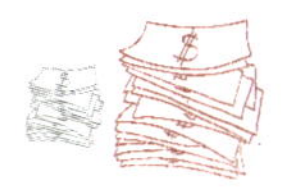

과거의 질긴 고무줄을 끊자

아는 사람 사무실에 잠깐 들렀는데 벽에 글이 적혀 있었다.

"바다는 비에 젖지 않는다."

그 글을 보는 순간, 가슴에 전율이 일었다.

'비를 삼켜버리는 거대한 바다 같은 인생을 살려면 지금 당장 내 삶에 강력한 변화가 필요하다. 가게를 해서는 밥 먹고 사는 그 이상은 절대로 되지 않는다. 위대하게 될 수는 더더욱 없다. 그럼 무엇이 있을까? 내가 가진 모든 역량을 쏟아 부어서 완벽한 변화와 함께 위대함으로 도약할 수 있는 일이 없을까?'

휴대폰 가게를 하면서도 나는 늘 다른 무엇인가를 찾았다. 그러나 기회란 게 그리 눈에 확 띄지 않아서 그런지 아무리 찾아도 마땅한 것이 없었다. 그런데 우연치 않게 영업을 하면서 알게 된 지인을 통해 또 다른 기회가 찾아왔다. 법인을 상대로 통신서비스를 제공하는 공격적인 비즈니스였는데, 자세히 듣고 보니 해볼

만한 가치가 있겠다는 생각이 들었다. 지금껏 개인을 상대로 하는 일만 했지 법인을 상대로 하는 일은 해본 적이 없었지만 가게에 수동적으로 앉아서 오는 사람에게만 판매를 하는 것이 아니라, 안 될 때는 찾아가서라도 '팔 수 있다'는 일의 형태가 일단 맘에 들었다. 그리고 듣고 보니 열심히만 한다면 수입은 휴대폰을 팔아서 버는 금액보다 몇 배는 더 많겠다는 느낌이 들었다. 도전을 해야겠다는 판단이 섰다.

사장님에게 가게를 반납하고 고맙다는 인사를 하고 헤어졌다.

새로운 일을 시작하면서 가게를 운영하며 버는 금액보다 적기는 했지만 그래도 월급을 받으면서 일을 했다. 지금까지 했던 일과는 전혀 달랐기에 차근차근 배워 나갔다.

월급을 받는 처지였지만 내 일같이 누구보다도 성실하고 열심히 일을 하면서 조금씩 새로운 옷을 내 자신에게 입혀나갔다. 한번도 해본 적이 없는 공격적인 비즈니스이긴 했지만 하다 보니 내 성향에 잘 맞는다는 느낌이 들었다. 몇 개월 일을 하면서 어차피 해야 할 일이라면 최대한 빠른 시간에 독립하는 것이 좋겠다는 생각이 들었고, 많은 것들이 미흡했지만 독립을 하기로 마음을 먹었다. 사람들은 무엇인가 새로운 일을 시작하는데 있어서 완벽한 준비가 필요하다고 생각한다. 물론, 준비가 된 만큼 성공할 확률이 높아지는 건 사실이다. 하지만, 너무 많은 것을 완벽하게 준비한 뒤 일을 시작하겠다고 일의 시작 자체를 늦춘다면 그것이야말로 기회를 놓치는 어리석은 짓이다.

조금 부족하더라도 일단 저질러보고, 나머지는 하면서 배워 나가면 된다. 처음부터 완벽한 사람이 어디에 있으며, 어차피 인생에 있어서 완벽한 것이 또 얼마나 있겠는가?

나는 최선을 다해서 배우고 일을 했지만 홀로서기에는 솔직히 너무나도 부족한 점이 많았다. 그러나 그것 때문에 시작을 늦추고 싶지는 않았다. 두려움이 있었지만, 꿈에 모든 것을 걸어봤던 경험이 새로운 도전에 대한 두려움을 이겨내게 했다.

싸움꾼과 무술 유단자가 싸우면 누가 이길까? 싸움꾼이 이긴다.

그럼 싸움꾼과 평범하지만 죽기로 결심하고 싸우는 사람이 있다면 누가 이길까? 승자는 평범하지만 죽기로 결심한 사람이다. 아무리 싸움 잘하는 싸움꾼도 죽기를 각오하고 덤비는 사람을 이길 수는 없다.

휴대폰 가게를 반납하고 다시 새로운 도전에 나섰을 때, 나는 비장한 각오로 인생의 무대에 섰다.

맨 처음 비즈니스에 발을 들여놓은 그 순간부터 인생의 저항은 시작됐다. 꿈을 선택했다는 이유로 내게 불어닥친 저항은 굉장히 거세고 무서웠다. 나는 그 저항에 많은 시간들을 내어주고 살았으며, 나의 현주소는 아직까지도 실패와 실수로 얼룩진 곳이다.

그러나 새롭게 시작하는 일에서조차 동일한 실패가 이어진다면 더 이상의 희망이 내게 주어지지 않을 것이다.

어느 아프리카 밀림의 나무들이 병이 들어 서서히 죽어가고 있었다.

전 세계의 많은 생태학자들이 모여서 그 밀림을 살리고자 애를 썼지만 시간이 갈수록 그 밀림의 나무들은 계속적으로 말라갔

과거의 질긴 고무줄을 끊자

다. 그런데 열심히 연구를 하던 한 생태학자가 이 거대한 숲에 대
형 선풍기를 설치해서 나무쪽으로 바람을 보내야 한다고 주장했
다. 동료들이 무슨 뚱딴지같은 소리냐며 핀잔을 줬지만, 그 학자
는 그렇게 해야만 숲이 살아난다고 강하게 주장을 했고, 별다른
대안이 없었기에 그의 말대로 대형선풍기를 숲 곳곳에 설치해서
나무를 향해 강한 바람을 보내기 시작했다. 그런데 이상하게도
강력한 바람을 맞은 나무들은 시간이 흐르면 흐를수록 나뭇잎이
파래졌고, 급기야 울창했던 예전 숲의 모습을 되찾았다.

생태학자의 의견은 다음과 같다.

"숲에 바람이 불어야 나무는 넘어지지 않기 위해 더 깊이 뿌
리를 내리고, 그러면서 강해지고 크게 성장을 합니다. 이상기후로
인해서 바람이 거의 불지 않게 되자 나무가 뿌리를 내려야 할 필
요성을 느끼지 못했고, 그러다보니 성장하지 못하고 서서히 죽어

Track 1 인생의 터닝 포인트를 찾다

가게 된 것입니다.”

사람도 숲의 나무와 다름이 없다. 역경과 고난이 없다면 단단해지지 못하고 고매한 인격체로 성장하지도 못할 것이다. 그렇다면 내게 불어 닥친 역경의 바람은 나무가 뿌리를 내리는 과정이었다고 생각해도 되지 않을까?

조개가 자기 몸 안에 들어온 불순물들을 내보내기 위해 애를 쓰는 그 아픔과 고통 속에서 결국 아름답고 영롱한 진주가 탄생한다. 그래서 진주는 조개의 눈물이라고도 말을 하지 않는가? 적당히 해서 될 일은 세상에 단 하나도 없다는 것을 나는 알았다. 더 큰 세계로 나아가고 위대한 인생으로 나를 바꾸기 위해서 구본형의 말처럼 과거를 단절하고 새로운 나로 거듭나야 했다. 과거는 아주 질긴 고무줄과 같다. 이놈의 탄성은 정말 끝내준다.
그러기에 고무줄(과거의 생각과 습관)을 아예 끊어내지 않으면 작게 늘어뜨리거나 크게 늘어뜨리거나 탄성에 의해서 다시 제자리로 돌아온다.
나는 지금까지 이 고무줄을 끊으려 했지만 끊어지지 않았다. 길게 늘어뜨리기는 했지만 끊어지지 않았기에 다시 처음으로 되돌아온 것이나 다름없다. 끊어질 듯한 것과 끊어지는 것은 엄연히 다르다. 나는 정말 나를 붙들어 매고 있는 고무줄을 이쯤에서 끊고 싶었다.
그동안 수없이 많은 결단을 했지만 어느 순간에 해이해지고 다시 원상 복귀하는 결과가 반복이 됐다. 이제 정말 이런 내 자신이 지겨웠다.

'쉽지 않은 도전임을 알고 있지만 절대 포기하지 않고 이곳에서 반드시 성공하겠다.'는 비장한 각오와 다짐으로 과거의 한 해를 보내고, 새로운 한 해를 나는 그렇게 맞이하고 있었다.

Track 2

내 인생의
일기장을 쓰다

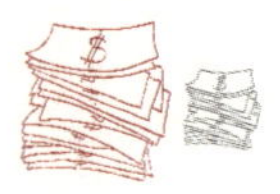

연봉 10억을 목표로 설정하다

새해가 밝았다. 이제 내 나이 서른 넷.

이 정도 나이가 되면 많은 사람들이 무엇인가를 이루어냈다. 버락 오바마가 '담대한 희망'이라는 책을 쓴 것처럼, 많은 이들이 자기 인생의 무엇인가를 이루어냈던 나이에 나도 도달했다.

결과적으로 나는 지금까지 큰 성공을 위한 발판을 닦았다. 대나무처럼 5년 동안 뿌리만 내렸고, 이제는 하루 70cm씩 자라날 것이다.

3년 동안 나는 완전히 집중할 것이다. 정말 내가 어디까지 갈 것인지 나는 잘 모른다. 하지만 나는 꼭 갈 것이다. 올해는 완전히 독립적으로 가게 됐다. 이제 정말 가보고 싶다.

한 번도 가보지 않는 길을 가지만 나는 두렵지 않다. 반드시 내 인생의 화려한 시기를 맞이하게 될 것이다.

새해 첫날, 나는 일기에 쓴 대로 결단을 했다. 새로운 일이었고

아무도 도와줄 사람은 없다. 오로지 나의 판단과 나의 의지를 믿고 나아가기로 했는데, 삼국을 통일했던 김유신 장군이 생각났다.

그는 화랑도로 있으면서 주색잡기에 빠져서 지냈다. 문무를 닦기보다는 술과 여자를 좋아했고, 날마다 기생방에서 친구들과 어울려 놀았다.

그러던 어느 날, 보다 못한 아버지가 김유신을 불렀다.

"나라가 이토록 어지럽고 언제 전쟁이 날지 몰라 백성들이 불안에 떨고 있는데, 너는 이 나라를 책임지고 나가야 할 사람이 날마다 기생방에서 놀기나 하고 있으니 장차 무슨 큰일을 하겠느냐?"

아버지의 꾸중을 듣고 느낀 것이 많았던 김유신은 그날 이후부터 기생방을 완전히 끊고 문무에 집중하기 시작했다.

하지만 고단한 훈련을 마치고 집으로 돌아오던 어느 날, 김유신은 말에서 깜빡 잠이 들었고, 눈을 떠보니 말이 멈춘 곳은 집이

연봉 10억을 목표로 설정하다

아니라 늘 다니던 기생집 앞이었다. 날마다 기생집을 다녔으니 김유신의 말이 익숙한 길로 접어들었던 것이다.

말에서 내린 김유신은 칼을 빼들었다. 그리고 단칼에 아끼던 말의 목을 베었다.

사랑하던 말의 목을 베면서 김유신 장군은 무슨 생각을 했을까?

만약 그때 김유신 장군이 '피곤한데 잘됐다. 여기서 좀 쉬다가 가자,'고 했다면 삼국통일의 주역이 될 수 있었을까?

나는 김유신 장군처럼 흔들리지 않는 단호한 결단을 했다. 더 이상 물러설 곳이 없다.

일단 시간의 우선순위를 정해야 했고, 단순하지만 분명한 목표를 세워야 했다.

"내 목표는 연봉 10억이다."

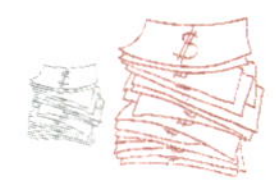

확률의 법칙을 믿어라

경기가 침체될수록 기업들은 마케팅과 영업에 회사의 명운을 걸 수밖에 없다. 지금은 마케팅과 영업 형태가 많이 다양화되어 '발로 뛴다.'는 의미가 많이 퇴색되었다고 생각하겠지만, 사람이 모여 사는 이 세상에서 영업자가 고객과 얼굴을 맞대고 이야기를 나누는 것만큼 효과적인 영업은 없다.

영업 직원들이 고객을 만나는 일은 쉽고도 어려운 일로, 지금처럼 소비자의 욕구가 극대화된 사회에서는 영업을 잘하는 직원이 회사의 주요 직책을 맡는 경우가 많다.

영업의 중요성을 강조한 한 예를 살펴보자.

어느 회사의 경영 상태가 갈수록 악화됐다. 경영진들이 모여서 고심한 끝에 경영컨설팅 회사에 자신들의 문제점을 찾아 달라고 의뢰를 했다. 컨설팅회사에서는 의뢰한 회사의 말단 직원에서부터 최고위층에 이르기까지 회사의 모든 사항을 6개월 동안 점검하며 세밀하게 관찰했고, 한 장의 보고서에 한 줄로 회사의 문제점을 요약해서 보냈다.

"당신 회사의 문제점은 영업사원들이 고객들을 많이 만나지 않는 것입니다. 문제를 해결하는 유일한 방법은 직원들이 지금과는 달리 더 많은 고객을 만나야 합니다."

또 다른 경우를 한번 살펴보자.

아버지는 자동차 영업소 소장이었고, 아들은 그 영업소에서 근무하는 영업사원이었다.

아들이 열심히 영업을 하러 다녔지만, 단 한 대의 차도 팔지 못하다가 1년 만에 한 대의 차를 팔고 와서 아버지에게 자랑을 했다.

"아버지 제가 오늘 드디어 차를 한 대 팔았습니다."
"그래 축하한다. 몇 명의 사람을 만났느냐?"
"네 100명의 사람을 만났습니다."
"그렇구나. 그럼 내가 자동차 10대를 파는 방법을 알려주랴?"
"네, 아버지. 그 방법이 무엇입니까?"
"1,000명의 사람을 만나 보거라. 그러면 자동차 10대를 팔 수 있을 것이다."

이것을 확률의 법칙이라고 한다. 농구선수가 슛을 할 기회를

많이 가지면 가질수록 득점을 할 확률이 높아지는 것처럼, 당신이 많은 고객을 만날수록 비즈니스에서 성공할 확률 또한 높아진다.

지금 당신이 시장바닥에서 보험 영업을 한다고 가정해보자.

당신이 지나가는 사람을 붙잡고 저는 "OO보험사의 OOO입니다. 필요한 게 있으시면 저에게 연락을 주십시오."라고 명함을 건넨다면 거의 대부분의 사람들이 거절할 것이다.

그러나 50명, 100명에게 명함을 건네다 보면 반드시 "어디 보험사라고요?"하고 묻는 사람이 나올 것이다. 이것이 확률이다.

결국 일을 잘하는 사람은 확률을 높인 사람이지 어느 한 고객을 끈질기게 물고 늘어지는 사람이 아니다.

확률의 법칙을 믿어라

능력이 뛰어난 한 사람은 하루에 10명을 만나서 제안을 하고, 평범한 능력을 가진 한 사람은 하루에 100명을 만나서 제안을 한다고 가정해보자.

당신은 어떤 결과가 나올 것이라고 생각하는가? 실력은 좀 떨어지지만 성실하게 100명을 만난 사람이 실력이 뛰어나지만 10명을 만난 사람을 이기게 되어 있다.

그런데 중요한 것은 평범한 그 사람이 매일같이 100명의 고객을 만나다보면 많은 시행착오를 거치면서 실력이 좋아진다는 사실이다.

똑같이 하루 10명의 고객을 만나더라도 결국에는 실력이 좋은 사람의 성공 확률이 높아지는 것이 불가분의 법칙으로, 능력이란 계속적인 시행착오를 거치면서 성실하게 일했을 때 자연스럽게 따라 붙는 것이다.

나는 처음에 단순하지만 하루 20여 곳의 영업장을 방문한다는 목표를 세웠다. 하루에 20군데를 방문하면 주 5일을 일한다고 했을 때, 한 달에 약 400여 개의 고객사를 방문하는 것이 된다. 그 중 약 5%는 내 제안을 받아들일 것이고, 그렇게 되면 약 20여 개의 고객사가 생기게 되며, 나는 마침내 그토록 꿈꾸던 억대 연봉에 진입을 하게 된다. 단순하지만 명쾌한 결론으로, 구체적인 목표를 세우고 나니 마음이 뿌듯해졌다.

정말 그렇게 된 것만 같았다. 가슴이 뛰고, 심장이 뛰었다. 진정으로 원하는 꿈을 가진 뒤로 내 꿈의 심장이 가동됐다. 현실의 벽에 부딪쳐 꿈의 심장이 멈출 듯한 위기가 수도 없이 많았지만, 나는 계속적으로 내 꿈의 심장에 펌프질을 했다.

만약 내가 그때 확률의 법칙을 무시하고 발로 뛰지 않았다면 지금과 같은 결과를 거두기 어려웠을 것이다.

　이제 행동하는 일만 남았다. 이 목표를 달성하는 길은 오직 행동뿐이다.

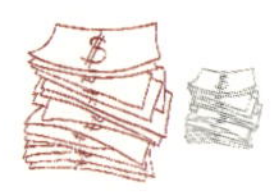

나는 성공할 만한 사람이다

사무실은 없다. 나에게 지시하는 상사도 없고, 나를 보호해줄 어떠한 보호막도 없다.

오직 내가 회사이고 내가 상사이고 내가 나의 보호막이다.

아침에 눈을 뜨자마자 샤워를 하고 옷을 깨끗하게 차려 입고 책상에 앉았다.

'오늘부터 시작인데, 어디를 가야 하나? 그래 일단 나가자. 꾸물거리다 보면 때를 놓치기 쉬우니 일단 나가서 부딪혀보자.'

나는 전철을 타고 역삼역 근처에서 내렸다. 수없이 많은 빌딩들이 가지런히 줄지어 있었다.

나는 내 스케줄을 확인했다.

· 오전 10시부터 12시까지 방문 판매
· 12시부터 1시 30분까지 점심식사

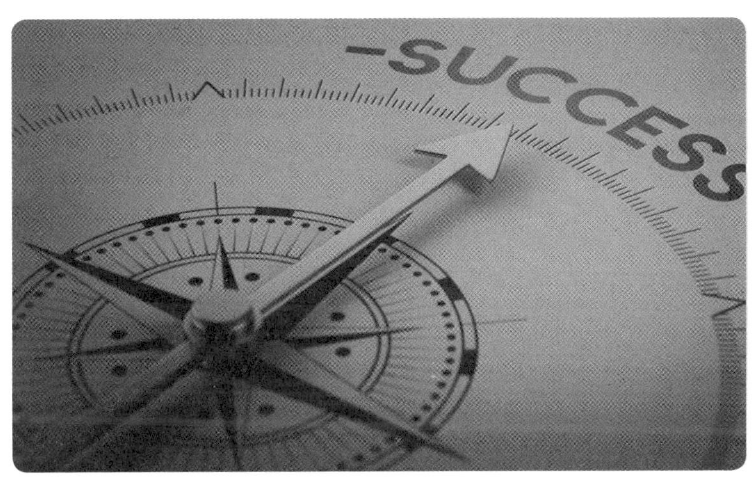

- 1시 30분부터 오후 5시 30분까지 방문 판매
- 집으로 복귀해서 밥을 먹고 그날 만난 고객사에 무조건 제안서 발송

　

나는 매일 이 스케줄을 지켜나갔다. 1월이라 많이 추웠다. 살을 에일 정도로 바람이 많이 불고 때로는 눈보라가 몰아쳤지만 나를 막지는 못했다. 나는 멈출 수가 없었다. 영하로 곤두박질치는 너무 추운 날씨에 눈까지 겹쳐서 오는 날은 나도 모르게 움츠러들었다.

'아, 오늘은 너무 추운데…… 오늘 하루만 쉴까?'

쉬고 싶은 마음은 정말이지 굴뚝같은데, 이를 악물고 주먹으로 책상을 치고는 집을 나섰다.

아침마다 현관 앞에서 나는 거울을 보았다. 그 앞에는 멋지게 정장을 차려입은 한 남자가 서 있다. 키는 작고 얼굴에는 여드름 흉터가 제법 있지만 표정에서 생동감이 넘친다.

날마다 거울 앞에서 나는 "원옥아! 너는 성공할 만한 사람이다. 그리고 반드시 성공할 것이다."라는 주문을 외우고, 집밖으로 나섰다.

때로는 전철을 타고, 때로는 자동차를 타고 강남 일대를 열심히 휘젓고 다녔다.

눈이 오면 눈을 맞고, 바람이 불면 바람을 맞았다. 그렇게 열심히 하다 보니 갈수록 명함집이 두둑해졌다.

사람을 만나는 횟수가 늘어갈수록 자신감도 그에 비례해서 높아져갔다.

자신감이란 스스로를 믿는다는 얘기인데, 오랜 기간 실패만 거듭하다보니 솔직히 내가 성공할 것이라는 것에 대한 자신이 없었다. 계속되는 실패와 무능력함을 맛보았기 때문에 나도 모르게 실패가 일상화되어 버린 것이다.

남에게 보이기 위해서 겉으로는 "나는 할 수 있다."고 큰소리로 외치지만 나는 알고 있다.

'그동안 해낸 적이 한 번도 없고, 늘 이 모양인데 내가 어떻게 이걸 해내겠어.'

이렇게 내 안의 나는 늘 풀이 죽어 있는 여리고 여린 모습이었을 뿐 생동감 있고 진취적인 모습은 절대로 찾아볼 수가 없었다. 그러나 나는 이제부터 여리고 약한 사람이 절대 아니다. 꿈을 추구하고 위대함을 목표로 했지만 결과가 없었기에 오랜 시간을 실패 속에서 울어야 했다. 하지만 나는 결코 포기하지 않고 여기까지 왔다. 지금부터는 완벽하게 새로운 결과물을 만들어내서 나를 바꾸고야 말 것이다. 무능과 실패의 고무줄을 끊고, 위대한 인간으로 다시 태어날 것이다.

그러기 위해서는 누구보다도 나 자신을 믿어야 한다. 세상 그 누구도 내 말을 들어주지 않지만 나는 내 말을 가슴으로 들어야 한다.

나는 틈만 나면 운전 중에도 큰 소리로 외쳤다.

"나는 할 수 있다. 아니 해낼 수 있다. 반드시 성공할 것이다. 반드시 내 꿈을 이룰 것이다. 그 누구도 나를 막을 수 없다. 나는 꼭 거대한 성공을 이룰 것이다."

길을 가면서도 끊임없이 속으로 할 수 있다는 말을 되뇌었다.

거절을 당하고 문전박대를 당해서 상처를 받고 마음이 아플 때도 있었지만, 그건 순간일 뿐이고, 나는 다시 자신 있는 모습으로 금세 되돌아왔다. 끊임없이 나에게 힘과 용기를 불어넣으며 무능하게 누워 있는 내 안의 나를 일으켜 세웠다.

사람은 타인의 격려와 칭찬에 용기와 힘을 얻는다. 타인의 따스한 말 한마디에도 힘을 얻는데 내가 나에게 하는 격려는 타인의 것보다 몇 배 더 힘이 강하다.

그래서 늘 자신에게 긍정적인 메시지를 주어야 하고, 부정적인 외부의 메시지가 자신에게 영향을 주지 않도록 차단시켜야 한다.

기댈 곳이 없고, 도움 받을 곳이 없지만 더 이상 나는 외롭지 않다.

내가 겪은 이 모든 것들이 내 인생에 있어 값진 재료가 될 것이며, 걸림돌이 아니라 거대한 곳으로 높게 뛸 수 있는 디딤돌이 될 것이라 생각하니 절로 힘이 샘솟았다.

날마다 출근하면서 거울에 대고 '성공할 수 있다.'를 외치고,

나는 성공할 만한 사람이다

화장실 거울이나 길을 걷다가 유리에 비친 나 자신을 볼 때면 끊임없이 얘기했다.

'원옥아! 너는 정말 성공할 만한 사람이다. 힘을 내라. 반드시 크게 성공할 거야.'

그동안 나는 내가 원하는 대로 안 될 때마다 나 자신을 원망하고 자책하면서 학대만 했었다. 10년 동안 늘 안 됐었으니 10년 동안 자기 학대를 한 셈이다.

지금까지 잘 되지는 않았지만 적어도 포기하지 않고 여기까지 와준 나 자신에게 감사함을 표하거나 뜨거운 포옹을 하고 열렬한 박수를 보냈던 적이 단 한 번도 없었다. 그래서 나에게 무척이나 미안했고 고마웠다. 그리고 이제부터는 어느 자리에서건 늘 힘과 용기를 주자고 다짐했기 때문에 나는 아침마다 그것을 실천했다.

Track 2 내 인생의 일기장을 쓰다

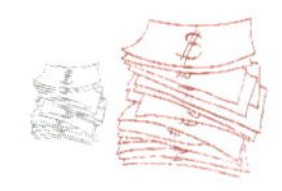

당신의 다이어리 첫 페이지에는
무엇이 있는가

어느 날 나는 인터넷에서 황새의 입속으로 몸이 반쯤 들어간 개구리 한 마리를 그린 그림 한 장을 보게 되었다.

엄청난 실패와 고통 속에서도 포기하지 않고 자신의 삶을 승리로 이끈 한 사람의 열정과 인내가 사진 한 장에 고스란히 담겨 있었다.

나는 그 그림을 프린트했다. 그리고 다이어리 맨 첫 페이지에 오려서 붙였다. 그리고 그 사진은 지금까지 나와 동거동락하는 사이가 됐다.

다이어리가 낡아서 여러 번 교체를 했지만, 첫 페이지는 늘 이 사진이 장식하고 있다.

'황새의 입속으로 몸이 반 이상 들어간 개구리 한 마리'

죽음 앞에서 삶을 포기하기보다 끝까지 황새의 목을 붙잡고 황새가 자신을 삼키지 못하도록 버티는 연약한 개구리 한 마리가 나 자신 같았다.

수없이 많은 거절로 상처받고 지쳐서 열정이 떨어질 때 나는 다이어리 맨 첫 페이지를 열었다. 그곳에는 살기 위해 안간힘을 쓰는 개구리 한 마리가 있다.

'연약한 이 개구리조차도 포기하지 않고 살기 위해 발버둥을 치는데, 내가 이런 일로 여기서 꿈을 포기하고 삶을 포기한다면 나는 이 개구리보다 못한 사람이 된다. 다시 하자. 다시 일어서자. 제 아무리 입이 큰 황새라도 끝까지 삶을 포기하지 않는 개구리를 집어삼키지는 못한다. 나는 할 수 있다. 그래 나는 할 수 있다.'

그렇게 다이어리를 펼쳐 보는 일이 많았다.

한 번도 보지 않는 날도 있기는 하지만, 어떤 날은 수도 없이 바라본다. 혼자서 외롭게 밥을 먹을 때도 내 눈은 이 개구리를 바라봤다.

'끝까지 포기하지 말자. 그래, 포기하면 안 된다. 죽기 살기로 하자. 어차피 한번 사는 인생이다. 이대로 여기서 물러난다면 내 인생이 너무나 서글프다. 내 꿈이 너무도 아프다. 포기하지 말자. 포기하지 말자.'

아무것도 아닌 것처럼 보이는 이 개구리 그림 한 장이 때론 위로가 되고 때론 친구가 되고 때로는 용기가 되었다.

어떤 날은 20여 군데를 방문했는데도 불구하고 이렇다 할 성과가 없었다.

적어도 나 자신과의 약속은 지켰다고 위로를 하지만, 비즈니스 성과가 없는 날에는 열정이 떨어진다. 날이 어둑어둑 저물어 간다. 시간을 보니 벌써 6시가 다 된 것 같다.

전철에 몸을 싣는다. 퇴근시간이라 그런지 지하철에 사람이 붐빈다.

'아, 오늘은 영 별로구나. 내일은 어디를 가야 하나? 너무 강남만 했나? 영등포나 신촌 쪽으로 한번 가볼까?'

머릿속이 복잡하다. 퇴근은 하는데 오늘은 견적서를 보낼 곳이 없다. 견적서를 보낸 후 뿌듯한 마음으로 잠을 자야 하는데 잠도 잘 안 올 것 같다.

다시 다이어리를 펼친다. 개구리 한 마리가 있다. 너무 많이 봐서인지 개구리 그림도 많이 낡은 것 같다.

손때 묻은 개구리 한 마리, 아무리 봐도 명작이다. 누가 그렸는지는 몰라도 정말 잘 그렸다.

만화 같은 그림을 보면서 내 머릿속에 염려와 불안, 근심이 잠시나마 저 멀리 달아난다.

'그래, 내일은 잘 될 거야. 내일은 내일의 태양이 또 떠오르잖아. 죽기 살기로 버티면 나도 잘 살 수 있다. 내일은 좀 더 일찍 나가서 더 열심히 해보자.'

콩나물시루처럼 지하철 안에서 그렇게 죽기 살기로 매달려 있는 나, 그렇게 나는 절대 포기를 모르는 한 마리 개구리가 되어가고 있었다.

당신의 다이어리 첫 페이지에는 무엇이 있는가

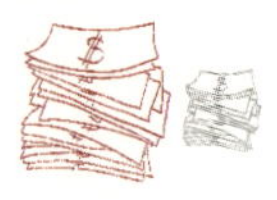

남들이 쉰다고 해서
함께 쉬어서는 안 된다

열심히 추위와 싸우면서 최선을 다해 일을 했지만 마음먹은 대로 일이 착착 진행이 되지는 않았다. 한 달이 채 되기도 전에 구정이 다가왔다.

구정이 끝난 수요일 아침. 며칠 달콤한 연휴를 보내고 나니, 몸과 마음이 많이 나태해져 있었다. 아침에 눈을 떴는데 정말이지 오라는 곳이 없었고 마땅히 갈 곳도 없었다.

나도 이렇게 연휴 후유증에 시달리는데 고객사도 그럴 거라고 생각을 하니 더 나가고 싶은 마음이 들지 않았다.

그때, '내가 만약 80살이 되었을 때 지금 행동을 한 것을 후회할 것인가, 안 한 것을 후회할 것인가?'를 생각해 보니 답이 나왔다.

'그래 나가자. 나가서 죽더라도 나가자.'

그날은 강남으로 나가지 않고 구로디지털단지 근처를 도는데 휴일이 끝나서 그런지 거리가 굉장히 한산했다.

'여기서부터 시작을 하자.'는 마음을 먹고 나는 보이는 곳은 모

조리 들르기 시작했다.

　연휴가 끝난 직후라 영업을 하기가 수월하지 않겠다는 생각을 했지만 영업을 나갔고, 꽤 괜찮은 자료들을 수집할 수가 있었다.

　역시 모든 일은 움직이는 대로 따라오기 마련이며, 남들이 하지 않을 때 할 수 있는 용기를 가져야지만 성공의 문이 활짝 열린다는 걸 알 수가 있었다.

　'지금 내가 하는 일에 목숨을 걸고, 최선을 다해서 반드시 꼭 정상의 자리에 서자. 그러면 또 다른 기회와 더 큰 목표가 주어질 것이다.'는 신념을 가지고 나는 바쁘게 거리를 누볐다.

　어제 영업을 나갔던 곳에서 결정이 내려졌다. 무거운 몸과 마음을 이끌고 일을 나섰는데, 운이 좋게도 필요한 곳에 제안을 했던 것이다.

　그 일은 수입과 함께 큰 자신감을 덤으로 주었다. 남들이 하지

남들이 쉰다고 해서 함께 쉬어서는 안 된다

않을 때 내가 행동했다는 자부심과 멈추지 않으면 나도 할 수 있다는 진정한 용기를 얻게 된 것이다.

그건 정말 엄청난 사건이었다. 일에 대한 무섭고 두려웠던 마음이 사라지고, 어디든지 갈 수 있다는 확신에 찬 마음이 가슴을 뜨겁게 달구었다. 그날 아침, 대부분의 영업사원들처럼 일을 나가지 않고 쉬었더라면, 나는 지금쯤 어디에 있을까? 적어도 지금의 나는 없을 것이다.

'긍정의 걸작'이라는 책을 보면 웅진그룹의 윤석금 회장이 '브리태니커 백과사전'을 세일할 때의 얘기가 나온다. 남들 다 쉬는 명절에도 그 분은 쉬지 않고 일을 했다. 대목을 보던 과일가게 사장님들을 상대로 영업을 했고, 세계적인 탑 세일즈맨이 됐다.

남들 쉴 때 다 쉬고, 놀 때 다 놀면서 남들보다 뛰어나기를 바란다는 것은 어불성설이다.

그 일을 계기로 나는 더 열심히 일을 했고, 꽃피는 봄을 지나 어느덧 뜨거운 여름이 왔다.

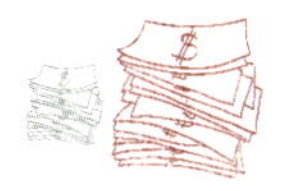

양복에 묻은 하얀 소금기를 본 적이 있는가?

나는 땀이 많은 체질이다. 특히 여름에는 땀이 많이 난다. 그래서 운전을 하면 엉덩이에 땀이 차서 늘 축축하다. 빌딩에 들어가서 이쪽저쪽 돌면서 고객사를 방문하고 계단을 내려 오다보면 어느새 온 몸이 땀으로 뒤범벅이 된다. 손수건을 두 개씩 가지고 다니는데도 오후에는 늘 축축했다. 걸음이 잘 걸어지지 않을 정도로 허벅지에 땀이 많이 찼는데, 매일 20군데 방문을 목표로 삼았기 때문에 열심히 발걸음을 재촉할 수밖에 없었다. 여름 내내 숨이 정말 턱까지 차오르는 날씨가 계속됐고, 장마가 시작되자, 더운데다 습하기까지 해서 정말 죽을 맛이었다. 12시까지 일을 하고 점심을 먹고 차에 탔다. 차에 앉아 에어컨을 크게 틀어놓고 찐득찐득 땀으로 범벅이 된 몸을 식혔다. 오후에 일을 시작하면 금세 다시 온 몸이 땀으로 범벅이 됐고, 하루하루 정말 최선을 다해서 일을 하고 나니 어느덧 여름 휴가철이 됐다.

동일 업종에 있는 사람과 우연히 통화를 하다 보니, 이렇게 더

운데 휴가를 가야지 무슨 일을 하냐며 핀잔을 줬다. 그러나 나는 '남들 쉴 때 다 쉰다면 내가 설 정상의 자리는 다른 사람의 것이 된다.', '지금 흘린 땀이 언젠가는 나에게 보답을 해줄 것이다.'라는 마음으로 다시 초심으로 돌아가 일을 했다.

일을 마치고 집에 돌아와서 옷을 벗고 정리하는데, 바지 뒷부분에 여기저기 하얗게 얼룩이 져 있었다. 오물이 묻은 줄 알았는데, 자세히 보니 땀이 말라붙어서 생긴 소금기였다. 그러고 보니 내 몸 여기저기에도 하얀 소금이 덕지덕지 붙어있는 게 아닌가? 기뻤다. 눈물이 났다. 지금껏 온 몸에 소금이 저리도록 살았던 적이 단 한번이라도 있었던가?

나는 순간 안도현 시인의 '너에게 묻는다'라는 시가 생각이 났다.

연탄재 함부로 차지 마라.
너는 누구에게
한번이라도 뜨거운 사람이었느냐!
자신의 몸뚱아리를
다 태우며 뜨끈뜨끈한
아랫목을 만들던
저 연탄재를
누가 함부로 발로 찰 수 있는가?
이제 하얀 껍데기만 남아 있는
저 연탄재를
누가 함부로 발길질 할 수 있는가?

내 인생에서 가장 뜨거운 여름이었다. 다시 안 올 시간이라고 생각을 하니 한없는 감동이 몰려왔다. 이루어낸 것도 없고, 성공하지도 못했지만 나는 내 자신이, 내 인생이 그토록 자랑스러웠던 적이 없었다. 내가 나를 이겨낸다는 것이 총성 없는 전투임을 자신과 싸워본 사람은 알 것이다.

우리는 아침에 눈을 뜨는 그 순간부터 자기 자신에 대한 도전을 시작한다.

더 잘 것인가 말 것인가, 밥을 더 먹을 것인가 말 것인가, 운동을 할 것인가 말 것인가, 일을 진행할 것인가 말 것인가 등. 수없는 갈등의 시간들이 반복되며, 때로는 자신을 이기기도 하고, 때로는 내 안의 또 다른 나에게 지기도 한다. 나는 늘 나 자신과의 싸움에서 졌었다. 하루 10번 싸우면 거의 10번을 모두 진 것이다.

그런데 어느 날부터인가 내가 나를 이겨내는 일들이 생겨나기 시작했다. 나는 변해가고 있었고, 그 변화의 속도는 계속적으로 빨라졌다. 그 느낌을, 그 자신감을 잃고 싶지 않아서 나는 더 열심히 일을 했다.

무작정 남의 사무실을 돌발적으로 방문하는 일은 쉬운 일이 아니다. 하루에도 몇 번씩 '아! 여기를 들어가야 하나 말아야 하나.' 하는 고민의 연속이었다. 그런데 이런 갈등의 순간이 올 때마다 구정 연휴가 끝난 첫날 아침에 스스로에게 물었던 그 말을 되뇌었다.

'내가 80이 되었을 때 지금 행동한 것을 후회할 것인가, 하지 않은 것을 후회할 것인가?'

행동하지 않은 것을 후회할 것 같다는 생각이 들면 나는 바로 행동했다. 사자가 먹이를 낚아챌 때는 먹이에게 여유를 주지 않

양복에 묻은 하얀 소금기를 본 적이 있는가?

는다. 순간적으로 뛰어가 목을 무는 것이다. 나 역시 나 자신에게 주저할 시간적 여유를 주지 않고, 바로 행동했다.

머릿속으로 망설임이 시작되면 더 할 수 없다는 것을 너무도 잘 알기에 머리가 생각하기 전에 나는 미리 행동을 했다. 이러다 보니 행동을 하는 일이 당연히 많아질 수밖에 없고, 그러다 보니 많은 고객사를 만나게 되었으며, 확률적으로 많은 고객들이 나의 제안을 받아들이게 되었다. 그리고 소개로 새로운 고객들이 다시 생겨나는 선순환의 사이클이 지속됐다.

어느 순간에 돌입하니 가만히 있어도 저절로 일이 되는 순간이 왔다.

성공하는 사람과 실패하는 사람은 일하는 패턴이 다르다.

성공하는 사람은 일이 잘 될 때 더 열심히 일하지만, 실패하는 사람은 일이 잘 되면 푹 쉰다. 성공하는 사람은 일이 안 되면 오기로 더 열심히 일하지만, 실패하는 사람은 일이 안 되면 에라 모르겠다 하고 더 쉰다.

나는 일이 잘될 때 더 열심히 일하고, 안 될 때는 오기로 더 열심히 했다. 그러면 안 되던 일도 어느 순간 다시 풀리기 시작했고, 열심히 일을 하다 보니 행운도 따랐다. 그렇게 여름은 지나가고 있었지만, 여름 내내 내 온몸에서 소금기가 사라지지 않았다. 평생 흘릴 땀을 다 흘렸을 정도로 나는 최선을 다했다.

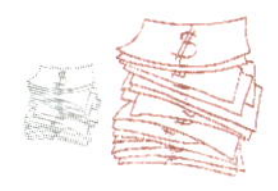

단 하루도 쉬지 않는다

휴일을 제외하고 비가 오나 눈이 오나 단 하루도 쉬지 않고 나는 일을 했다. 수입은 아직까지 크게 늘어나지 않았고 목표치는 한참 멀어 보였지만, 그래도 포기하지 않고 계속적으로 일을 했다. 땀을 너무 많이 흘리고 차에 타서 급하게 에어컨을 자주 틀다 보니, 때 아닌 여름감기가 찾아왔다. 아침에 눈을 떴는데 도저히 말이 나오지를 않았다. 침을 삼킬 때마다 목을 누군가 송곳으로 쿡쿡 찌르는 것만 같았다.

'일을 나가야 하는데, 오늘도 20군데를 방문을 해야 하는데……'

이런 감기로 병원에 간 적도 없었지만, 일을 해야 했기에 일단 병원에 들렀다. 의사는 피로가 너무 누적이 돼서 편도선이 많이 부었다고 며칠 쉬어야 한다고 했다. 주사를 맞고 약을 받아서 차에 탔는데 온몸에 식은땀이 나서 운전을 할 수가 없었다. 할 수 없이 집으로 돌아와 전기장판 온도를 고온으로 맞춰놓고 이불을 뒤집어쓰고 땀을 뻘뻘 흘렸다. 빨리 몸을 회복해야 했다.

단 하루도 쉬지 않겠다는 나와의 약속을 지키기가 힘이 들었다.

하루를 쉬었다. 밤새 끙끙 앓고 다음날이 되니 몸이 좀 가벼워지긴 했지만, 목은 여전히 침을 삼킬 때마다 아팠다. 여의치 않은 몸을 이끌고 나는 일단 집을 나섰다. 핸들을 잡고 있는 손과 액셀을 밟는 다리가 부들부들 떨리고, 약기운 때문인지 온몸에 땀이 비 오듯 쏟아졌다. 이러다 사고가 나면 어쩌나 할 정도로 정신도 멍했다. 그러나 꼭 나가야 했다. 지금껏 단 하루도 쉬지 않겠다는 나에게 한 약속을 본의 아니게 어겼기 때문에 오늘까지 쉰다면 지금까지 해온 모든 것들이 수포로 돌아갈 것이 분명했다. 나는 또 고무줄을 자르지 못하게 되는 것이다. 길게 늘어뜨렸는데 조금만 더하면 끊어질 것 같은데 이쯤에서 포기한다는 것은 평생을 걸고 후회할 일을 만드는 것과 같았다.

Track 2 내 인생의 일기장을 쓰다

현장에 차를 세우고 오늘 가기로 한 동선대로 걸어가기 시작했다.

몇 걸음 걷지도 않았는데 땀이 비 오듯 몸에서 흘러내렸다. 고객사를 몇 군데 방문하고 화장실에 들렀는데 거울에 비친 내 얼굴이 무척이나 초췌했다. 눈은 퀭하고 얼굴은 땀으로 범벅이다.

'그만 들어가서 쉴까?' 하는 마음이 굴뚝같았지만 쉬었다 일어서기를 반복하면서 참고 견뎠다. 그렇게 하루를 꼬박 버텼다. 집으로 돌아오는 길에 성과는 별로 없었지만 몸의 컨디션과는 상관없이 마음은 뿌듯했다. 나와의 약속을 오늘 지켜냈다는 것이 자랑스러웠다.

사람들은 타인과의 약속은 잘 지킨다. 지키기 위해서 노력도 많이 한다. 그러나 정작 자신과의 약속은 잘 지키지 않는다. 왜냐하면 안 지켜도 누구한테 피해를 주는 것은 아니기 때문이다. 그런데 한 가지 알아야 할 것이 있다. 자신과의 약속을 잘 지키지 않으면 자신에게 엄청난 피해를 주는 것이 된다. 그 피해는 바로 자신감이 떨어진다는 것이다. 다른 사람은 몰라도 나 자신은 내 주제를 너무나도 잘 안다. 과거에 내가 자신감이 없던 이유 또한 하나다. 나 스스로에게 한 약속을 내가 지키지 않았기 때문이다.

그 피해로 인해 나는 모든 일에 실패했다. 스스로에게 한 약속을 소홀히 하면서 성공하기를 바란다는 것은 잘못된 일이다. 타인과의 약속도 중요하지만 더 중요한 것은 자신과의 약속이다. 나는 이 사실이 얼마나 중요한 것인지를 전에는 미처 알지 못했다.

자신 있는 모습을 남에게 보이려고 애를 쓰지만 솔직히 나는 내가 자신이 없다는 사실을 알고 있다. 스스로를 속일 수는 없는

단 하루도 쉬지 않는다

법이다. 이것을 바꿔야지만 인생에 변화가 일어난다는 것을 이제
는 알았으므로 단 한 차례의 예외도 두지 말아야 한다고 나는 생
각했다.

지금 생각해보면 참 무식한 사고이기도 하다. 단 하루도 쉬지
않겠다는 나와의 약속을 지키지는 못했지만 1년 중 평일에 쉰 날
은 죽도록 아팠던 그날 단 하루뿐이다. 만약 다음날 아픈 몸을 이
끌고 현장으로 가지 않았더라면 어떻게 됐을까. 아, 생각만 해도
아찔하다.

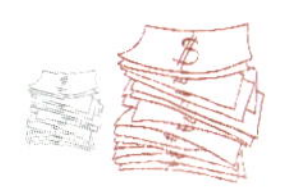

억대 연봉을 넘어서다

1월에 세웠던 내 목표는 연봉 10억이었다. 아마도 나를 아는 사람들에게 내가 그런 목표를 세웠다고 말했다면 "미친놈"이라고 욕을 했을 것이다. 맞다. 나는 미친놈이다. 한 달에 100만 원도 못 버는 무능력한 인간이 무슨 연봉 10억이란 말인가?

그러나 나는 남들이 믿거나 말거나 그냥 목표를 10억으로 잡았다. 달을 향해서 활을 쏘는 사람은 달을 맞추지는 못해도 별은 맞춘다는 말이 있지 않은가!

나는 이 목표를 일기장에 정확히 기록했다.

열심을 다해서 하루하루 최선을 다해서 일을 했지만, 목표가 달성될 기미가 보이지를 않았다. 일단 억대 연봉은 무조건 되어야 하는 것이 첫 번째 목표다. 1월에는 매서운 추위와 찬바람과 싸우고, 여름에는 더위와 장마와 싸우고, 선선한 가을을 지나 눈이 내리는 겨울이 다시 돌아왔다. 치열했던 1년이 거의 다 저물어가고 있었다. 형편은 조금씩 나아졌다. 집도 오피스텔로 옮겼고,

차도 비록 중고지만 중형차로 바꿨다.

오피스텔로 옮기고 나니 세상이 정말 좋아보였다. 일단 깨끗했고, 특히 여름에 에어컨이 나오니 시원하게 잠을 잘 수가 있었다. 그것만 해도 너무나 감사했다.

지긋지긋한 가난을 끝내려면 일단 억대 연봉은 무조건 되어야 했다. 연말이 되어가니 많은 사람들이 회식이다 망년회다 하면서 술자리 모임을 많이 가졌지만, 나는 그런 분위기에 휩쓸리지 않기 위해 더 열심히 일에 집중했다. 밤에 잠을 자면 일을 하는 꿈만 꿨다.

집중을 한다는 것은 그런 것이다. 사랑을 해본 사람은 안다. 사랑에 빠지면 눈을 떠도 상대가 떠오르고 눈을 감아도 상대가 떠오른다. 낮에 일하면서도 그 상대를 떠올리고, 꿈에도 상대를 만난다.

그러고 보면 나는 일과 사랑에 빠진 것이다. 정신없이 미친 듯이 달리고 또 달렸다. 찬바람이 몹시 부는 어느 날, 눈여겨 봐두었던 건물로 향했다.

평소에 하던 대로 건물 맨 위층부터 계단을 내려오며 차례대로 사무실을 방문하기 시작했다.

담당자가 있으면 만나고, 부재중이면 꼼꼼히 메모를 남겨두며 열심히 일을 했는데, 제법 규모가 있는 한 사무실에 들렀더니 마침 담당자가 자리에 있었다.

나를 소개하고 사무실에 들른 이유를 짤막하게 설명했더니, 회의실로 가자고 했다.

회의실로 가자고 하는 것은 나의 제안에 관심이 있다는 얘기다. 겉으로는 덤덤한 척했지만 속으로는 쾌재를 부르며 탁자를 사이에 두고 그와 마주 앉았다.

지금 이 순간은 내게 주어진 기회의 시간이다. 열정과 확신, 그리고 진정성을 가지고 최선을 다해서 PT를 하기 시작했다. 그렇지 않아도 타사에서 제안이 들어와서 시스템 변경을 하기로 결정이 내려졌다고 했는데, 다행히도 아직 교체가 된 상황까지는 아니었다.

이미 결정이 내려진 일을 뒤집는다는 것은 담당자 입장에서는 무척 어려운 일이다. 내가 그 입장이라 하더라도 쉽지 않은 일은 맞다. 그러나 나는 타사와 우리 상품을 정확히 비교를 해주면서 어느 것이 더 당신들에게 유익한지 명확히 다시 한 번 분석을 해보라고 입에 침을 튀기며 설명했다.

나의 진심어린 열정이 통한 것일까. 처음에는 부정적이던 태도와 눈빛이 긍정 쪽으로 약간씩 움직이는 것 같았다. 그리고 조금씩 제안하는 상품에 호감을 표시하면서 궁금한 내용에 대해 질문을 하기 시작했다.

수없이 많은 회사를 방문하고 제안하면서 내게는 이미 많은 양의 경험치가 축적되어 있었기 때문에, 흔들림 없이 담당자의 질문에 자신 있게 대답했다.

궁금한 내용을 서로 주고받으면서 짧은 시간이었지만 나는 최대한의 확신과 믿음을 전달해 주기 위해서 온 정신을 집중했다.

이제는 자리에서 일어나야 하는 상황이 되었다.

"네, 좋은 말씀 잘 들었습니다. 타사보다 더 경쟁력이 있는 것은 맞는 것 같습니다. 이미 결정이 난 사항이라 솔직히 이 자리에서 뭐라고 정확히 답변을 드리기는 어렵습니다. 다만, 긍정적으로 다시 한 번 살펴보고 연락을 드리는 걸로 하겠습니다. 일단 제안서와 견적서를 보내주십시오."

"말씀만으로도 감사합니다. 메일로 견적서를 보내드리고 다시 연락을 드리겠습니다."

그렇게 미팅을 마무리하고 사무실을 나왔다.

만약 오늘의 미팅이 결과로 나온다면 현재까지의 고객 중에 최고의 수입을 안겨주는 고객이 된다. 약간 흥분된 마음을 가라앉힌 나는 충실히 오후 일정을 마무리했다.

그날 정성스럽게 견적서와 제안서를 발송하고 다음날 전화를 했다.

"메일을 확인해 주십시오. 어제 미팅한 내용을 상세히 기록하여 보내드렸습니다."

"네, 알겠습니다. 결정이 나는 대로 다시 연락을 드리겠습니다."

이제 내가 할 일은 다했다. 결정은 내 몫이 아니라 순전히 고객의 몫이다. 결정권을 벗어난 일에 마음을 뺏길 필요가 없기에 나는 또 나의 하루에 충실히 임했다. 며칠 지나지 않아 그 고객사로부터 연락이 왔다.

"제안해주신 내용을 잘 검토해 보았고, 윗선에 말씀을 드렸습니다. 타사보다 경쟁력이 있어서 기존의 것은 취소하고 제안하신 상품으로 다시 진행하기로 결정이 났습니다. 한번 들어와 주십시오."

전화를 끊은 내 가슴에 불이 났다. 흥분된 마음을 가라앉히기가 쉽지 않았다. 그 한통을 시작으로 그동안 거절했던 고객들로부터 재미팅 요구가 이어졌다.

당시에는 거절했던 고객들이 연말이 다가오니 새해를 준비하

Track 2 내 인생의 일기장을 쓰다

면서 내가 제안했던 것들을 재검토하고 받아들이기 시작한 것이다. 나는 눈코 뜰 새 없이 재미팅을 다녔다.

고속도로를 달리다보면 잡초나 들꽃이 아스팔트를 뚫고 올라와 있는 것을 볼 수 있다. 참으로 신기하다. 아니 어떻게 저 단단한 아스팔트를 약하디 약한 잡초가 뚫고 올라 올 수 있을까? 낙수가 한 방울씩 힘없이 떨어지는 것 같은데 단단한 바위에 구멍이 난다. 이해하기 어렵지만, 중요한 것은 뚫린다는 것이다. 나는 내가 마치 그 잡초, 그 한 방울의 낙수인 것 같다는 느낌이 들었다. 가진 것도, 배운 것도 없는데 오로지 꿈 하나 가지고 지금껏 열심히 달렸다.

'좋은 기업을 넘어 위대한 기업으로'라는 책에는 시간의 축적과 돌파에 대한 얘기가 나온다. 꾸준한 노력을 통해서 시간이 축적되면 언젠가는 그 시간들이 모여서 가공할 만한 폭발력이 생기고, 돌파를 하게 된다는 얘기다.

오랜 실패를 딛고 다시 한 번 도전을 하면서 무능하고 연약한 내가 성실하게 보낸 시간들이 1년 내내 축적이 되어 폭발을 시작했는데 그것이 12월이다. 단 하루도 쉬지 않겠다는 결단과 하루 20군데를 반드시 방문하겠다는 목표 하나 가지고 하루하루를 살았는데, 연말이 되자, 노력에 대한 보상이 이루어지기 시작했다.

통장에 찍힌 돈을 보고 눈물이 났다. 그렇게도 꿈에 그리던 억대 연봉에 진입을 하게 된 것이다. 내가 해냈다는 것이 믿겨지지가 않았지만, 통장의 액수는 분명히 내게 말을 해주고 있었다. 그동안 고생한 세월이 영화필름처럼 스쳐 지나갔다.

10년 가까운 시간들이 보상이 되는 것 같았다. 꿈을 꾸고 도전을 시작한 그 시간부터 지금까지 참 많이도 울었다. 지하 월세 방을 전전하며, 밥 사먹을 돈이 없어서 커피로 점심을 때우고 노상에서 핸드폰을 팔며 여름에는 더위와 싸우고 겨울에는 추위에 떨었다.

명절에 가족들과 만나면 용돈도 한 푼 드리지 못하고, 늘 형과 누나에게 신세만 졌다. 어려서는 부족하고 모자라도 용서가 되지만, 사람이 나이가 들면 그 나이에 해야 할 일들이 있는 법인데 나는 한 번도 그러지를 못했다.

친구들이 하나둘씩 결혼을 하는데 나는 한 번도 참석하지 못했다. 바쁘다고, 시간이 없다고 말을 했지만, 실상은 축의금 낼 돈이 없었다. 축의금은 고사하고 당장 차비도 없는데 어떻게 몸만 달랑 갈 수 있겠는가?

자동차 세금이 연체가 되어서 타고 다니던 차 번호판을 세금 징수원이 뜯어갔다. 고물차라도 있어야 일을 하는데, 번호판을 찾을 돈이 없어서 대낮에 지하방에서 술을 마시면서 한없이 초라한 내 인생을 한탄하며 울었다.

다들 행복한 것 같은데, 나만 불행한 것 같았다. 다들 부자인 것 같은데, 나만 가난한 것 같았다. 한번은 강남에서 외제차 딜러를 하는 친구를 만나러 간 일이 있다.

그 친구는 BMW를 타고 나왔는데, 저녁을 사줬다. 청담동에 있는 친구의 원룸에 들러 커피를 한잔하고 지하철을 타고 집으로 돌아왔다.

가난한 사람들이 모여 사는 다세대 주택의 모퉁이 끝 반지하 방으로 들어가면서 좀 전에 보았던 친구가 사는 모습과 내가 사는 모습이 너무나 비교가 돼서 쓸쓸히 잠을 청했던 적도 있다.

어느 날인가는 카드 연체로 인해 내가 없는 사이 집에 딱지가

Track 2 내 인생의 일기장을 쓰다

붙어 있기도 했다.

영화에서나 보던 집안 곳곳에 붙어있던 빨간 딱지. 큰 금액의 연체는 아니었지만, 그마저도 낼 돈이 없어서 형에게 그런 꼴을 보인 날은 정말이지 죽고 싶었다.

지하철을 타고 출구로 나오려고 카드를 찍었는데 충전 금액이 모자라 삑 소리가 났고, 요금을 더 내야 했지만, 주머니를 뒤져보니 단돈 100원이 없어서 눈치를 보다가 슬그머니 밑으로 기어나와야만 했던 쓰리고 아파하며 보냈던 그 모든 시간들이 마치 신기루처럼 여겨졌다.

하지만 이제 나는 그런 아픈 시간들을 뒤로 하고 당당한 비즈니스맨으로 성장했다. 그 누구와도 견줄 수 있는 당당한 인생이 시작된 것이다.

비즈니스의 폭발은 한번으로 끝나지 않았다. 직원도 구했고 작지만 집이 아닌 사무실도 얻었다. 직원을 구하고 같이 일을 하니 능력이 배가 됐다.

팀워크의 힘을 그때 알게 됐다. 예를 들어 혼자 일을 해서 100만 원을 벌 수 있다고 했을 때 각각 일하면 100만 원씩을 벌지만, 둘이 같이 일을 하면 200만 원이 아니라, 2천만 원, 2억도 벌 수 있다. 이게 바로 팀워크의 힘이다. 혼자 일하는 것보다 둘이 일을 하니 더 재밌고 책임감도 늘어나서 예전보다 더 열심히 일을 하게 됐다.

여름이었는데 태풍이 우리나라에 몰아쳤다. 나는 집에 TV가 없었기 때문에 태풍이 온지도 몰랐다. 그날은 지방의 고객사와 약속이 되어 있었다. 사무실로 출근을 하는데 과연 태풍이 오기는 왔나보다. 바람이 불고 여기저기 뿌리가 뽑힌 나무들이 보였다. 여기저기 통화를 해보니 영업사원들이 오늘은 일을 접는 분위기였다.

나도 순간 고민을 했다. 전화를 하면 고객사와는 약속을 미룰수가 있다. 그러나 나는 초심을 잃지 않기 위해 그냥 폭풍우를 뚫고 가기로 했다.

조금 먹고 살만해졌기 때문에 나태해질 수도 있지만 내 목표는연봉 10억인데 아직 한참 모자라다. 이까짓 일로 쉴 수는 없었다.

경부고속도로를 타고 지방으로 내려가는 길은 정말 한산했다. 차들이 거의 없었다. 비바람이 세차게 몰아쳤지만 나는 액셀을 밟았다. 약속시간에 정확하게 도착을 해서 미팅을 시작했다. 고객사는 태풍이 와서 안 올 줄 알았다는 눈치였고, 나는 늘 하던 대로 열심히 설명을 하고 미팅을 잘 마쳤다. 차를 몰고 나오는데 태풍의 눈에 들었는지 좀 전까지 억수같이 내리던 비구름이 사라지고 햇살이 나기 시작했다.

비온 뒤라 그런지 거리가 무척이나 깨끗했다. 가뿐한 마음으로 사무실로 복귀를 했는데, 고객사에서 연락이 왔다. 진행을 하겠다는 의사표시였다.

기뻤다. 제안을 받아 들여서 기쁜 것보다, 폭풍우를 뚫고 내가그곳에 갔다는 사실 자체가 자랑스러웠다. 그렇게 나는 어느새행동하는 1%가 되어가고 있었다.

Track 2 내 인생의 일기장을 쓰다

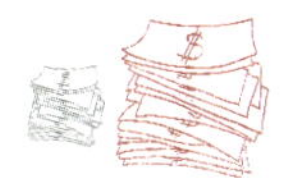

인간은 환경의 지배를 받지만,
꿈을 가진 사람은 그 환경을
뛰어넘는다

인생사 새옹지마라 했던가? 비를 머금은 구름이 하늘을 가리고 있으면, 그 뒤에 찬란하게 빛나고 있는 태양이 있다는 사실을 우리는 잘 느끼지 못한다. 그걸 확실히 알았더라면 조금 덜 고통스러워하고 낙심도 덜 했을 텐데, 웬일인지 내 눈에는 뿌연 먼지가 낀 듯 흐린 하늘만 보였다. 밥을 해결하고 나니 삶에 약간의 여유가 생겼다.

또 다른 세상이 보였고, 생각한대로 살 수 있다는 희망도 다시 생겼다.

택배를 하던 시절에 배달을 하면서 좋은 집들을 많이 봤다. 파란 잔디가 널따랗게 깔려있고, 한 쪽에는 털이 북실북실한 순하게 생긴 커다란 강아지가 늘어지게 낮잠을 자고 있다. 따스한 햇살이 비친 어떤 날은 유난히도 잔디가 파랗게 보인다. 빨래를 탁탁 털어서 널고 있는 주인집 아주머니. 거실에는 하얗게 머리가 샌 아저씨가 흔들의자에 앉아서 두꺼운 안경너머로 신문을 보고 있다.

고객사 대표의 집을 우연치 않게 방문을 한 적도 있는데, 그 집 거실 창문 밖으로 멋있는 소나무 한 그루가 늠름하게 서 있었다.

커다란 연못이 있고, 잔디에 물을 주느라 스프링클러가 바쁘게 돌아가고 있다. 잔디를 깎느라 분주한 일꾼, 주방에는 일하는 아줌마가 식사를 차리고 있다. 간단한 식사를 하고 집을 나서는 그의 집 대문 앞에는 반짝반짝 빛나는 벤츠 S클래스가 주차되어 있다. 황급히 기사가 나와서 뒷문을 열어주고, 유유히 차는 집 앞 골목을 빠져 나간다. 마치 영화 같은 풍경이다.

길을 가다 보면 고급차들이 참 많다. 직업의 특성상 기업들을 방문하다 보니 대표의 차들도 많이 보게 된다. 차의 종류도 무척 많지만, 거의 대부분 고급 세단들이다.

'이 사람들은 원래부터 부자였고 특별했을까? 나와 이들의 다른 점은 과연 무엇일까?'

내가 얻은 결론은 특별해지겠다고 생각한 사람이 그 자리에

Track 2 내 인생의 일기장을 쓰다

있는 것이지 특별하게 태어난 사람은 없다는 것이다.

벤츠를 타겠다는 사람이 벤츠를 타고, 최고가 되겠다는 사람이 최고가 된다.

'오체불만족'이란 책이 있다. '오체불만족'은 선천적으로 수족이 없이 태어난 '오토다케 히로타다'의 이야기가 기록된 책으로, '오토다케 히로타다'는 전 세계인에게 많은 감동을 준 사람이다.

나 역시 그 사람의 책을 읽고 가슴으로 울었는데, 그 책에 다음과 같은 인터뷰 장면이 나온다.

기자 : 장애인 것이 불편했던 적은 없습니까?

오토다케 : 그런 적이 없습니다. 저는 육체에 장애를 가지고 있지만, 멀쩡한 사람들이 자신은 할 수 없다는 패배의식에 빠져서 사는 사람들도 있습니다. 몸은 멀쩡한데 정신이 장애인인 셈이지요. 저의 육체적인 장애나 정신적인 장애나 무엇이 다를 게 있습니까?

충격이었다. 그의 말에 따르면 나는 정신적 장애를 앓고 있는 장애인이었던 셈이다. 당시에는 '나는 할 수 없다'는 패배의식이 내 영혼 깊숙이 뿌리를 내리고 있었다. 하지만, 언제부터인가 나는 진심으로 내 자신에게 말했다.

"BMW는 아무나 타는 차는 아니다. 나 역시 아무나가 아니다. 저 사람들도 대가를 치르고 저 자리에 앉아 있는 것일 테고, 나도 지금 대가를 치르고 있을 뿐이다. 보이는 것이 다가 아닌 것처럼 지금의 내 모습도 이것이 끝이 아니다. 죽지 않고 살아 있다면

인간은 환경의 지배를 받지만, 꿈을 가진 사람은 그 환경을 뛰어넘는다

아직 모든 게 끝난 것이 아니다. 나는 반드시 BMW를 탈 것이고, 위대한 인생이 되고야 말 것이다.”

특별한 사람으로 대접받고 태어난 것도 아니고, 특별한 환경에서 성장한 것은 더더욱 아니지만 어떻게 보면 특별한 환경(?)에서 성장했다고도 볼 수도 있다. 긍정적인 면보다는 부정적인 면이 훨씬 컸으며, 운명은 나에게 오랜 시간 동안 가혹했다. 내 의지와 상관없이 많은 것들이 부서지고 깨어지는 바람에 나는 살짝만 건드려도 살을 찢어내는 아픔을 겪어야 했다.

올곧게 서고 싶었지만 비바람이 거세서 잔뜩 움츠리고 매서운 겨울바람을 온몸으로 맞아야만 했던 시절이 길었다. 그나마 감사했던 것은 건강한 신체와 정신이 나에게 있었다는 것이다. 선천적으로 불편한 몸을 가지고 태어나 처절하게 살아가는 사람들의 얘기를 듣거나 볼 때마다 어찌됐던 부모님께 감사했다. 더 감사했던 것은 건강한 정신이었다.

인간은 동물과 다르다. 인간에게 있는 질환이 동물들에게도 있고, 그에 따른 병원도 제각각 있지만 한 가지 다른 것은 바로 정신병원이다. 정신과 영혼은 인간에게만 주어진 특별함인 것이다.

이 특별함이 있기에 인간은 그 자체만으로도 특별한 존재다. 그러나 여타의 환경으로 인해서 정신에 병이 생길 수도 있다. 병이 생기면 그것을 극복해내는 사람도 있지만 극복하지 못하는 사람도 있다. 병의 깊이가 깊을수록 회복은 어려워진다.

나의 성장 환경을 놓고 보면 정신에 병이 충분히 들 수도 있던 상황이었다. 그리고 사회에 나와서도 살고자 애를 썼지만 거듭되는 실패와 좌절 속에서 온전히 버티기가 어려웠던 적이 많았다. 그럼에도 불구하고 인생을 막 살아버리려는 마음은 들지 않았다.

Track 2 내 인생의 일기장을 쓰다

어떻게 해서든 어려운 상황을 역전시켜 보자는 긍정적인 마인드로 되든 안 되든 최선을 다했다. 그랬기에 지금까지 올 수 있었다. 그래서 참 감사하다.

희망이 보이지 않는 곳에서 어떻게든 실낱같은 희망을 붙잡기 위해서 산 세월이 결코 헛되지 않았다. 어미가 자신의 알을 소중히 품듯 나도 내 꿈을 가슴에 품었고, 오랜 시간 부화되기를 기다리고 기다렸다. 결코 쉽지 않았지만 대가를 지불하고 지금까지 얻은 것이 너무도 크기에 충분한 가치가 있는 일이었다고 생각한다.

막막한 현실에 살면서 찬란한 꿈을 꾼다는 것이 얼마나 위대한 일이고, 그 꿈 하나가 가진 힘이 모든 열세를 뒤집고도 남을 만큼 충분하다는 것을 이제 알았다.

인간은 환경의 지배를 받지만, 꿈을 가진 사람은 그 환경을 뛰어넘을 수 있다. 그래서 꿈은 인생이 우리에게 주는 공평한 기회인지도 모른다.

걸어온 것보다 더 많은 길을 가야하지만 이제는 그 길이 두렵지 않다.

꿈을 꾼대로 살 수 있다는 확신과 희망을 보았기에 이제부터가 진짜 새로운 시작이다.

인간은 환경의 지배를 받지만, 꿈을 가진 사람은 그 환경을 뛰어넘는다

Track 3

비즈니스는 스킬이
아닌 마인드다

BE
MINDFUL

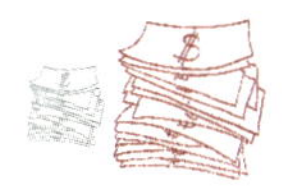

스스로 몸값을
설정하는 사람이 되자

당신은 자신의 몸값을 얼마라고 생각하는가?

현재 당신이 받는 급여와 보상이 마음에 드는가?

위의 두 질문을 한다면 아마도 많은 사람들이 '아니오'라고 대답할 것이다. 그래서 여기저기 이직을 해보지만 정말 내 마음에 쏙 드는 직장 혹은 직업을 찾는다는 것은 쉽지 않다.

그런데 스스로 몸값을 설정할 수 있는 환경이 된다면 얼마나 좋을까? 내가 원하는 시간에 쉴 수도 있고, 가족들과 여행을 떠날 수도 있다. 자신이 정한 몸값을 그대로 받고, 그 누구의 지시 따위도 필요 없이 스스로 자유롭게 일하는 그런 직업이 있을까?

프리에이전트는 자신이 원하는 시간에, 원하는 장소에서, 원하는 조건으로 자유롭게 일하는 사람이다. 흔히 FA라고 하는데, 어떤 선수가 FA가 되어서 상상할 수 없을 만큼 높은 이적료와 연봉, 스톡옵션을 받고 다른 곳으로 옮긴다는 스포츠 뉴스는 당신도 본 적이 있을 것이다. 계약기간 동안 실적이 우수하다면 다시

FA가 되었을 때 엄청난 대우를 받겠지만, 만약 그 반대가 되면 적은 액수의 금액을 받고 이적을 하게 된다. 하지만 몸값을 자신이 원하는 만큼 받을 수 있다는 얘기는 환상적이지 않은가? 이처럼 FA가 되면 모든 게 자유롭다.

중요한 것은 스스로의 몸값을 설정하지 못하는 사람은 늘 누군가에게 몸값을 지정 당한다는 사실이다.

누군가가 지정하는 나의 몸값이 맘에 든다면 다행이지만 그렇지 않다면 문제가 된다. 실업계 고등학교를 다녔던 나는 고등학교 3학년 2학기 때 누나 지인의 소개로 중소기업에 총무과 직원으로 1년간 근무를 했었고, 19살의 나이에 받는 월급이란 게 얼마 되지도 않았지만, 그 회사에서 오래도록 근무한 선배들이 받아가는 월급 또한 생각보다 많지 않았다.

어린 나이였지만 그 모습을 보면서 '시간이 지나 앞으로 펼쳐질 내 인생의 모습이 저와 같다면…….'이라는 스스로의 질문에

'이건 아니다.'라는 판단이 들었기 때문에 직장생활을 포기한 것이다. 그 1년이라는 시간이 조직에서 직장생활을 한 처음이자 마지막 경험이었다.

제대 후 연예인 매니저 생활을 끝으로 나는 본격적인 비즈니스 현장에 뛰어들었는데, 그 누군가가 내 가치를 매기는 게 싫어서 나 스스로 나 자신의 가치를 매기고자 했다.

나의 몸값을 엄청나게 설정해 놓고 열심히 전력투구했지만 내가 원하던 몸값과 실제 나의 수입은 지구와 달의 거리만큼이나 거리가 멀었다.

오랜 시간을 그 속에서 고군분투하면서 보냈지만 시간이 지나면 지날수록 상황은 더 악화됐다. 다시 누군가가 내게 정해주는 몸값을 받으러 가야 할 것인가에 대해서 많은 고민을 했으며, 실제로 그런 일을 하려고 여러 차례 알아도 보았지만, 실업계 고등학교 졸업장이 전부인 나를 받아 줄 곳이 솔직히 한군데도 없었다. 어느 날은 정말 살아야겠기에 벼룩시장을 뒤지다가 월급 110만 원을 준다는 곳을 발견했다. 저녁 8시부터 다음날 오전 8시까지 근무하는 곳이었는데, 모텔에서 손님이 나가면 침대시트와 룸청소를 해주는 일이었다. 정말 그곳에라도 가서 그 일이라도 해야 할 판이었지만, 낯 뜨거워서 도저히 그 일은 할 수가 없을 거같아 시도조차 못했다.

이처럼 프리에이전트는 스스로 몸값을 설정한다는 너무나도 큰 장점이 있지만 실력이 안 되면 말짱 도루묵이라는 단점도 있다. 여러 차례 멋있는 프리에이전트가 되고자 이런저런 직업을 거쳤지만 잘된 것은 하나도 없었다. 수없이 몰려드는 좌절감과 절망, 배고픔. 육체적인 배고픔은 그나마 견딜 수 있었지만, 정신적인 배고픔은 이루 말할 수 없을 만큼 나를 더 힘들게 했다. 그러다 다시 새로운 비즈니스로 프리에이전트에 도전을 하면서 그때 나는 또다시 허무맹랑한 '연봉 10억'이라는 몸값을 재설정했다.

비즈니스는 자영업이다. 모든 것이 자유다. 일하는 시간도 자유, 출퇴근도 자유, 쉬고 싶으면 언제든지 쉴 수도 있다.

물론 수입도 자유다. 어느 비즈니스 현장에 있든지 수입의 크기는 스스로 설정하는 것이다. 그 누구도 나에게 이번 달은 얼마를 벌어가라고 말하지 않고, 실적과 상관없이 수입을 보장해 주지도 않는다. 수입에 대한 보상은 철저히 실적이고, 그 실적은 나 이외의 사람이 대신해 줄 수 있는 일이 아니다.

'연봉 10억'이라는 되지도 않는 목표를 일기장에 기록하고, 나는 매일같이 나 자신과 싸우면서 '죽기 아니면 까무러치기'의 정신으로 일을 했다. 그리고 이번에는 전과는 다른 프리에이전트가 되었다.

내가 설정한 목표에는 한참이나 못 미치지만, 밥을 먹고 사는 것에 대한 불편함이 사라졌다. 내 모든 시간을 자유롭게 사용하지는 못하지만, 평범한 타인과 비교하면 상대적으로 자유롭게 산다는 것은 분명하다.

누군가에게 구속받기 싫어하는 내 성향 때문인지는 몰라도 프리에이전트인 지금의 내 모습에 나는 만족한다. 당신 또한 누군가가 정해주는 몸값이 맘에 들지 않는다면, 스스로 몸값을 설정해 보는 것은 어떤가? 이 말은 직장을 때려 치고 나처럼 바로 영업의 길로 뛰어들라는 말이 아니다. 직장생활을 하는 사람 가운데도 사장이 주는 급여와 자신만의 급여를 따로 설정해서 그 급여에 맞게끔 최선을 다하는 사람과 아무 생각 없이 그저 주는 대

Track 3 비즈니스는 스킬이 아닌 마인드다

로 일하는 사람의 인생은 시간이 지나면 확연히 차이가 난다.

한 조직의 구성원이든 자영업이든 그건 사실 중요치 않다. 어느 곳에서나 프리에이전트는 빛이 나는 법이다. 혹 지금 비즈니스 일선에서 자신이 정한 몸값과 현재 받아가는 수입의 거리가 멀다면 현실과 꿈 사이에서 방황하고 있을 수 있다. 그러나 그 방황 또한 진정한 프리에이전트로 거듭나기 위한 대가임을 알기 바란다. 수입도 없었고, 많은 사람들의 안쓰러운 눈빛을 보면서도 난 끝내 자유를 포기하지 않았다. 그리고 포기하지 않은 대가로 나는 이제 누군가가 주는 밥이 아니라, 내 스스로 내 밥을 해결할 수 있는 사람이 되었다. 스스로 밥을 해결할 수 있는 사람이 되었다는 것만으로도 고통의 대가를 치를 만한 충분한 가치가 있다고 나는 지금도 생각한다.

친구들이 직장에 들어가서 월급을 받아가며 성실히 살아가고, 때가 되면 좋은 사람을 만나서 결혼을 하고, 가정을 이루며 행복하게 사는 모습을 보면서 상대적인 박탈감에 시달렸던 적이 많았다. 그러나 지금 그 친구들은 방황하고 있다. 이대로 가면 미래에 답이 없다는 것을 이제야 깨달은 것이다.

19살이라는 어린 나이에 직장을 박차고 나온 나는 너무 조숙했던 것일까? 대가를 치르고 얻은 프리에이전트라는 이름이 너무도 값지다. 누군가가 정해주는 인생이 아닌, 내가 정한 인생을 스스로 개척하며 사는 사람, 그 사람이 바로 인생의 진정한 자유계약 선수다.

나약한 나를 강하게
만드는 것은 꿈이다

　　모든 상황이 열세인데 어떤 한방으로 그 상황을 역전시킬 수 있을까?

　　그래서 사람들은 로또복권을 사는 것인지도 모른다. 나는 복권을 딱 한번 사 봤다. 흔히들 좋은 꿈을 꾸고 나면 복권을 사듯이 나 역시 꿈이 너무 좋아서 그때는 주택복권밖에 없었기에 주택복권을 샀다. 당시에 주택복권 당첨금액이 1억 5천만 원인가 했었는데, 그 복권에 당첨이 되는 상상을 하면서 당첨이 되면 그 돈으로 무엇을 할까 하는 행복한 고민을 했다. 물론 당첨이 되지 않았기 때문에 일장춘몽으로 끝났지만, 잠깐이긴 했어도 행복했던 것만은 사실이다. 그 기분에 도취되어 매주 복권을 사는 사람들이 적지 않은 걸로 아는데, 매 주마다 그 행복한 고민을 하면서 사는 것이 그리 나쁘지 않은 것만은 분명하지만, 확률적으로 그 방법보다는 지금 내가 하고 있는 내 직업 현장에서 성장하고 성공하는 게 훨씬 더 높은 확률을 가진다.

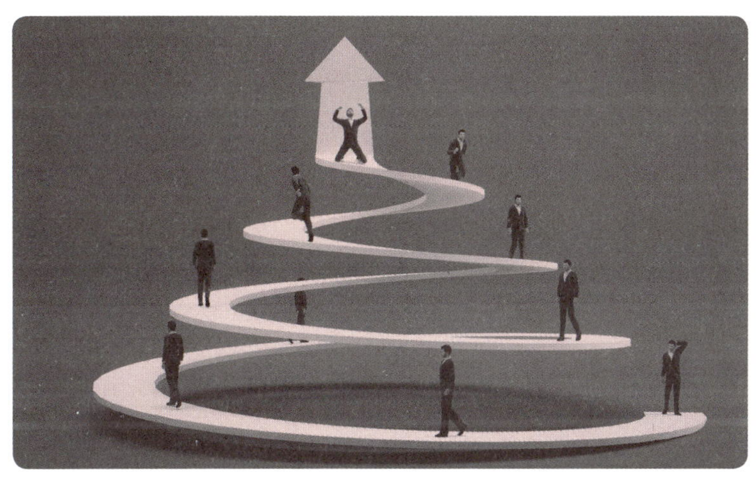

꿈과 자유에 대한 열정 하나로 비즈니스에 뛰어들었지만 뛰어들 때부터 상황이 그리 좋지는 않았다. 학력과 인맥이 전혀 없었고, 나이도 어렸다. 비즈니스를 전혀 경험해 보지 못한 상황에서 성공한 사람들의 화려한 겉모습만 본 채 그들이 치른 대가에 대해서는 전혀 생각해보지 않았다. 프리에이전트는 자기 스스로를 경영하는 것인데, 자기경영이라는 것 자체를 전혀 알지 못한 채 이 세계에 뛰어든 것이다.

한번 생각해보자.

파랗고 아름다운 바다에서 유유히 헤엄치는 사람들을 보면서, '와, 정말 멋있는데, 나도 한번 해보자.'면서 거침없이 바다에 몸을 던졌는데, 바닥에 발이 닿지 않는 지점에 가서야 비로소 '아뿔싸! 나는 수영을 배우지 않았지.'라는 사실을 깨닫는다면 어떻게 될까.

알았다고 해서 일이 끝나지는 않는다. 이미 바닷물은 코와 입을 공격해오고 있다. 가슴이 타들어가는 짠물을 배터지게 먹으면

나약한 나를 강하게 만드는 것은 꿈이다

서 살기 위해 아등바등 손과 발을 휘저어보지만 바다도 처음이고, 수영하는 사람도 처음 봤는데 따라한다고 될 것인가. 떠다니는 자그마한 지푸라기라도 잡고 싶은 심정이 간절할 것이다.

수도 없는 비즈니스 아이템들이 있다. 아이템은 많지만, 그 아이템을 소개하고 사는 사람들 또한 결국은 사람들이다. 사람을 만나고, 대화하고, 원하는 것을 소개하고 상대가 선택하게 하는 것이 결국에는 비즈니스의 모든 것인 셈이다. 말로 하면 참 간단한데 왜 나는 안 되는 것일까? 정기적으로 한 번씩 다 같이 모이는 자리가 있으면 쥐구멍이라도 찾아들어가고 싶은 마음이 굴뚝같다. 누군가는 성장하고 성공해 나가는데 나만 실적이 없으니 도저히 자리에 앉아 있기가 나 자신에게 너무나도 미안했다. 누군가를 축하해 주는 것도 하루 이틀이지, 몇 년째 지속된 내 인생의 정체로 인해 자괴감에 빠지지 않을 수가 없었다.

미팅이 끝나고 집으로 향하는 길에 언제까지 지하 월세 방에서 살아야 하는가를 반문할 때면, 기약 없는 이별을 한 연인을 떠올릴 때처럼 애가 달았다.

그러나 나는 꿈이 있었다. 성공하고 싶었고, 성장하고 싶었고, 이대로 사는 것이 내가 세상에 존재하는 이유와 목적이 아니라는 확실한 믿음이 있었다.

현실은 전혀 그렇지 않았지만, 내 꿈만큼은 그 누구보다도 강렬했고 간절했다.

가족조차도 도와줄 여력이 없었지만 꿈이 나를 포기하지 않도록 만들었고, 상대적으로 다른 사람들보다 모든 면에서 부족하고 약했지만 간절한 꿈이 나의 부족한 부분을 메꿔 주었다. 그리고 이대로는 살 수가 없어서 새로운 아이템을 간절히 찾던 중에 또

Track 3 비즈니스는 스킬이 아닌 마인드다

다른 기회를 발견하게 된 것이다.

지금까지 비즈니스에서 비록 성공하지는 못했지만, 오랜 시간 일을 하면서 자신을 스스로 경영하는 마인드를 배웠다. 그 기간 동안의 경험은 온전한 나만의 무형자산이 되어 앞으로 살아갈 내 인생의 지혜로 내게 남겨진 것이다.

다시 한 번 전혀 다른 새로운 도전에 나섰을 때 내게 있는 것은 딱 두 가지로, 이번에는 반드시 성공하고 말겠다는 비장한 각오와 파란 하늘을 향해서 거침없이 날아오르고 싶은 삶의 자유를 향한 강렬한 꿈이다.

집이 사무실이 되어 홀로 책상에 앉아서 하루를 계획하고, 그 계획대로 움직이기 위해 게으른 나와의 전쟁이 시작됐다. 내 인생에는 혁신이 간절히 필요했다.

생각과 행동, 그리고 습관을 바꾸기 위해서 날마다 스스로에게 되새기는 것은 꿈이었다. 내가 원하는 인생. 자유롭게 살고 싶고, 성공하고 싶다는 꿈이 무거운 내 발걸음을 움직이게 했다. 그 누구의 동기부여도 이제는 필요치 않았다. 외부의 자극으로 깨어지면 계란프라이가 되지만, 내부의 자극으로 스스로 깨어나면 병아리가 되듯이, 나는 나 자신의 환골탈태를 위해서 날마다 고군분투했다. 수없이 많은 빌딩 사무실을 방문하고 많은 냉대와 거절을 당하면서도 하루 20군데 방문이라는 나 스스로에게 한 약속을 지키기 위해서 내 발걸음은 날마다 현장으로 향했다.

결과는 이제 중요한 것이 아니다. 다만, 스스로에게 한 약속, 이것을 내가 지킬 수만 있다면 내가 원하는 인생을 살 수 있다는 절실한 꿈이 내 등을 밀 것이다.

비즈니스라는 것이 늘 그렇다. 사람을 만나서 해야 하는 일임

나약한 나를 강하게 만드는 것은 꿈이다

에도 불구하고 사람을 만난다는 것이 두렵고 싫을 때가 있다. 그러나 무엇인가를 이루어낸 사람들은 그럼에도 불구하고 행동한 사람들이고, 나 역시도 그 사람들처럼 되고 싶다는 강렬한 열망이 그 사람들의 행동을 닮아가도록 만들었다.

머뭇거리게 되는 순간마다, 두렵고 힘들고 포기하고 싶은 순간마다, 고객들의 거절이 연속되는 상황 속에서 좌절과 절망이 파도처럼 몰려 올 때마다 다리에 힘이 풀려서 주저앉고 싶었지만, 내 손을 잡고 조금만 더 하라고 다 왔으니 조금만 더 버티라고, 이제 곧 네가 원하는 인생을 살 수 있다고 땀 맺힌 내 손을 잡고 위로를 해주는 것은 바로 꿈이었다.

그러면 정신이 번쩍 들고, 용수철처럼 다시 일어나 "진격 앞으로……"를 외치는 군인처럼 전쟁의 포화 속으로 다시 들어가곤 했다. 실패에 실패를 거듭했던 나약하고 무능한 내가 점점 강해지고 있다고 느꼈던 것은 바로 그 시간들이었다. 그리고 시간이 흐르면 흐를수록 나는 점점 더 강해졌다. 웬만한 비바람과 폭풍우에는 아랑곳하지 않는 거대한 고목나무처럼 서서히 뿌리 깊은 나무가 되어가고 있었던 것이다.

꿈은 내가 가진 모든 열세를 뒤집을 수 있을 만큼 가장 강력한 동기를 부여하며, 혁신의 아픔을 견디어낼 수 있도록 도와주는 충실한 안내자다.

Track 3 비즈니스는 스킬이 아닌 마인드다

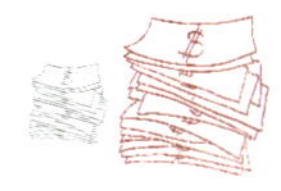

영업을 하겠다면 오늘부터
딱 1년간만 미쳐라

현재 자신의 모습과 인생이 맘에 들지 않아서 자신을 바꾸고 인생을 바꾸는데 얼마의 시간이 들 것인가를 생각해 볼 때 성공한 사람들마다 생각하는 시간차는 있지만 공통적인 사항은 "일단 1년은 미쳐야 한다."는 것이다. 어떤 분야가 됐든지 오랜 시간 비즈니스를 했음에도 불구하고 자신의 수입과 형편이 어제나 오늘이 비슷하다면 스스로에게 꼭 물어봐야 할 것이 하나 있다.

"나는 정말, 진심으로, 단 한 번이라도 내 직업에 1년이라는 기간 동안 미쳐본 적이 있는가?"

나는 일을 하면서 여러 사람들을 만났다. 그 중에는 나보다 훨씬 경력도 길고 경험이 풍부한 사람들도 많이 있었다. 그 중에는 자신은 이 분야에 몇 년을 있었고, 이런 저런 경험이 있다는 것을 얘기하면서 스스로를 과시하는 사람들도 더러 있다.

한창 열심히 일을 하고 있는데, 어느 날 나에게 한통의 전화가 걸려왔다. 아무것도 모르던 초보시절에 여러 가지 경험과 사례, 영업방식에 대해서 그분의 강의(?)를 듣곤 했었는데, 그분이 나를 2~3일만 따라다니고 싶다는 얘기를 했다.

내 일이 바쁘다보니 2~3일 따라다니면서 일을 좀 다시 배워 보고 싶다는 그분의 부탁을 거절할 수밖에 없었는데, 통화를 종료하면서 드는 생각은 '과연 이 사람이 정말 1년을 미쳐봤을까? 그리고 나를 며칠간 따라다닌다고 내가 보낸 그 1년의 시간을 배울 수 있을까?' 하는 의문이었다. 결국은 그 사람은 하는 것처럼 보였을 뿐, 실제로는 제대로 하지 않았다는 얘기가 된다. 열심히 하는 것처럼 흉내만 냈던 것은 아닐까?

어떤 분야가 됐던지 10년, 20년을 한 것이 중요한 것이 아니고, 그 시간동안 내가 정말 집중해서 일을 한 시간이 얼마인가를 따져봤을 때, 농축된 1년이 없다면 아직 평범함에서 벗어나지 못했다는 말이 된다. **어쩌면 최선을 다하는 것처럼 흉내를 내고 있거나, 실제로 자신은 미친 듯이 일을 하고 있다는 착각 속에 빠져 있는 것일 수도 있다.**

강한 불로 짧은 시간에 물을 끓이면 그 후에는 작은 열을 가해도 그 물은 계속 끓는다. 그러나 약한 불로 물을 끓이기까지는 많은 시간이 걸린다.

한번 끓은 물은 쉽사리 식지 않는다. 그리고 한번 끓어 본 사람 역시 쉽게 식지 않는다. 미친 1년의 시간은 평생의 자산으로 남아서 그 뒤에는 전보다 훨씬 더 여유롭게 비즈니스를 할 수 있는 것이다.

사람들마다 물이 끓는 임계점에 다다르는 시간이 전부 다를 것이다. 나도 오랜 기간 동안 비즈니스 일선에 있었지만, 이 시점

Track 3 비즈니스는 스킬이 아닌 마인드다

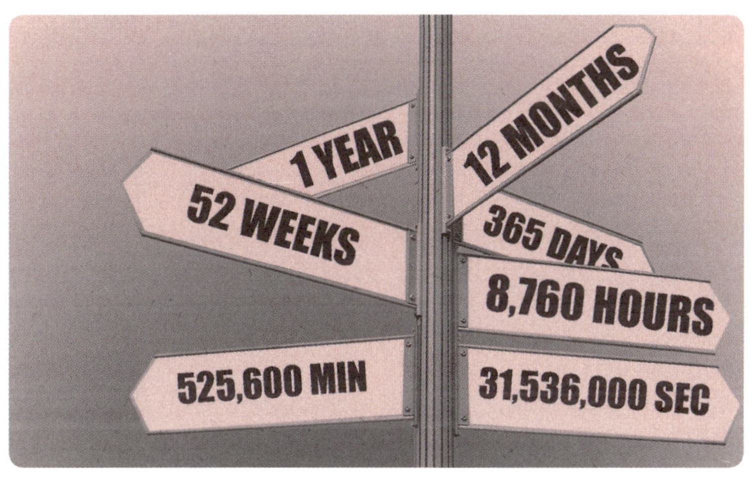

에 다다르기까지는 10년 가까이 걸렸다. 그렇다면 그 동안은 무엇을 했던 것일까? 미지근한 불로 계속 물을 데우고 있었던 것일까? 아니면 1년 동안 불타오르기 위한 불쏘시개와 땔감을 준비했던 것일까? 둘 다 맞는 것 같은데, 더 정확한 것은 확실히 미치기 위한 준비 작업이었다고 자위를 하고 싶다.

나는 여러 가지로 많이 부족한 사람이다. 평범한 출발선에서 출발한 것이 아니라, 몇 백 미터 뒤에서 출발을 하다 보니 그 몇 백 미터까지 오는 길이 힘들었으며, 평범한 출발선에서 다시 출발하기까지 시간이 오래 걸렸다. 그러나 중요한 것은 준비를 마친 후 1년이란 시간동안은 정말 확실히 미쳤었다. 옆과 뒤를 돌아보지 않고, 앞만 보면서 심장이 터져라 달리고 또 달렸다. 낮에도 일을 하고, 밤에도 일하고, 꿈속에서까지 일을 했으므로 거의 24시간 일을 했던 셈이다. 사람이 한번 미치기 시작하니, 아니 정말 미쳐야겠다고 생각하니 미칠 수가 있었다. '왜 진즉 이렇게 하지

영업을 하겠다면 오늘부터 딱 1년간만 미쳐라

못했을까?' 하는 후회도 솔직히 많이 했지만, 그때는 그렇게 하는 것이 최선이었다고 볼 수밖에 없었다.

2009년 1월 1일의 첫 스타트라인부터 12월 31일까지 쉬지 않고, 목숨 걸고 달린 그 1년이 나의 인생을 송두리째 바꾸어 놓았다.

진정으로 나의 인생에, 나의 일에, 나의 꿈에 미쳤던 적이 있었는가를 돌이켜볼 때 2009년은 내가 연출한 획기적인 1년이었으며, 그 누구에게도 당당하게 전력투구 하는 삶을 살았다고 자신 있게 말할 수 있는 해였다.

비즈니스의 정상에 오른 그 누군가는 정말 자신의 일에 최선을 다했을 것이다. 그러나 정말 중요한 것은 20년 동안 비즈니스를 했다면 정말 미친 시간은 딱 1년이었다는 것. 그리고 정말 미친 그 1년의 시간으로 인해 나머지 시간은 다소 여유롭게 비즈니스를 했을 것이라고 생각한다. **왜냐하면 한번 끓은 물은 그 후 작은 열을 가해도 계속 끓기 때문이다.**

지금 자신이 하고 있는 일을 5년, 10년 했다는 현실이 중요한 것이 아니다. 정말 그 시간 안에서 농축된 1년, 미친 듯이 일한 1년, 그 1년이라는 사실적인 시간이 없다면 현재의 결과가 그저 그렇거나 좋지 않을 것이다.

그러나 당신에게도 아직 기회가 남아있다. 이 책을 보고 있는 당신은 살아있는 사람이지 않은가?

오늘부터, 지금부터 1년을 정말 집중하고 미치기로 결단한다면, 내년에는 그날의 당신을 수없이 많은 사람들이 축하해주고 부러워할 것이다. 그리고 가족들에게는 집안의 영웅으로 빛나게 될 것이다.

비즈니스의 터닝 포인트는 1년이다. 10년을 미쳐야 한다면 망설일 수밖에 없을 것이다. 그러나 긴 인생 중에 고작해야 1년이다. 1년은 후딱 지나간다. 엊그저께 새해 인사를 한 것 같은데 어느 사이엔가 벌써 송년회니 망년회니 하는 말들이 오고간다. 이렇게도 시간은 빠르게 지나간다. 내년에도 역시 또 올해와 같이 후딱 시간은 지나갈 것이다.

나 또한 많은 불면의 밤을 보내며 '왜 나는 일이 이렇게도 안 될까?'를 고민했었다.

그 후 단호한 결단을 하고 비즈니스 무대에 다시 섰을 때 1년 이라는 시간은 과거와는 달랐다. "썩어서 죽는 것보다 닳아져 사라지는 게 낫다."는 말을 생각하며 나 자신을 닳아 없애려고 전력투구했다. 그런데 닳기는커녕 단단해지고 예리한 칼로 뜨겁게 달구어져서 고객을 만났을 때, 기죽지 않고 당당하게 상품 구매를 제안했고, 많은 고객들이 나의 제안을 받아주었다. 수입은 지속적으로 늘어났고, 한번 달구어진 칼날이라 그런지 쉽게 식지 않았고 녹슬지 않았다. 그 후로는 작은 힘으로도 뜨거움과 예리함을 유지할 수 있었다.

비즈니스라고 하는 것이 잘될 때도 있고 안 될 때도 있지만, 그래도 평균 이상은 꾸준히 지속시킬 수 있다. 스스로 정한 평균이기에 다른 사람에 비해서 높을 수도 있고 낮을 수도 있지만 밥 먹고 사는데 특별한 불편함은 없다.

책을 읽다가 '1년은 미쳐보라.'는 말을 들을 때마다 가슴이 절절하다. 비즈니스를 떠나서 자기 인생의 무엇인가를 바꾸고 싶다면 일단 1년은 전력투구하고 미쳐야 하는 것이 사실이다.

지금 돌이켜보니 그렇게 힘든 일도 아니었다. 정체된 것이 힘든 것이지 성장하고 있다면 그까짓 성장통 쯤은 아무것도 아니다.

영업을 하겠다면 오늘부터 딱 1년간만 미쳐라

성장통이 무서워서 키 크기 싫다는 아이들이 없는 것처럼 비즈니스의 성장통은 1년이면 족하다.

그러니 오늘부터 딱 1년을 미쳐보겠다는 결단을 당장 하길 바란다. 일기장에, 혹은 큰 글씨로 오늘의 날짜를 벽에 기록해보라. 그리고 질주를 시작하라. 내년의 그날, 당신은 반드시 달라져 있을 것이다. 내가 그랬던 것처럼.

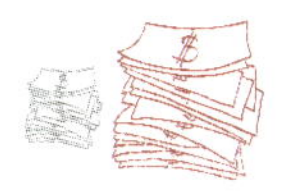

잔뜩 움츠린 개구리가
더 멀리 뛴다는 것에 주목하라

개구리가 뛰는 모습을 보면, 움츠리고 앉아 있다가 이때다 싶을 때 펄쩍 공중으로 날아오른다. 움츠린 시간이 길어지고 자세도 더 낮아질 때가 있는데, 그런 때는 더 멀리 더 높이 공중으로 날아오른다. 더 많이 움츠릴 때 더 멀리 뛰어오를 수 있는 것이다.

누군가의 움츠린 모습만 보고 지나쳤다면 잔뜩 공포에 질린 소심한 모습으로 오해할 수도 있다. 그러나 그 모습은 찬란하게 날아오르기 위한 준비 기간일 수도 있음에 주의하라.

더 높이 그리고 더 멀리 날아오르기 위해 준비 중인 당신을 보고, 움츠린 개구리를 보고 비웃는 것처럼 사람들이 당신을 비웃을 수도 있으며, 준비기간이 길어질수록 냉대와 냉소는 더 심해지게 된다.

'나는 비즈니스에 맞지 않는 사람인가?' 하는 스스로에 대한 의심이 생길 수도 있고, 그만 포기하고 싶은 유혹에 자신감이 떨어질 수도 있다.

　나 역시 잔뜩 움츠린 모습을 한 기간이 오래도록 지속되면서 주변사람들의 의심어린 눈초리며 걱정 어린 조언을 직접적으로 듣거나, 비웃음을 사는 일이 많았다.

　보이는 것을 믿는 것이 사람들의 공통된 습성이기에, 내가 보이지 않는 나의 꿈과 목표를 얘기했을 때, 처음 몇 번은 통하지만 그 후로는 점점 약발이 떨어지게 된다.

　남들이 내 말을 신뢰하지 않는 그 순간도 괴롭지만, 더 큰 괴로움은 자기 스스로에 대한 의심이 들면서부터 시작된다.

　'아…… 나는 안 되는 사람인가? 내가 이루고자 하는 위대한 인생은 허무맹랑한 것인가? 송충이는 솔잎을 먹어야 되는데, 괜히 쓸데없는 짓을 하고 있는 건 아닌가?' 등. 자신에 대한 확신과 인생에 대한 비전이 송두리째 흔들려버리는 순간이 올 때가 있다.

　철저히 실적으로 인해 수입이 결정되고, 그 수입으로 먹고 살아야 하는데, 실적이 없거나 저조하고 지출은 산더미처럼 쌓여

Track 3 비즈니스는 스킬이 아닌 마인드다

있다면, 과연 줄기차게 앞으로의 비전만 보며 살아갈 수 있을까?

배고픔을 견디다 못해 빵 몇 조각을 훔친 죄로 감옥에 갇힌 장발장의 마음이 이해가 되는 순간, 이제 더 이상 내려갈 곳이 없는 밑바닥 인생이다. 이런 순간이 오면 거의 대부분의 사람들이 자신의 꿈과 목표를 접고, 우선 당장 밥을 해결하기 위해서 비즈니스를 떠난다. 떠나는 사람을 많이 보았고, 나 역시도 떠나고 싶고 떠날 수밖에 없는 시간들이 많이 있었다. 하지만 나는 떠나지 않았다.

"생각한 대로 살지 않으면 사는 대로 생각하게 된다."는 책 제목에서처럼 이대로 포기하면 앞으로 남은 나의 인생은 사는 대로만 생각하게 될까봐 두렵고 무서웠다.

'부모의 모습은 아이들의 거울'이라는 말 때문에 결혼도 안 했고 아이들도 없었지만, 미래의 우리 아이들이 나의 인생을 닮아가게 된다는 생각을 하면 몸서리치도록 싫었다.

일어나야 했다. '잔뜩 움츠리다 이대로 굳어버리면 어떻게 하지?' 하는 나 자신에 대한 부정적인 마음에서 '누가 뭐라고 해도 나는 반드시 튀어 오르고 말겠어. 지금은 나를 비웃는 사람들도 내가 더 높이, 그리고 멀리 뛰면 그때는 일시에 조용해질 거야. 그리고 알게 되겠지. 더 높이 뛰어오르기 위해 더 오랜 시간 움츠렸을 뿐이라는 것을.'

결과가 없는 목표는 공허해진다. 이제는 공허한 목표만 외쳐대는 공허한 인생이 아니라, 그 목표를 초과달성하는 목표 초과 인생으로 가야 했다. 정지된 화면을 보고 있노라면 그 뒤의 상황을 미리 짐작하기가 어렵다. 정지된 시간이 오래되었다면 사람들은 유심히 그 화면을 보려 하지 않을 것이다.

잔뜩 움츠린 개구리가 더 멀리 뛴다는 것에 주목하라

　그러나 그 화면은 정지된 것이 아니라, 너무 느리게 움직여서 정지된 것처럼 보였을 뿐이다. 오랫동안 움츠려 있는 개구리를 보면 살았는지 죽었는지 그냥 굳어버렸는지 알지 못할 수도 있지만, 개구리는 끊임없이 창공으로 날아오를 준비를 계속하고 있다. 다만 다른 개구리들보다 조금 느릴 뿐이다. 그러니 움츠린 개구리를 보고 비웃지 마라. 왜냐하면 그 개구리는 한번 뛰기 시작하면 훨씬 멀리 뛸 수 있기 때문이다.

Track 3 비즈니스는 스킬이 아닌 마인드다

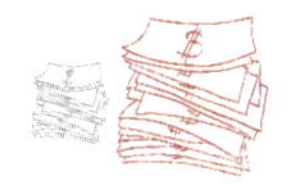

생각하면 바로 행동해야
능력 있는 영업자가 된다

옛 속담에 쥐도 막다른 골목에서는 고양이를 문다고 했다. 그만큼 절박한 상황에서는 나약한 쥐일지라도 살고자 하는 욕망 때문에 자신도 알지 못하는 거대한 힘과 용기가 새롭게 나온다는 얘기다. 결국 절박함과 간절함이 있다면 그동안의 내가 아닌, 다른 능력을 가진 나를 찾아낼 수 있다.

쥐보다 나은 인간으로 태어나서 쥐보다는 나은 인생을 살아야 함에도 불구하고, 인간은 평생 자기가 가진 능력의 3%도 쓰지 못하고 죽는다고 한다. 이것은 엄청난 양의 원유가 묻혀 있는 땅 위에 농사를 지으면서 원유의 영향으로 작물이 제대로 살지도 못하고 죽어가는 데도 정확한 원인을 파악하지 못한 채, 땅을 손가락질하며 계속 농사만 짓는 어리석은 농부의 모습과도 같다. 실제로 우리는 엄청난 부자가 될 수도 있는 가능성을 스스로 제로로 만들어버리고 있는 것은 아닐까?

높은 산꼭대기에 올라가 벼랑 끝에 서서 아래쪽을 내려다보면 아찔하다. 한 발만 움직여도 저세상 사람이 될 수도 있는 긴박한 상황에서 드는 생각은 오직 하나일 것이다.

'어떻게든 살아야 한다.'

동물은 태어나면서부터 종이 결정되어 있다. 강아지는 강아지로 살아야 하고, 새는 새로 살아야 한다. 새가 노력을 한다고 해서 강아지가 될 수는 없다. 참새로 태어나면 참새로 사는 것이고, 독수리로 태어나면 독수리로 사는 것이다. 참새가 아무리 피나는 노력을 한다고 해도 결코 독수리가 될 수가 없다.

그러나 사람은 다르다. 사람은 언제든지 노력과 시간을 투자하면 지금과는 전혀 다른 사람으로 스스로 태어날 수가 있다.

지금 현재의 모습이 누가 보더라도 보잘 것 없고, 무능하고, 나약할지라도 그건 지금의 모습이지 미래의 모습까지 결정하는 것은 아니다. 아무리 열심히 일을 해도 밥 먹고 사는 것 자체가 힘이 드는 상황에서 머릿속에 연봉 10억을 그리고 있는 사람을 정상적으로 보는 사람은 많지 않다. 현재의 나는 누가 보아도 초라한 모습이다. 나 자신도 솔직히 그런 생각을 무척 많이 했다. 더이상 물러설 곳이 없는 벼랑 끝이라는 생각이 들 때, 마치 영화에서처럼 짠하고 초인적인 힘을 발휘해서 열세인 상황을 역전시켜야 하는데, 이상하게 그게 잘 되지 않았다. 더 이상 물러설 곳이 없는데 왜 영화와 같은 일이 내게는 일어나지 않는 것일까? 알고보니 이유는 간단했다. 영화는 영화고 현실은 현실이기 때문이다.

철저히 현실을 직시하고, 참새에서 독수리로 거듭나기 위한 고통과 아픔을 겪어야 했던 것이다. 참새로 살 때의 고통과 독수리로 거듭나기 위한 고통은 다른 것이다.

Track 3 비즈니스는 스킬이 아닌 마인드다

참새로 살 때의 고통을 독수리로 거듭나기 위한 성장통으로 오해를 하면 안 되는 것이었는데, 나는 참새의 고통을 독수리가 되기 위한 고통으로 착각을 하고 있었던 것이다.

독수리가 되기 위한 고통은 따로 있었다. 벼랑 끝에서 정말 죽기 살기로 한번 날아보고, 젖 먹던 힘까지 다했는데 날갯짓이 멈추어지면 그때는 장렬히 전사하자는 결단으로 독수리가 되기 위한 연습과 훈련에 돌입을 했다.

독수리로 살고 있는 사람들을 직접 혹은 간접적으로 보면서 그들을 닮아가기 위해 하나부터 열까지 나의 모든 것을 바꾸어가기 시작했다.

그들과 내가 다른 대표적인 한 가지가 있다면 그것이 무엇인가를 알아보았더니, 그것은 그들은 생각하면 바로 행동한다는 것이고, 나는 생각하면 그냥 생각만으로 끝난다는 것이었다. 답은 이미 나와 있었다.

'생각하면 바로 행동하자. 그렇게만 되면 나도 독수리가 될 수 있다.'

나의 의식 속에는 오직 '생각하면 바로 행동한다.'는 단순한 명제 하나만 있었고, 매일매일 그것을 실천해 나갔다. 단 하루도, 단 한순간도, 이 명제를 놓치지 않기 위해서, 나태함이나 게으름에 빠지려는 나 스스로를 용납치 않았다. 가혹하리만치 더 깊은 벼랑 끝으로 일부러 나를 떠밀며 나도 알지 못하는 새로운 나의 가능성을 발견하고자 노력했다.

살이 탈 정도의 뜨거움과 손이 오그라들 정도의 차가움을 견디어내면서 하루를 벌어서 하루를 먹고 사는 참새가 아니라, 드넓은 하늘을 유유히 비행하는 자유로운 독수리가 되고자 온몸을

생각하면 바로 행동해야 능력 있는 영업자가 된다

다 내던졌다. 그러던 어느 날, 드디어 내게도 영화가 현실이 되는 순간이 오기 시작했다. 낯선 골목을 누비며 단 하루도 실패하지 않기 위해서 발에 땀이 마를 날이 없도록 모든 에너지를 집중한 결과가 서서히 나타났다.

먹고 사는 문제를 벗어나 위대한 그 무엇을 향한 오랜 시간의 도전이 아름답고 탐스러운 결실로 나타났으니 땀은 나를 결코 배신하지 않은 것이다. 그리고 나는 **한 마리 나약한 참새일지라도 피와 땀과 눈물어린 노력을 하면 거대한 날갯짓을 하는 독수리로 거듭날 수 있다는 사실**도 알게 됐다. 독수리처럼 날카로운 부리와 거대한 날개를 가지기 위해 수많은 시간을 찢기고 뜯기며 아팠지만, 지나고 나니 아무것도 아니다. 당시에는 감당하기 어려운 고통이었지만, 참새가 날 수 있는 하늘의 크기와 독수리가 날 수 있는 하늘의 크기가 다르다는 것을 알았기에 충분히 도전해볼 만한 가치가 있었던 것이다.

드넓은 하늘이 아무리 좋아도 작은 날개를 가지고 비행하는 것에는 분명 한계가 있다. 먹고 사는 것이 인생의 전부라면 할 수 없지만, 그렇지 않다는 것을 나는 알고 있다. 스스로 이것을 깨달은 사람은 독수리가 될 수 있다. 그리고 참새가 독수리가 되기까지의 아픔 따위는 독수리가 되면 기억조차 하지 않게 될 것이다.

Track 3 비즈니스는 스킬이 아닌 마인드다

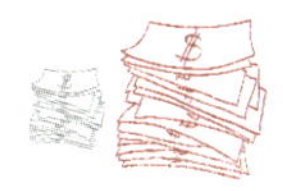

남을 축하하는 자리에서도
나 자신을 위해 박수를 쳐라!

비즈니스는 실적이 곧 실력이 된다. 실력이 있는 사람이 실적을 많이 올리는 일은 당연한 것이다. 오랜 시간 일을 하면서 동료의 실적을 축하해주는 자리가 많이 있었다. 그 시간이 올 때마다 나는 박수를 쳤다. 아니 박수만 쳤다.

누군가의 성공을 축하만 해주는 들러리 인생으로 저번 달도 박수를 치고, 이번 달도 박수를 친다. 다음 달도 나는 역시 누군가를 위해서 박수를 칠 것이다.

누군가의 성공을 축하해 주는 것은 참 좋은 일이지만, 더 좋은 것은 나의 성공을 두고 누군가로부터 박수를 받는 일이다.

그러나 나는 한 번도 그래본 일이 없었다. 축하는커녕 박수만 열심히 쳐대는 속 좋은(?) 인간이었다. '박수칠 때 떠나라.'는 영화가 있는데 박수만 치다가 떠나야 하는 인생이 될 판이다. 그 인생의 판을 정말 뒤집고 싶었다.

그런데 어느 날 축하자리에서 박수를 치다가 문득 이런 생각이 들었다.

'누군가를 위해서 박수치는 것도 이제 정말 지겹다. 나도 저런 박수를 누군가에게 진정으로 받고 싶다. 나에게도 과연 그런 날이 올까? 그래, 이제부터 내가 치는 박수는 누군가를 위해서 치는 것이 아니라, 내 인생을 위해서, 나 자신에게 치는 것으로 하자. 나에게 열심히 열정적으로 박수를 치자. 그러다보면 언젠가는 나도 많은 사람들로부터 우레와 같은 박수를 받게 될 것이다.'

생각을 한번 바꾸고 나니, 그때부터는 박수를 치는 일이 즐거워졌다. 그 뒤로는 더 크게, 더 열정적으로 박수를 쳤다. 내 박수소리에 동료들이 힐끔힐끔 나를 쳐다보았다. 왜냐하면 내 박수소리가 다른 사람의 박수소리보다 훨씬 크고 힘찼기 때문이다.

모든 사람들의 박수소리는 비슷하지만 내 박수소리는 다르다. 나는 박수를 칠 때마다 나 자신에게 다짐했다.

'언젠가는 박수를 받는 사람이 반드시 내가 될 것이다. 박수만 치는 인생이 아니라 박수를 받는 인생으로 나는 바꿀 것이다. 내 인생은 누군가를 위하여 박수만 치는 인생이 결코 아니다.'

지금 박수를 치고 있는 것과 박수만 치는 것은 다르다. 말 그대로 지금 박수를 치고 있는 것이지, 결코 계속 박수만 쳐대는 들러리 인생이 아닌 것이다. 그러니 동료의 성공이나 어느 축하자리가 있어서 박수를 칠 일이 있다면 그 누구보다 더 힘껏 박수를 쳐라. 열정적으로 박수를 쳐라. 그러나 아무 생각 없이 박수를 치지는 마라.

수년간 실적이 향상되지 않고, 늘 제자리라면 더 크게 박수를 쳐라. 그리고 자신의 가슴팍에 대고 말하라.

'나는 지금 누군가의 성공을 축하해주고자 박수를 치고 있다.

Track 3 비즈니스는 스킬이 아닌 마인드다

그러나 저 사람은 나보다 먼저 저 자리에 올라갔을 뿐이다. 나는 멈추지 않을 것이다. 나도 언젠가는 저 자리에 오르고 동료들의 뜨거운 박수를 받을 것이다. 지금의 내 모습은 결코 내 인생의 모든 것을 대변하는 것은 아니다. 지금 박수를 치는 것은 현재의 내 모습일 뿐 미래의 나는 달라질 것이다. 나를 위해서 박수를 치자. 내 인생을 위해서 박수를 치자.'

한 공간속에 있는데 누군가는 귀가 찢어질 듯한 박수를 받고, 축하를 받는다. 그런데 그중 누군가는 박수만 치고, 축하 받을 일이 없다. 그러나 아직 끝난 것이 아니다. 내가 아직 포기하지 않았다면 끝난 것은 아무것도 없다.

스스로 포기하지 않는다면 그 누구도 관두라고 하지 않는 것이 비즈니스 현장이다. 나는 박수를 치는 자리에 있을 때마다 주눅이 들었다. 그 누구도 나에게 "당신은 왜 성공을 못합니까? 왜 맨날 그 모양입니까?"라고 말하지 않는데, 스스로에 대한 열등감

남을 축하하는 자리에서도 나 자신을 위해 박수를 쳐라!

이 늘 가슴 한켠에 있었다. 그러나 많은 축하자리에서 나의 박수소리는 멈추지 않았다. 누가 보든 안 보든 나는 크고 열정적으로 박수를 쳤다.

일이 지지리도 안됐음에도 박수치는 자리를 끝까지 지키며 늘 그 자리에서 박수를 쳤다. 나에게 치는 박수소리가 크면 클수록 성장이 빨라지는 것 같았다. 그래서 나는 박수를 더 열정적으로 쳤다.

모두가 축하를 받는 자리에서 내가 축하를 받을 일이 없다 해도 실망하기는 아직 이르다. 우리에게는 아직 시간이 남아 있다. 내가 비즈니스를 관두지 않는 이상, 그리고 꾸준히 계속하는 이상, 꾸준히 박수를 치는 그 자리에서 박수를 치는 것 이상으로 모든 가능성은 열려있다.

떠나면 끝이지만 그렇지 않다면 지금 자신을 위해서 열정적으로 박수를 쳐라. 손바닥과 콧등, 이마에 땀이 맺히도록 치고 또 쳐라. 내가 치는 박수소리를 내 귀를 통해 심장이 듣고 있다.

심장이 터질 듯한 어느 날. 그 심장이 당신의 발바닥에 땀이 나도록 당신을 이끌어줄 것이다. 그리고 이제 박수를 받을 차례는 바로 당신이다.

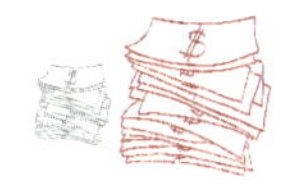

반드시 살아남겠다는 의지로
비즈니스에 몸을 담아라!

'마지막 한걸음까지'라는 영화가 있다.

전쟁으로 인해 포로수용소에 갇힌 한 남자가 탈출을 시도한다. 남자는 살아서 가족을 만나기 위해 인간으로서는 도저히 불가능한 시베리아 횡단을 하는데, 그를 잡기 위해 끝까지 추격하는 독일 장교가 있다. 주인공은 상상할 수 없는 엄청난 추위와 배고픔을 홀로 참고 견디며 가족을 만나기 직전에 독일군에게 붙잡히고 만다. 그러나 결국에는 가족을 만난다. 교회에서 예배를 드리고 있던 아내와 아이를 안으며 참고 있던 눈물을 흘리면서 영화는 해피엔딩으로 끝이 난다. 가족에게 살아서 돌아가겠다는 인간의 의지 앞에 몇 천 킬로미터나 되는 추위와 배고픔의 시베리아는 걸림돌이 되지 못했다. 영화를 보는 내내 가슴을 울리는 깊은 감동이 있었고, 지금도 그 여운이 진하게 남아있다.

과연 살고자 하는 인간의 의지 앞에 불가능한 것이 있을까? 이처럼 삶에 대한 의지가 강할 때, 눈앞에 보이는 불가능은 더 이상

걸림돌이 아니다. 눈앞의 어려움과 고통, 때로는 두려움조차 그 의지 앞에서는 힘을 잃는다.

그러나 이 의지가 약해질 때가 있다. 가야 할 목표가 분명하지 않으면 주변의 환경이나 부정적인 말에 자신감이 떨어지게 되고, 이 의지는 자연스럽게 약해지기 시작한다. 그리고 설상가상으로 눈앞의 어려움과 두려움이 커지게 된다.

자신감이 하늘을 뚫어버릴 것 같다가도 자그마한 돌부리에 걸려 넘어지면 어느새 이 의지가 온데간데없이 사라져 버린다. 현장에서는 늘 이런 일이 비일비재하다.

고객이 OK 사인을 보내면 세상이 내 것인 양 발걸음이 새털처럼 가벼워져서 퇴근길에 아이들이 좋아할 만한 것들을 사가지고 들어간다. 밝게 웃는 아빠의 모습 또는 엄마의 모습에 아이들도 덩달아 신이 난다. 삶에 대한 의지도 한층 더 강해진다.

그러나 문제는 항상 반대의 경우에 있다. 꼭 계약을 할 것만 같던 고객이 거절을 하고, 몇 명 되지 않는 가망고객도 반응이 영 신통치 않다. 이렇게 해서는 이번 달 밥을 먹기가 어려운 상황이다. 이번 달만 그렇다면 큰 문제가 아니지만, 몇 달째 혹은 몇 년째 그런 상황이 지속되면 삶의 의지가 꺾이지 않는 사람이 별로 없다.

거의 대부분은 그저 그런대로 살아가거나 비즈니스를 떠날 것이다. 입으로 들어가는 밥을 해결하기 위해서 특단의 조치가 내려지게 된다. 가정이 없는 사람은 그나마 낫다. 어차피 굶어도 나만 굶는 것이긴 하지만 그것도 하루 이틀이지 몇 년째 그렇다면 그것도 사람 할 짓이 못된다. 입에 풀칠하는 것으로 모든 것이 해결되는 것은 아니기 때문이다.

상황이 좋을 때는 모든 것이 행복하고 기쁘다. 이건 누구나 같다. 그러나 반대의 상황이 되면 반응이 갈린다. 인생의 진검승부는 사실 이때 가려진다.

잔잔한 바다에서는 누가 유능한 뱃사공이고 누가 무능한 뱃사공인지 알 수 없는 것처럼, 폭풍우가 몰아쳐야 명장과 졸장이 가려진다.

상황은 같은데 반응이 다르다. 어떤 사람은 견디지 못하고 포기하고 떠난다. 그러나 어떤 사람은 살고자 하는 의지가 더욱 강해져서 어떻게 해서든 그 상황을 이겨내고자 갖은 애를 쓴다. 의지가 강하다고 해서 상황이 나아지지는 않지만 강한 의지로 밀어붙여야 상황이 반전되는 것은 분명하다.

나는 그 상태로 사느니 차라리 최선을 다해서 걷다가 죽는 것이 더 가치가 있는 인생이라고 생각했다. 일이 너무 안 되서 오늘

반드시 살아남겠다는 의지로 비즈니스에 몸을 담아라!

먹을 밥값조차 없을 때에도 내가 택한 길에 후회는 없었다. 내 인생에서 내가 선택할 수 있는 선택권이 없다면 그건 진정한 인생을 사는 것이 아니라고 단정했기에 힘에 부칠 만큼 어려운 현실이 나를 압박해 왔지만, 포기할 생각보다는 어떻게 하면 지금보다 나은 내일을 살 것인가에 몰두했다. 의지 앞에 현실이 무릎을 꿇는 날이 언젠가는 올 것이라는 다소 황당한 이론을 되뇌며 하루하루 내가 하고 있는 일에서 최선의 결과를 얻어내고자 도전을 멈추지 않았다.

비즈니스라는 게 그렇다. 눈 뜨면 개업이고 눈 감으면 폐업이다. 누구도 내게 지시를 해주지 않기 때문에 모든 것을 스스로 선택하고 판단하는데 있어서 과연 이렇게 하는 것이 맞는 것인지에 대한 혼란이 늘 존재한다. 그 혼란이 길어질수록 현실의 벽은 높아져 간다. 그래서 초점을 잃지 않은 목표가 분명히 존재해야 하는 것이다.

목표가 분명하다는 것은 가야할 곳이 정확히 있다는 것이고, 그곳으로 가는 길에 많은 난관이 있다 하더라도 강한 생명력으로 그것을 뛰어 넘을 수 있다는 것이다.

산에 걸려 넘어지는 게 아니라 돌부리에 걸려서 넘어진다는 속담처럼, 사실 작은 것, 사소한 것들이 수도 없이 현장을 향하는 나의 발걸음을 제지한다. 그럴 때마다 나는 다시 한 번 종착점을 분명히 바라본다.

바라보는 행위 하나만으로 의지는 불타오른다. 황새의 목을 붙잡고 반드시 살아남겠다는 개구리의 의지 앞에 황새는 결국 개구리를 토해낼 것이다.

비즈니스 현장은 항상 그러한 형국을 하고 있다. 하루에도 몇

번씩 천국과 지옥을 왔다 갔다 하지만, 살아보겠다는 의지 하나
만으로 인생의 문을 계속 두드리다 보면 결국 문은 열리게 되어
있다. 그 문 바로 앞에 당신의 꿈, 목표, 희망이 가지런히 놓여서
당신을 환하게 맞아줄 것이다.

당신의 열정 충전소는
어디입니까?

우리는 휴대폰의 배터리가 떨어지면 얼른 충전을 한다. 왜냐하면 배터리가 떨어진 휴대폰은 아무짝에도 쓸모가 없기 때문이다. 그건 우리의 삶도 마찬가지고, 특히 비즈니스라는 직업을 가진 사람은 두말할 필요가 없는 얘기다. 현장은 일명 멘탈의 세계다. 멘탈이 강한 사람이 살아남고 성공도 하며, 멘탈이 약하거나 없는 사람은 조용히 형체도 없이 사라진다.

특별한 자본금이나 재능이 필요한 것은 아니지만, 열정이라고 하는 정신적 자본금은 필수요소다. 여타의 것은 있으면 도움이 되고 없어도 별 상관은 없지만 현장에서의 열정은 일의 성패를 가르는 중요한 기준이 된다. 일의 열정이 떨어질 때 어디에서 충전을 해야 가장 빠를까? **답은 바로 현장이다. 현장이 곧 쾌속충전소가 된다.**

열정을 현장이 아닌 다른 곳에서 충전을 하는 경우도 있겠지만, 경험상 가장 빠른 곳은 현장이다. 고객을 만나서 이런저런 얘기를 하다보면 금세 열정이 충전되고 심장이 빠르게 뛰기 시작한다. 반대로 현장에서 멀어지면 금세 감각이 둔화되고 힘이 사라진다.

특히 긴 연휴기간을 보내고 난 후에는 오뉴월에 엿가락 늘어지듯이 모든 것이 나태해진다. 이 시간을 빨리 단축시켜서 나의 에너지를 높이는 방법은 고객을 만나러 가거나, 전화를 해서 무슨 일이든지 당장 처리를 하는 것이다. 이런 식으로 시간을 약간만 보내면 언제 그랬냐는 듯 휴가의 재미와는 다른 일에 대한 재미가 새롭게 샘솟는다.

사람은 감정의 동물이다. 그런데 이 감정이란 놈은 나의 의지와 상관없이 오락가락하는 변수가 많다. 그리고 내 의지대로 비즈니스가 척척 진행이 되면 상관이 없지만, 아무리 열심히 해도 생각했던 것만큼의 결과가 나오지 않으면 이 감정이 또 나를 집어삼켜버린다. 그러면 우울한 기분이 지속되고 열정은 바닥으로 떨어진다. 심해지면 일 자체에 대한 회의감으로까지 번지게 된다. 이건 밥을 먹기 위해서 몸부림치던 그때의 감정과는 사뭇 다른 것이다.

스포츠의 세계에서도 흔히 이런 상황이 벌어진다. 선수가 자신의 감정을 컨트롤하지 못하고 슬럼프에 빠져서 짧게는 몇 달, 혹은 몇 년 동안 전성기 때의 기량을 회복하지 못하는 사례들이 있으며, 비즈니스의 세계에서는 이런 일들이 부지기수로 일어난다.

잘 나갈 때는 세상 부러운 것이 없지만, 바닥을 칠 때는 과거의 영광에 대한 스스로의 박탈감에 시달리는 것이다. 그러나 그때마다 다시금 열정을 정상으로 올려놓는 방법을 나는 알고 있다. 다시 현장으로 돌아가는 것이다. 평상시에 미팅이 1~2개였다면 이런 시기가 올 때는 두 배 이상으로 늘린다. 갈 곳이 없다면 어떻게 해서든 갈 곳을 만들어서라도 현장 속에 깊이 내 몸을 담궈야 한다. 그러면 최소한의 시간을 소모하고, 에너지를 정상으로 끌어올릴 수 있다.

많은 비즈니스맨들이 사무실에 앉아서 내근을 하는 경우가 있다. 그 시간이 절대적으로 필요하고, 무언가 준비를 해서 고객을 만나야 하는 준비시간이라면 상관이 없지만, 그저 갈 곳이 없고 만날 사람이 없기 때문에 사무실에 있는 것이라면 난관에 부딪친 것이다.

비즈니스는 현장에서 일어난다. 성공도 현장이고 실패도 현장이다. 현장이 없는 비즈니스는 성공도 없고 실패도 없다. 결국 아무런 일도 일어나지 않는 것이다 아무런 일이 일어나지 않는 것은 곧 실패다.

비즈니스는 멘탈게임이다. 강력한 멘탈 없이는 고객을 리드할 수 없다. 나의 멘탈이 강하지 않다면 단 한 명의 고객도 내 고객으로 만들 수가 없다. 나의 제안을 받아들이려고 했던 고객조차도 열정이 없는 나의 태도 때문에 멘탈이 살아있는 다른 사람에게로 떠나가게 된다. 가장 강력한 동기부여 장소는 현장인데, 내 정신과 몸이 현장에 있지 않다면 에너지가 충전되지 않는다. 다른 그 무엇으로 충전을 하려 해도 충전이 잘 되지 않는 것이다.

비즈니스에 대한 열정은 비즈니스 자체로 푸는 것이 가장 빠르다. 스트레스도 비즈니스로 풀어야 제대로 풀린다. 일이 안 되면 스트레스만 쌓이는데 그럼에도 불구하고 현장에서 최선을 다해서 새로운 고객에게 집중하고 있다면, 고객이 Yes를 하는 그 순간, 모든 스트레스가 뻥하고 날아가 버리는 것이다. 이게 가장 시원하게 스트레스를 날리는 방법이다.

Track 3 비즈니스는 스킬이 아닌 마인드다

결국 성공하는 비즈니스맨은 현장에서 살고 현장에서 죽는다는 말이 진리다. 앞서 말한 정신적 자본금인 열정을 잘만 관리할 수 있다면 비즈니스는 잘될 수밖에 없다. 설혹 안 되는 순간이 있더라도 그 슬럼프는 빠른 시간 내에 극복이 된다. 멘탈이 붕괴되어 모든 것에 무기력하다면 반드시 현장으로 다시 가라. 그 속에서 충전을 해야 한다. 친구나 동료를 붙잡고 소주 한잔 하면서 아무리 실적에 대한 신세한탄을 하더라도 그 스트레스는 풀리지 않으며, 오히려 열정은 더 떨어지고 만다. 오늘 아침 모든 기운이 땅에 떨어져 발걸음이 천근만근이라면 빨리 어디든 가야 한다.

그리고 동료나 친구가 아닌 고객을 만나라. 거절한 고객이라도 다시 만나라.

한번 거절을 당한 고객이기에 오늘 가서 다시 거절을 당해도 첫 번째 거절당한 것만큼 아프지 않다. 그 고객은 귀찮다고 생각하겠지만, 그보다 중요한 것은 나의 에너지를 빨리 되찾는 것이다. 그렇게라도 해서 현장에 있다 보면 혹시 아는가? 거절했던 고객이 Yes를 할 수도 있고, 본인은 하지 않더라도 누군가를 소개시켜 줄 수도 있는 법이다.

비즈니스는 한치 앞을 모른다. 언제 어떻게 될지 아무도 모른다. 그러기에 거절의 상처를 딛고 다시 일어설 수 있는 힘이 그곳에 있는 것이다. 열정이 떨어졌다면 쾌속충전소로 바로 향해야 한다. 지금 당장 달려가라.

펄떡이는 심장만이
발을 움직이게 한다

　성공하는 사람과 그저 그런 사람 사이에는 극명한 차이가 있는데, 그것은 어떤 새로운 사실을 깨닫게 되었을 때 그것을 자신의 삶에 바로 적용을 하느냐 하지 않느냐의 차이다. 사실을 알았다고 해서 그 사실이 바로 내 것이 되는 것은 아니며, 그것을 내 삶에 적용했을 때 나의 세포가 그 모든 것을 기억하기까지는 또 오랜 시간이 걸린다. 결국 '습관을 바꾸는 것은 운명을 바꾸는 것이다.'라는 말이 정답이다.

　하나부터 열까지 내가 가지고 있던 모든 생각과 습관을 리셋해서 다시 새로운 프로그램으로 나 자신을 새롭게 디자인하는 것은 꾸준한 시간과 엄청난 노력이 들어가야만 하는 거대한 프로젝트다.

　나는 이 프로젝트에 인생을 걸고 반드시 해야만 한다고 생각했다. 평범함으로 가득 찬 나를 비우고 위대함을 향한 열정을 내 심장 속에 꽂아 넣기 위해서 성공한 사람들의 생각과 행동에 나를 맞추어가기 시작했다. 뱁새가 황새를 쫓아가듯 가능성이 거의 제로에 가까운 상황에서 모든 것을 따라하는 것이 힘에 부쳤지만, 인내심을 가지고 하나씩 고쳐나가기 시작했다.

비즈니스는 행동이다. 누군가를 만나서 무엇인가를 해야 하는 비즈니스의 세계에서 생각만 가지고 사무실에 앉아 있는다면 실적이 오를리 없다. 합리적인 사고와 민첩한 행동이 균형을 이룰 때 보다 효과적인 비즈니스를 할 수 있다.

그런데 당장 행동하고 싶은데 왜 내 발은 천근만근일까?

10톤이나 되는 무거운 짐을 싣고 트럭이 움직이려면 10톤을 끌 수 있는 강력한 엔진이 필요하다. 9.9톤짜리 가지고도 안 된다. 반드시 10톤 이상의 마력이 나와야 단 1미터라도 움직일 수 있다. 나는 내 심장엔진의 마력수를 엄청나게 높여야 한다는 것을 느꼈다. 심약한 심장을 가지고는 비즈니스 세계에서 성장이나 성공을 기대한다는 것 자체가 그저 몽상에 지나지 않다는 것을 알기에 더 이상 시간을 지체할 수가 없었다.

10톤이나 되는 무거운 발을 움직이기 위해서는 심장이 터질지도 모르지만 엄청난 업그레이드를 통해서 10톤 이상의 마력을 가진 강력한 심장으로 거듭나야만 했다. 사람은 감정의 동물이다. 행동을 이끄는 것은 뜨거운 감정이지 차가운 이성이 아니다. 뜨겁게 펄떡이는 강력한 심장만이 무거운 나의 발걸음을 움직이게 할 수 있다. 세포 깊숙이 저장된 나태함과 게으름, 실패할지도 모른다는 두려움이 나의 발걸음을 저지할 때 '단 한번뿐인 인생을 이대로 살다가 갈 수 없다.'는 강력한 열망으로 심장에 열을 가하니 거대한 전차가 불을 뿜으며 천천히 움직이기 시작하듯 내 발이 움직이기 시작했다.

플라이윙 효과라는 말이 있다. 처음에는 정지된 비행기 프로펠러를 돌리는 것이 엄청나게 힘들지만 지속적인 힘을 가하면 스스로 돌아가는 타이밍이 반드시 온다는 것이다. 나는 그 말을 믿었고 천근만근이나 되는 무거운 발걸음을 잽싸게 날아오르는 제비의 민첩함으로 바꾸기 위해서 스스로 돌아가는 타이밍이 될 때까지 지속적인 행동을 가했다.

'멈추면 절대로 안 된다.'는 생각으로 눈 떠 있는 모든 시간을 비즈니스 현장에서 울고 웃었다. 스스로 돌아가는 타이밍이 정말 올까 반신반의했지만, 어느 날부터인가 아침에 눈을 뜰 때 눈꺼풀이 가벼워졌다는 것을 느꼈을 때 나는 알았다. 내 펄떡이는 심장의 마력수가 10톤이나 되는 발의 무게를 잽싸게 옮기고도 남을 만큼 커졌다는 사실을……

터질 것 같던 심장은 오히려 훨씬 더 건강해졌다. 오토바이 정도의 마력을 가지고는 시내도로나 동네 골목길을 다닐 수는 있겠

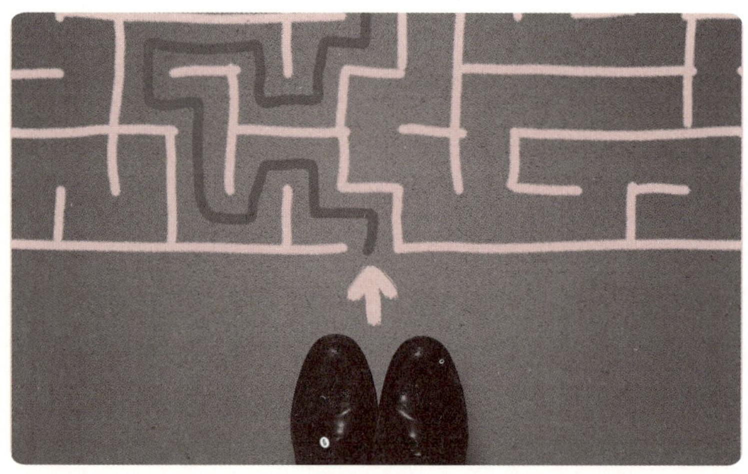

Track 3 비즈니스는 스킬이 아닌 마인드다

지만 뻥 뚫린 고속도로를 시원하게 달리지 못한다. 그러나 엄청난 마력을 가진 페라리 자동차는 고속도로를 비행하듯 질주할 수 있다.

무엇으로 인해, 언제부터 나의 심장에 변화가 온 것일까?

그건 아마도 내게 주어진 인생에 대한 의미를 명확히 했던 순간부터였을 것이다. 그 순간부터 차디찼던 심장이 달구어졌고, 뜨겁게 달아올랐을 때 차고 넘치는 에너지를 주체할 수가 없어서 현장을 누비고 또 누볐다.

심장을 펄떡이게 하는 것은 사람마다 다르겠지만, 자신을 가장 뜨겁게 만드는 그 무엇은 누구에게나 있다.

'단 한번뿐인 인생을 이대로 살다가 갈 수는 없다.'는 강력한 열망이 내 심장을 뛰게 했던 것처럼 당신에게도 그것은 반드시 존재한다.

심장이 펄떡일 때 엄청난 화력으로 불을 뿜어내며 거침없이 내달리는 철마처럼 그 무엇도 열정으로 가득 찬 당신을 막지 못할 것이다.

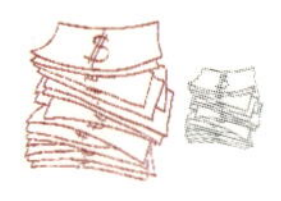

있어야 할 곳에 서 있는
사람이 성공한다

자유는 참 좋은 것이다. 먹고 싶고, 사고 싶고, 가고 싶은 곳을 내 맘대로 갈 수 있다는 것은 정말 좋은 축복이다. 그런데 이 자유를 지나치게 만끽하다 보면 어느새 게으름과 나태가 내 옆에 찰싹 붙어있게 된다. 직장인이 아닌 자유로운 직업군에 속하는 비즈니스맨의 세계에서는 터치가 없다. 누군가의 지시에 의해서가 아닌 스스로 선택하고 움직이는 자유가 분명 좋은 것은 사실이지만, 게으름의 분명한 타깃이 된다는 점은 최대의 단점이다.

어제가 오늘 같고 오늘과 내일이 같다는 느낌이 들고, 자신이 서 있어야 할 지점을 한참이나 벗어나 있다는 사실을 본인은 잘 모른다. 동료나 선배의 진심어린 조언조차도 잔소리로 들리면 상황은 굉장히 심각하다.

나는 일을 하면서 많은 사람들을 보아왔다. 여전히 일을 잘하고 있는 사람들도 있지만 소수에 불과하며, 거의 대다수는 비즈니스를 떠났다. 떠난 사람과 남은 사람의 차이는 사실 크지 않다.

일이 되든 안 되든 자기 자리를 끝까지 지키는 사람과 지키지 못하는 사람의 차이인 것이다. 작은 차이라고 볼 수 있지만 그 작은 차이가 인생을 바꾸어 놓는다.

사소한 말 한 마디가 인간관계를 깨어 놓듯이 작다고 느껴지는 그 부분이 냉정한 비즈니스계에서는 더 엄격하게 작용을 하는 것이다.

기회는 사람을 통해서 주어진다. 기회를 놓치지 않는 사람은 있어야 할 곳에 늘 있는 사람이다. 어느 중요한 타이밍에 기회를 주려고 주변을 둘러봤을 때, 있어야 할 그 자리에 내가 당당히 서 있다면 나에게로 시선이 쏠리는 것은 당연한 일이다. 그러면 기회는 자연스럽게 내게로 오게 된다. 언제 그런 시기가 정확히 올지 모르기 때문에 두 눈을 부릅뜨고 그 자리에 올곧이 서 있어야만 한다.

하던 일이 너무 안 돼서 실패의 연속선상에 있을 때도 나는 내 자리를 지켰다. 아무도 반겨주지 않았지만 그래도 자리를 지켰다. 그리고 그 속에서 다른 인연과 기회를 만나게 됐다. 만약에 그때 내가 있어야 할 그곳에 서 있지 않고 비즈니스를 떠났더라면 새로운 인연도 새로운 기회도 없었을 것이다. 그 자리에 꿋꿋이 서 있었다는 이유 하나만으로 새로운 비즈니스 기회가 내게로 왔다. 물론 멍하니 눈이 풀린 채로 서 있기만 한다고 기회가 저절로 오는 것은 아니다. 부지런히 손과 발을 움직이면서 두 눈은 뭔가 새로운 기회를 향한 호기심으로 가득해야 터닝 포인트를 찍을 수 있다.

무엇이든지 꾸준히 하는 것이 가장 좋다. 꾀 많은 여우처럼 이것저것 하다보면 뭔가 좋은 게 얻어 걸릴 것 같지만, 그렇게 해서

있어야 할 곳에 서 있는 사람이 성공한다

는 자신이 바라는 무엇인가를 얻는다는 것이 사실상 불가능하다. 되든 안 되든 한 우물을 판다는 장인의 마인드로 꾸준히 하다보면 지금 하고 있는 내 업이나 그와 관련된 또 다른 기회가 올 수 있다.

내가 원하는 목적지로 가는 길이 한 길만 있는 것은 아니다. 적게는 몇 개, 많게는 수백 가지도 넘을 수 있다. 가장 빠른 오솔길을 찾기 위해서는 동서남북 부지런히 뛰어다녀야겠지만, 정말 제대로 된 길을 찾았다 싶을 때는 묵묵히 수도자의 마음으로 그 길을 뚜벅뚜벅 걸어가야 한다.

옆도 뒤도 바라보면 안 된다. 뒤를 보면 이 길이 정말 맞는 길인가 싶을 것이고, 옆을 보면 나보다 앞서 가는 사람의 뒷모습을 보면서 저 길이 더 빠르고 좋은 길인가 싶어 상대적인 박탈감에 시달릴 것이다. 또한 뒤따라오는 사람을 보면서 쓸데없는 우월감에 사로잡힐 것이 아니라, 정면을 바라보며 묵묵히 걸어야 한다. 이렇게 꾸준히 길을 걷다보면 좋은 일들이 많이 일어난다.

나는 묵묵히 걷지 못하고 떠난 사람들 덕분에 반사적으로 많은 이익을 얻었다. 여러 가지 내부사정과 시기적으로 맞지 않아서 결정을 하지 못했던 고객들이 막상 진행을 하려고 했을 때, 최초의 영업사원은 이미 연락두절이 된 상태가 된 것이다. 우연인지 행운인지 모르지만 그런 상태에 놓인 고객을 만나게 되면 내가 특별히 해야 하는 것은 없다. 전 영업사원을 통해서 많은 지식을 이미 습득했기 때문에 나는 마무리만 하면 되는 것이다. 물론 마무리는 OK 사인을 받는 행복한 일이다.

그 영업사원이 지금까지 묵묵히 자기의 자리를 지키며 있었더라면 열심히 노력했던 결과물을 오늘 얻었을 텐데, 이미 어디론가 떠나버린 후라 그 영광의 몫을 다른 누군가가 대신 차지하게 된 것이다.

어떤 날은 알고 지내던 영업사원으로부터 연락이 오기도 한다. 자신은 지금 다른 일을 하고 있으며, 예전 고객사에서 뭔가를 요구하는데 자신은 갈 수 없으니 대신 좀 가서 해결해 달라는 것이다. 가보면 내 발걸음이 헛되지 않으며, 작든 크든 어떠한 이득이 내게 온다.

그렇게 시간이 지나면 지날수록 고객은 쌓여간다. 내가 비즈니스를 떠나거나 내 고객이 다른 곳으로 떠나면 모를까, 내가 지금의 이 자리를 굳건히 지키고 있으면 어떤 새로운 상황이 생겼을 때 나는 다시 전화를 받을 것이다. 한 가지 정도는 해결하기 어려운 복잡한 일이 있을지라도 아홉 가지는 내게 새로운 이득이 되는 일이기 때문에 행복한 마음으로 나는 오늘도 전화를 받는다.

비즈니스의 승자는 끝까지 남는 자다. 어제까지 성공했어도 오늘 떠난다면 그 후의 영광은 다른 사람의 몫으로 돌아간다. 그러나 어제까지 실패했어도 오늘 내 자리를 지키고 있다면 영광은 나의 것이다.

스포츠에서는 한순간에 메달의 색깔이 바뀌기도 하는데, 그것은 비즈니스에서도 마찬가지다. 조금만 더 가면 찬란하게 빛나는 금빛 메달과 함께 많은 사람들의 환호성과 박수가 기다리고 있다. 그 주인공은 묵묵히 자신의 자리를 오늘도 지키고 있는 바로 당신이다. 바라볼 것은 오직 한걸음 내딛고 있는 당신의 앞발뿐이다. 그러니 오늘도 열심히 걸으라.

비즈니스 일기를 써라

기록된 것만이 역사라는 말이 있다. 이순신 장군은 임진왜란 7년 동안 일기를 썼다. 전쟁 중이라 일기를 쓰기가 쉽지 않았겠지만, 이순신 장군은 틈틈이 자신의 생각과 현재의 상황을 적음으로써 생각을 정리하고 내일의 전투를 준비할 수 있었다.

물론 '맑음', '흐림'이라고 적어 놓은 것이 전부인 날도 많았지만, 그 단어 하나로 그날의 역사는 기록이 된 것이다. 한 개인의 일기가 오늘날 세계문화유산에 등재되는 쾌거를 이루고, 전란 중에 나라를 사랑하는 마음과 자식으로서, 한 가족의 가장으로서의 고민과 애달음이 잔잔히 기록된 그날의 일기가 후손들에게 많은 감동을 주고 있다.

내게도 빛바랜 일기장이 몇 권 있다. 군데군데 이가 빠진 날이 많긴 하지만, 한 달에 한번이 되더라도 기록된 역사(?)가 있다 보니 사회생활을 시작하면서부터 지금까지 내 생각과 생활의 변화를 되돌아볼 수가 있다. 단돈 천원이 아쉬웠던 초라한 순간부터

밥을 넘어선 영광의 순간까지 누구에게 보여주기는 창피하지만 나름 내 인생이 기록된 역사를 보고 있노라면 어려웠던 순간에도 포기하지 않고 지금껏 달려준 나 자신이 대견스러울 때도 있다.

비즈니스에는 영업일지라는 게 있다. 아침에 오늘 하루의 계획을 기록하고 저녁이면 계획한 것 중에서 실천한 것과 미룬 것을 나누어 다시 내일의 계획을 작성하는 것이다.

기록의 가장 좋은 점은 복잡한 머릿속을 정리할 수 있다는 것이다. 여러 가지 일들이 복잡하게 뒤엉켜 있는 하루를 정리하지 않으면 다른 계획을 세우기 어려우며, 머릿속을 깨끗하게 비워야 또 다른 것을 채울 수 있다.

나는 다이어리를 영업일지로 쓰지만, 그 안에 나의 모든 생각들을 정리해서 쓰기에는 역부족이다. 그러나 일기는 다르다. 이곳에는 사소한 것부터 시작해서 나의 생각, 꿈, 희망, 절망 등 모든 것들을 기록할 수 있다.

비즈니스 일기를 써라

일기를 쓰면서 오늘 있었던 일을 쓰는 것은 당연하다. 내 일기장 곳곳에는 그날 했던 일과 성과 혹은 실패까지도 적나라하게 적혀 있다. 영업일지가 되는 것이다.

기록하여 두면 언제든지 필요할 때 들춰볼 수 있고, 까맣게 놓치고 있던 것도 찾아낼 수 있다. 이 책을 쓸 때도 상당 부분 일기가 도움이 됐는데, 머릿속에서 맴도는 오래된 기억을 정리하여 글로 쓴다는 것은 보통 어려운 일이 아니다. 그러나 일기장을 들추어보면 내가 말하고자 하는 내용의 글이 보이고, 그것이 모티브가 되어 다시 글이 써진다.

일기는 어른의 성장일지라고 한다. 속이 편해질 뿐만 아니라 정신건강에도 많은 도움이 된다. 거창한 일이 아니더라도 사소한 일들을 적어두면 시간이 지나 다시 봤을 때, 과거를 엿볼 수 있고, 현재를 점검할 수 있다. 현재가 점검되면 아름다운 미래는 당연히 앞당겨지지 않겠는가!

Track 3 비즈니스는 스킬이 아닌 마인드다

비즈니스는 스킬이 아닌 마인드다

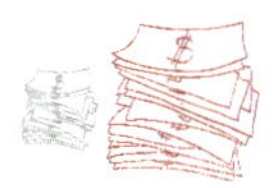

가끔 영업을 잘하는 사람들의 얘기를 강의나 책을 통해서 보고 듣게 된다. 뭔가 남다른 노하우가 있나 싶어서 귀를 쫑긋 세우고 유심히 듣다보면 특별한 자신만의 노하우나 스킬 공개보다 자신의 꿈과 목표 그리고 인생의 가치관에 대한 얘기가 많았다. 세일즈로 성공한 사람들이 쓴 책의 내용을 보아도 마찬가지인데, 그럴 때면 속으로 '아, 누가 그걸 몰라. 노하우나 공개하지 참 나.' 이런 생각을 하고 스킬을 공개하지 않는 그들을 비난하곤 했다.

노하우를 공개한다 싶어서 보면 내가 다 알고 있는 원론적인 얘기들 뿐이다. 굳이 듣거나 보지 않아도 어디에서나 흔히 들을 수 있는 그저 그런 얘기들이 무슨 대단한 노하우인가? 그런데 지금에 와서야 인생과 비즈니스에 있어서 정말로 필요한 것은 스킬이 아니라 마인드라는 것을 절실히 깨닫는다.

비즈니스는 잔재주에 불과한 스킬이 아닌 총체적인 인생에 대한 안목이 훨씬 중요하다. 영업에 대한 방법론적인 것들은 인터

넷 검색만 하더라도 알 수 있다. 다만 그것을 실제로 내 삶에 적용시키느냐 시키지 못하느냐의 차이일 뿐이다. 스킬을 많이 알더라도 마인드가 부족하면 그것은 잔머리를 굴리는 것에 지나지 않는다.

잔머리를 가지고 비즈니스에서 성공한다는 것은 하늘의 별따기보다 어렵다. 스킬은 마인드가 갖추어지지 않으면 어린애한테 날카로운 칼을 쥐어준 것이나 다름없다. 그 칼이 자칫 잘못하면 스스로를 다치게 할 수도 있기 때문에 없느니만 못한 결과가 초래될 수도 있는 것이다. 그래서 비즈니스에서 성공하려면 스킬을 배우기 전에 올바른 마인드가 먼저 갖추어져 있어야 한다.

비즈니스는 마인드를 가지고 적극적으로 밀어붙여야 성공할 수 있으며, 마인드가 갖추어져 있지 않은 상태에서는 스킬을 배워도 제대로 소화를 시키기가 어렵다. 아무리 많은 방법을 알려준다 해도 소화를 시키지 못하면 헛일이 되고 만다. 스킬을 배우는 데는 적은 시간이 소요되지만 마인드를 배우는 데는 많은 시간이 걸린다. 마인드는 인생과 꿈에 대한 정확한 방향성만 설정되어 있다면 배울 수 있다. 그러니 성공적인 비즈니스의 시작을 위해서 시간이 걸리더라도 반드시 먼저 마인드를 갖추기 바란다.

Track 3 비즈니스는 스킬이 아닌 마인드다

대체 불가능한 사람이
되기 위한 도전

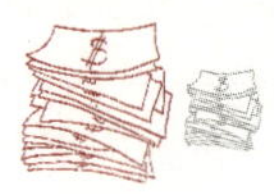

부엌칼과 명검,
당신은 어떤 것을
선택하겠는가?

　　망치자루를 구하기 위해서 할아버지와 손자가 손을 잡고 산으로 향했다. 한참이나 산을 오르는데 얼마쯤 가다보니 손자가 자루로 쓸 만한 나무를 발견하고 "할아버지! 저기 있는 저 나무를 망치자루로 쓰면 어때요?"하고 물으니, 할아버지는 "저건 아니다. 더 올라가보자."하고 한참을 다시 걸어 올라갔다. 얼마 후 손자가 다시 말을 한다. "할아버지 저기 보이는 저 나무는 진짜 자루를 하기 좋은 나무 같아요. 할아버지가 보기에는 어때요?", "음……저것도 아니야. 더 올라가보자." 손자는 다리도 아프고 배도 고팠지만 어쩔 수 없이 할아버지 손을 잡고 계속 걸어 올라갔다. 정상에 다다랐을 때 절벽 가까이에 간신히 붙어있는 못생긴 나무를 발견한 할아버지는 "저 나무다. 저 나무가 망치 자루를 하기에 아주 적합하구나." 하고는 그 나무를 베어서 산을 내려왔다. 내려오는 길에 손자가 물었다. "할아버지, 제가 얘기한 나무가 더 곧고 예쁘게 생겼는데, 왜 할아버지는 굽고 못생긴 나무가 자루를 하

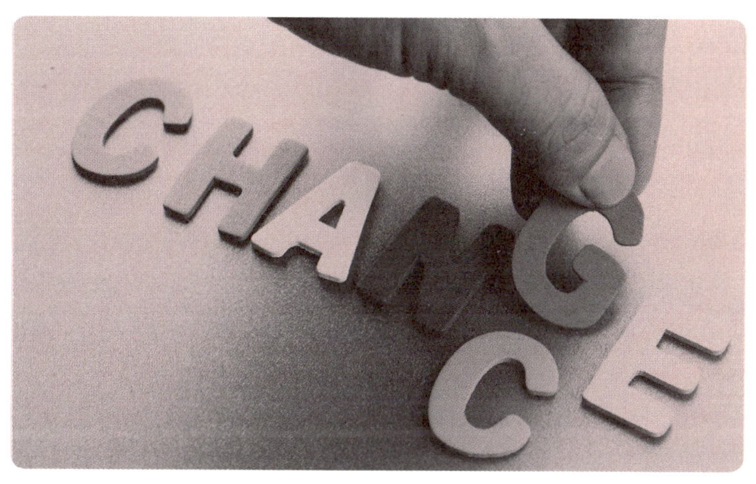

기에 적합하다고 하시는 거예요?" 그러자 할아버지는 "망치자루
는 무엇보다 단단해야 한단다. 그런데 네가 고른 나무는 보기에
는 곧고 예뻐 보이지만 작은 충격에도 금방 부러지는 약한 나무
야. 그런데 이 나무는 보기에 굽고 못생긴 것처럼 보이지만 절벽
에서 비바람도 맞고 눈보라도 맞으면서 단단해졌기 때문에 강한
충격에도 쉽사리 부러지지 않는단다."

약한 나무를 망치자루로 쓸 수 없는 것처럼, 성공해서 자신이
원하는 인생을 살고자 한다면 망치자루처럼 단단해져야 한다.

여기 부엌칼과 명검이 있다고 하자.

두 칼의 차이는 여러 가지가 있겠지만 확실한 것은 대장장이
의 수없는 망치질과 찬물과 더운물을 오가는 담금질의 횟수 차이
다. 부엌칼을 만들 때 더운물과 찬물을 오가는 횟수가 100번이라
면, 명검은 1천 번이 될 수도 있고 1만 번이 될 수도 있다. 망치질
또한 수배에서 수백 배, 수천 배 차이가 날 것이다. 철은 두들기

부엌칼과 명검, 당신은 어떤 것을 선택하겠는가?

면 두들길수록 탄성과 강성이 좋아진다. 대장장이의 담금질이 아
프고 괴로워서 견뎌내지 못하면 부엌칼이 되는 것이고, 대장장이
가 지쳐 떨어질 때까지 꾹 참고 견딘다면 강한 충격에도 쉽게 구
부러지거나 부러지지 않는 명검이 되는 것이다. 같은 칼이지만
사용처는 분명히 다르다. 부엌칼은 음식을 만들 때나 쓰는 칼이
다. 아무나 쓸 수 있고 아무나 사용이 가능하다. 그러나 명검은 다
르다. 오랜 시간 무예를 익힌 무림의 고수만이 명검을 볼 수 있고,
소유할 수 있으며, 품속에 넣고 애지중지할 것이다.

현재 운명이 당신에게 계속적인 시련과 역경을 주고 있다면
대장장이가 명검을 만들기 위해 망치로 힘껏 두드리는 담금질이
라고 생각하라. 당장의 두들김이 아파서 그쯤에서 포기한다면 부
엌칼밖에 되지 않는다. 그러나 조금만 더 참고 견디면 아무나 소
유할 수 없는 명검이 된다는 것을 생각하면 그 정도의 고통쯤은
사실 아무것도 아니다.

물론 아무나 쓸 수 있는 부엌칼이 되느냐, 아무나 소유할 수
없는 명검이 되느냐는 어디까지나 당신의 선택사항이다. 선택이
부엌칼이라면 그쯤에서 포기해도 상관이 없지만, 명검이 되고자
한다면 지금 겪고 있는 운명의 담금질을 참고 견뎌라. 왜냐하면
명검은 그 담금질을 이겨내야지만 탄생되기 있기 때문이다. 지금
당장의 고통이 두렵고 무서워서 포기한다면 평생 무나 썰어야 하
는 부엌칼밖에 되지 않는다.

명검과 같은 사람은 고난과 역경이 오더라도 피하지 않고 돌
파하는 사람이며, 비바람과 폭풍우에 몸이 꺾이더라도 정신은 꺾
이지 않는 사람이다.

Track 4 대체 불가능한 사람이 되기 위한 도전

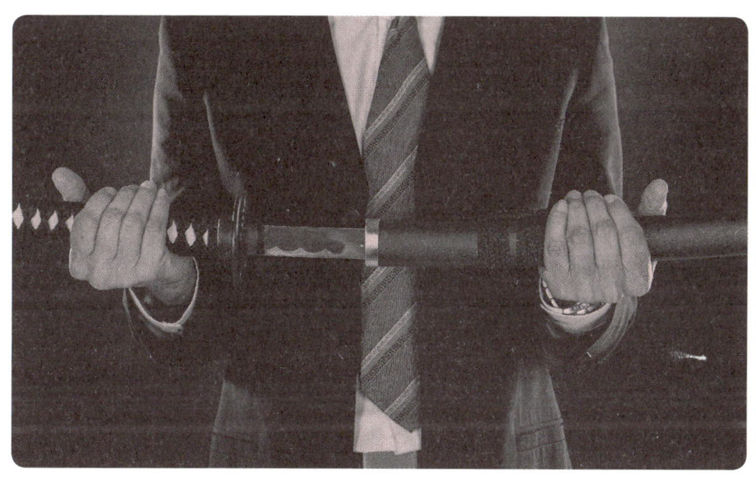

'운명아 비켜라 내가 나간다'는 메테를 링크(파랑새의 저자)의 말처럼 단단한 뚝심을 가지고 계속 나아가다 보면 언젠가는 운명의 담금질이 그칠 날이 온다. 살짝만 스쳐도 수없이 많은 사람들이 쓰러지는 명검으로 다시 태어나는 날. 찬물과 더운물을 오가며 견디던 아픔 따위는 기억조차 없을 것이다. 당시에는 죽을 것 같은 고통이라 할지라도 시간이 지나면 아무것도 아닌 일이 되며, 혹 지워지지 않는 상처가 있다면 그 상처 때문에 당신은 더욱더 빛이 날 것이다.

어느 날 나는 인터넷에 떠돌던 발레리나 강수진의 발 사진을 보았다. 수도 없이 이어진 혹독한 훈련으로 인해 여자의 발이라고는 도저히 믿기지 않는 못생긴 발이었지만, 그 상처가 결국 그녀를 세계적인 발레리나로 성장시켰다. 그녀의 발이 못생겼다고 말하는 사람은 아무도 없다. 왜냐하면 그녀는 발레계의 명검이기 때문이다. 발에 난 상처가 그녀를 더욱더 아름답게 빛나게 하듯

부엌칼과 명검, 당신은 어떤 것을 선택하겠는가?

이, 우리가 아는 명검과 같은 사람들은 모두 어려운 과정을 거쳐서 그 자리에 오른 사람들이지, 저절로 그와 같은 자리에 오른 사람은 아무도 없다.

처음에는 그저 딱딱하고 투박한 철 뭉치에서 시작하지만 어떤 과정을 겪느냐에 따라서 철의 값어치는 수배 혹은 수백 배 차이가 날 수 있다. 한번 사는 인생에서 둘 중의 하나를 선택했을 때, 어떤 선택이 올바른지는 오랜 시간이 지나야 알 수 있는 것은 아니다. 당신은 그 결과를 곧 보게 될 것이며, 지금의 역경과 고난, 아픔이 필요에 의한 것이었음을 알게 될 것이다.

시련 없이 태어난 명검은 이 세상에 존재하지 않으며, 시련이 크면 클수록 더 좋은 명검이 될 확률 또한 높아지게 된다. 명검이 대장장이에게 망치로 수없이 두들겨 맞듯이 일을 하다보면 많은 거절의 뭇매를 맞고, 내쉬는 한숨으로 땅이 꺼질 듯하거나, 창밖으로 내리는 비가 당신의 눈물처럼 느껴지는 날이 많을 것이다. 그러나 그것은 당신이 명검을 선택한 대가일 뿐이며, 담금질이 끝나면 당신은 명검이 되어 이 세상을 주름잡을 것이다.

오늘도 운명은 선택을 강요하고 있다. 부엌칼이냐? 명검이냐? 당신은 어떤 것을 선택할 것인가?

Track 4 대체 불가능한 사람이 되기 위한 도전

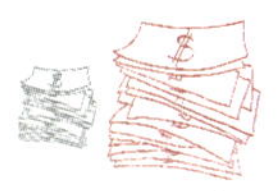

1만 시간 통과의 법칙

많은 연구가들이 어느 한 분야의 진정한 전문가가 되기 위해 필요한 노력을 시간으로 계산해 보았는데, 바로 1만 시간이라고 한다.

말콤 글래드웰의 저서 '아웃라이어'의 '1만 시간의 법칙'에 따르면 1만 시간은 대략 하루 세 시간, 일주일에 20시간을 10년간 연습한 것과 같다고 한다. 비단 말콤 글래드웰의 저서뿐만 아니라, 1만 시간의 법칙에 관한 책은 수없이 많다.

인생에는 늘 예외가 있는 법인데, 과연 이 법칙에도 예외가 있지 않을까?

나는 사실 1만 시간의 법칙에 대해서 상당히 큰 의구심을 가졌었다. 왜냐하면, 비즈니스를 하면서 여러 사람들을 보아왔는데, 어떤 사람들은 단시간에 최고의 자리에 올랐기 때문이다. 나는 10년을 해도 안 되는데, 짧은 시간에 탁월한 성과를 내는 사람을 보면서 나는 더없는 좌절감에 시달렸다. 그러던 어느 날 공병호 박사의 책에서 '1만 시간의 법칙'에 예외는 없다는 글을 읽고 작지만 위안을 받았다.

결론부터 말하자면 예외는 없다. 간혹 단 몇 개월 만에 탁월한 성과를 내는 사람이 있다고 하더라도 그것은 지속적이지 않으며, 결국 지속적인 탁월함을 갖추기 위해서는 그 사람도 1만 시간의 법칙을 통과해야만 한다. 이 말에 수긍을 하게 된 것은 내가 본 단시간에 최고의 자리에 올랐던 사람들이 짧은 시간 안에 비즈니스를 떠났기 때문이다.

1만 시간은 하루에 3시간씩 약 10년이다. 이 정도는 투자해야 탁월함에 이를 수 있는 기본 자격을 갖출 수 있으며, 10년이 너무 길면 하루에 6시간씩 5년을 노력하면 된다.

하루 12시간을 투자하면 2년 6개월이고 더 많은 시간을 투자하면 할수록 기간은 점점 짧아진다. 중요한 것은 1만 시간은 무조건 통과해야 한다는 것이다.

나 자신이 탁월함에 이른 한 분야의 장인이 아니라서 잘 모르겠지만, 평범의 기준에서 한참 아래였던 내가 밥을 먹고 살 수 있게 된 것도 10년을 지나면서부터였다. 그렇다면 나 또한 1만 시간의 법칙에 어느 정도 해당된 것이 아닐까?

어떤 신문을 보았더니, 보험회사 영업사원의 이야기가 실려 있었다. 가난한 젊은 청년이었는데 어떤 일을 해볼까 고민을 하던 중 여자 친구의 친척이 어떤 보험사에서 영업으로 성공을 했다는 얘기를 듣고 그 친구도 보험 영업을 해보기로 했다.

보험영업을 하는 대다수의 사람들은 몇 개월 교육을 받고 바로 영업을 시작한다. 그들이 찾아가는 첫 고객은 주변의 친인척들이다. 지인을 상대로 영업을 하게 되면 거의 대부분의 사람들이 필요에 의해서 보험에 가입하는 것이 아니라, 판매자의 얼굴을 봐서 보험 상품에 가입한다.

몇 개월 그렇게 보험 영업을 하면 반짝하고 실적이 오를지는 몰라도 지인 영업이 끝나게 되면 더 이상 찾아갈 곳이 없어지고, 영업자는 바로 멘붕에 빠지게 된다. 실제로 영업사원의 80%가 3~6개월 사이에 일을 그만둔다.

그런데 이 청년은 방법이 달랐다. 매일 아침 새벽 6시에 회사로 출근해서 밤 12시까지 보험에 대해 공부했다고 한다. 거의 하루 18시간씩 사시 공부하듯 공부를 하고 나니, 보험과 금융에 대한 눈이 트이고, 6개월 후에는 이 분야의 전문가가 되어 영업을 시작했다.

청년의 타깃 고객은 지인이 아닌 신규 개척 고객이었고, 고객의 입장이 되어 전문적인 컨설팅을 하다 보니 가입한 고객들의 소개가 줄을 이었다. 결국 남들은 10년, 20년을 해도 올리지 못하는 성과를 냈고, 이 청년은 2년도 안 되는 시간에 3억대의 연봉에 진입하면서 유명세를 탔다. 그 덕분에 신문 지면에까지 소개가 된 것이다.

이 청년은 1만 시간의 법칙을 최대한 짧은 시간 내에 돌파하기 위해서 잠자는 시간을 빼놓고 집중적인 연습과 훈련을 계속했고, 그 결과로 단시간에 탁월함에 이르렀다. 따라서 하루 3시간씩 10년이든, 12시간씩 2년이든 누구든지 한 분야의 달인이 되기 위해서는 반드시 1만 시간이 필요하다는 사실을 기억하기 바란다.

일을 시작하면서 나는 이 사실을 전혀 몰랐다. 가르쳐 주는 사람도 없었고, 이런 책들이 있다는 것도 몰랐다. 영업을 시작하면 바로 성공으로 이어질 줄로만 알았으니 정말 무식했던 것이다.

한편으로 생각하면 나의 경우에는 모르는 게 약이었을 수도 있다. 성공하려면 최소 10년은 걸릴 것이라는 얘기를 먼저 들었더라면 아예 비즈니스에 발을 들여놓지도 않았을 테니 말이다. 어쨌든 탁월함과 1만 시간은 뗄래야 뗄 수 없다는 것을 이제라도 알았으니 다행이라고 생각한다.

얼마 전에 직장을 잘 다니고 있는 친구와 만난 적이 있다. 그 친구는 꽤 괜찮은 회사에서 직장생활을 하고 있었지만, 향후 10년 후를 생각하면 비전이 없기 때문에 사표를 내고 자영업을 하고 싶다고 했다. 그러면서 덧붙였다. 자신은 1년이라는 최단 기간에 성공하고 싶다고.

먼저 비즈니스의 길을 걸어온 선배로서 조언을 해주었지만, 자기 생각에만 갇힌 채 내 말을 흘려 듣는다는 느낌이 들었다. 과연 작든 크든 매달 꼬박꼬박 들어오는 월급을 받고 생활을 했던 사람이 사업이나 영업을 시작한다고 해서 바로 수입이 되고 성공할 수 있을까? 있기는 하겠지만 극히 드문 일이다.

앞에서 얘기한대로 1만 시간의 법칙에는 예외가 없다. 그 친구는 지금 당장 하면 바로 될 것 같고, 친구인 나를 보면서 "쟤가 했다면 나도 할 수 있어. 내가 왜 못해?"라고 생각했을지도 모른다. 하지만 보이는 것이 전부가 아니다.

그 친구에게 내 경험을 전부 얘기한다고 해도 100% 이해가 되지 않을뿐더러 수용은 더더욱 어려울 것이다. 왜냐하면 그건 내 이야기이자 내 경험이지, 그 친구의 경험이 아니기 때문이다. 결국 많은 시행착오를 거치게 될 것인데, 친구로서 바라는 것이 있다면 친구가 1만 시간의 법칙을 최대한 빠른 시간에 통과하는 것

Track 4 대체 불가능한 사람이 되기 위한 도전

이다. 자신의 꿈에 대한 열망이 당장 코앞에 있는 밥보다 크다면 시간을 최소화시킬 수 있다.

나는 도전하라고 말하고 싶다. 대신 철저한 준비가 필요하다. 앞서 얘기한 보험 영업사원처럼 완전한 몰입을 통해 단시간 내에 전문가가 되든지, 아니면 다소 시간이 걸리더라도 버틸 수 있는 용기가 있으면 된다. 경부고속도로를 타고 서울에 도착하려면 반드시 서울톨게이트를 거쳐야 하듯이 탁월함에 이르려면 절대적인 '1만 시간'을 통과해야만 한다. 이 법칙에 예외는 없다.

직업에 대한 재해석이 필요하다

자신이 좋아하는 일을 하면서 사는 사람은 행복한 사람이다.

자신이 좋아하는 일을 통해 밥을 해결하고, 정신적인 가치를 추구하고, 남들에게 인정도 받는다면 필시 풍성한 인생을 사는 것임에 틀림이 없다. 많은 사람들이 자신이 좋아하는 일을 하기를 원한다. 좋아하는 일을 잘하기까지 한다면 그건 분명히 천직일 것이다.

일본에는 100년의 전통을 자랑하는 가게가 흔하다고 한다. 우동집 또한 역사와 전통이 몇 백 년이나 되는데, 우동 한 그릇의 고유한 맛을 유지, 계승하면서 몇 대를 거칠 수 있는 것은 그 안에 맛과 함께 천직이라는 장인정신이 들어있기 때문이다. 돈을 아무리 많이 버는 일이라 하더라도 사람이라는 속성상 가치가 상실되거나 흥미를 느끼지 못하면 오랜 시간 지속할 수가 없다. 타인은 속일 수 있을지 몰라도 자신은 속이기 어렵다.

천직이란 하늘이 내려준 일을 말한다. 하늘이 내려준 일이란 태어나면서부터 자신에게 내재된 달란트를 찾아서 그 재능을 갈고 닦아 나가는 것을 말하는데, 천직을 찾아 그 길을 가는 사람들은 TV 속에서 흔히 만나볼 수 있다.

골프 선수 타이거 우즈나 은퇴한 농구선수 마이클 조던이 이런 예에 속하며, 자신에게 주어진 재능이 있다면 충분히 잘할 수 있고, 재능이 다소 부족하더라도 후천적으로 열심히 노력해서 잘하는 경우도 많다. 중요한 사실은 천직을 찾아낸 사람은 참 행복한 사람이라는 것이다.

성인이라면 누구나 나에게 주어진 하루 24시간이라는 시간 속에서 거의 8시간 이상을 직장이나 자영업 일을 하며 지낸다. 하루 3분의 1 이상, 혹은 3분의 2 이상 일을 하면서 보내는데 그 일이 밥을 해결함과 동시에 정신적인 만족감까지 주는 일이라면 대단한 행운으로, 현재 자신이 하는 일에 대한 만족과 기쁨이 있다면 인생에 감사해야 한다. 그런데 아쉽게도 그런 사람들이 흔치 않다.

나의 직업은 사람을 만나는 일이다. 사람을 만났을 때 나는 무엇인가를 줄 수도 있고 얻을 수도 있다. 우선 나는 사람을 만나는 것에 대한 큰 스트레스가 없고, 낯선 누군가를 만나도 편하게 대화를 할 수 있는 장점이 있다. 일단 어떤 만남을 시작함으로써 일의 성패가 시작되는데 이런 일 자체가 나는 무척이나 즐겁다.

내게 비즈니스가 천직인 이유를 몇 가지 정리해 보면 다음과 같다.

첫째, 즐겁고 재미가 있다.

취미생활을 하는데 즐겁지 않다고 하는 사람은 없다. 누구나 자신이 좋아하는 것을 할 때 취미생활을 한다고 하는데, 그 일을

직업에 대한 재해석이 필요하다

하면서 느껴지는 감정은 바로 즐거움이고 재미다.

자신이 하는 일이 취미생활처럼 즐겁다면 얼마나 좋을까? 아침마다 출근하는 발걸음이 구름 위를 걷는 것처럼 가뿐할 것이다.

하지만 취미로 한다고는 하지만, 그 안에도 스트레스는 존재한다. 예를 들어서 기타 치는 것을 취미생활로 하고 있는 사람이 기타를 잘 치고 싶은데 맘대로 안 되면 스트레스를 받아서 기타를 확 던져버리고 싶은 충동을 느낄 수도 있다. 일도 마찬가지다. 동전의 양면처럼 즐거움만 있는 것은 아니다. 일을 통해 전달되는 스트레스가 분명히 있다. 하지만 상대적으로 스트레스보다 즐거움이 훨씬 크기 때문에 지속할 수가 있는 것이다. 즐겁고 재미가 없다면 신나게 일을 할 수가 없고, 신나게 일을 하지 않는데 좋은 성과를 기대하는 것은 무리다. 그래서 일은 무조건 재미가 있어야 하고, 재미가 있어야 지치지 않고 계속할 수가 있다.

아침에 출근할 때 나는 아내와 아이들에게 꼭 하는 인사말이

Track 4 대체 불가능한 사람이 되기 위한 도전

있다.

"나, 오늘 취미생활 잘하고 올게…… 안녕!"

어둠이 가시지 않은 한적한 도로를 달리며 때에 따라선 강렬한 락음악을 틀기도 하고, 잔잔한 팝 음악을 듣기도 한다. 출근길에 마시는 향기 짙은 아메리카노 커피 한잔은 이 세상에서 가장 감미로운 맛을 선사한다.

'오늘은 또 무슨 신나는 일이 나를 기다리고 있을까?'를 생각하면서 해야 할 일들을 머릿속으로 챙겨보기도 보고, 아무도 없는 사무실에서 창밖을 바라보며 또 다른 아름다운 미래를 꿈꾸기도 한다. 내가 하는 일을 통해서 내게 전해지는 즐거움과 재미가 무척 크기 때문에 나는 내 일을 더 사랑할 수밖에 없고, 지치지 않고 계속할 수 있다.

둘째, 성취를 통한 정신적인 만족감이 크다.

어제나 오늘이 같다면 내일도 뻔하다. 어제, 오늘, 내일이 같은 삶은 생각만 해도 지루하다. 사람이 한층 더 정신적으로 성장을 하는 순간은 자신의 직업에서 희열을 느낄 때이다. 수도 없는 거절이 이어지는 지루한 터널을 걷다가 어느 순간 고객의 OK 사인이 떨어지면 그동안 줄기차게 이어진 거절의 상처는 온데간데없이 사라진다.

가슴속 깊은 곳에서 밀려 올라오는 짜릿한 기분은 오랫동안 짝사랑하는 사람에게 어렵사리 사랑을 고백했는데, 그가 내 마음을 받아주겠다고 했을 때처럼 하늘을 찌를 듯하고 세상이 내 것인 양 온 몸에 힘이 넘쳐난다.

쓴 커피를 마시고 난 뒤에 사탕을 먹으면 사탕의 단맛이 훨씬 강하게 느껴지는 것처럼, 거절과 실패 뒤에 다가오는 성공은 그 강렬함이 훨씬 크고 오래 지속된다.

고기를 먹어 보지 못한 사람은 진정한 고기의 맛을 모른다. 아무리 먹음직스러운 고기를 봐도 입에 침이 고이지 않는데, 마찬가지로 작은 성공이라도 경험해 봐야지 성공에 대한 더 큰 꿈을 꿀 수 있다. 나는 그 경험 자체가 아예 없다보니 늘 무력감에 시달렸었다. 그런데 구정 연휴가 끝난 다음날에 일을 나갈까 말까를 고민하다 용기를 내서 일을 나간 그날에 한 고객사로부터 OK 사인을 받았고, 생전 처음 짜릿한 성취감을 맛보았다. 그 단 한 번의 성취감을 경험하기 전까지는 바닥 인생이었지만, 성취감을 한 번 맛본 이후로는 그 맛을 다시 보기 위해 어떻게 해야 하는지 나는 알게 된 것이다.

그 한 번의 경험이 10년 동안이나 무력감에 허덕이던 내 인생의 터닝 포인트가 됐다. 그 후 성취감이 늘어날 때마다 정신적인 만족감은 더 커졌고, 그 만족감이 일을 더 열정적으로 할 수 있는 큰 에너지가 되었다. 성취감에서 정신적인 만족감으로, 그 정신적인 만족감이 다시 일에 매진할 수 있는 에너지로, 선순환 구조가 형성된 것이다.

한 번의 경험일지라도 성취감은 매우 중요하다. 사소한 것일지라도 이 성취감을 맛보지 못하면 그 일을 지속하기가 사실상 굉장히 어려워진다. 따라서 일에 있어서의 성취감은 지속할 수 있는 힘을 계속적으로 공급해주는 연료인 셈이다.

셋째, 상대에게 유익이 된다는 확신이 있다.

영업자에 대한 오해의 목소리를 가끔씩 듣게 된다. 말만 번지

Track 4 대체 불가능한 사람이 되기 위한 도전

르르하게 하는 것에 속아서 자신에게 유익하지 않은 제안을 받아들였고, 그로 인해서 정신적으로나 경제적으로 피해를 봤다는 것이다.

물론 이런 영업사원이 없다고 단정 지을 수는 없지만, 반대로 상대의 유익을 위해서 진정성을 가지고 최선을 다하는 영업사원들이 굉장히 많이 있다.

상대에게 필요 없는 것을 억지로 떠밀며 팔았을 때는 파는 사람도 손해고 사는 사람도 손해다. 둘 중 더 큰 손해를 입는 쪽은 파는 사람이다. 상대에게 유익이 되지 않는 것을 파는 사람이 어쩌다 한 사람은 속일 수 있어도 많은 사람을 속여서 판매수당을 챙길 수는 없다. 그런 영업자는 시장의 법칙에 의해서 자연스럽게 사라지게 되어 있으며, 결국 스스로 자기 무덤을 파는 격이 되지 않겠는가.

내가 최선을 다해서 일을 할 수 있었고, 지금도 그렇게 할 수 있는 것은 내가 제안하는 상품이 상대에게 유익이 된다는 확신이 있기 때문이다. 만약 그렇지 않았다면 지금까지 오기 어려웠을 것이다. 사람에게는 양심이라는 게 있다. 타인에게 도움이 되지 않는다는 것을 뻔히 아는데도 불구하고 억지로 무엇인가를 고객에게 계속 떠넘길 수 있는 사람은 많지 않다. 나는 내가 하는 일이 상대에게 유익이 된다는 것을 확실하게 알았기 때문에 자신 있게 말했다.

선택을 하고 안 하고는 상대의 몫이지 나의 몫이 아니다. 그러나 적어도 나 자신과 내 상품에 대한 프라이드는 확실하기 때문에 그것을 고객에게 인지시키는데는 주저함이 없었다. 나는 지나치다 싶을 정도로 자신감을 가지고 고객을 대한다. 가끔 면전에서 부정적인 반응을 보이는 사람들도 있었고, 초보시절에는 나 역시 얼굴이 화끈거리고 어쩔 줄 몰라 쩔쩔맸던 적도 있었지만, 그것을 극복하는데 그리 오랜 시간이 걸리지는 않았다.

상품에 대한 확신을 가진 이후부터 고객의 눈치를 보는 일은 없으며, 고객이 나와의 만남을 통해서 내 상품에 대한 정확한 지식과 정보를 알게 된 것으로 내 할 일은 다했다고 생각했다. 나는 실제로 고객에게 그렇게 얘기하는 경우가 많았다.

자신에게 유익이 되는 지식과 정보를 객관적으로 전달해주는 데 싫어할 사람이 이 세상에 있을까? 정확히 알지 못해서 생겨난 오해와 편견을 없애주는 것만으로도 나는 고객에게 최선을 다한 것이다. 물론, 고객이 오해와 편견이었다는 것을 알면 OK는 따 놓은 당상이다.

자신감이란 내가 가지고 있는 아이템의 객관적인 확실성을 나 자신이 신뢰할 때 나오는 그런 것이다. 그 에너지가 바로 자신감 이다.

상대에게 유익을 주고자 나는 애를 쓰는데, 그가 받지 않겠다 면 나도 할 수 없다. 그러나 유익이 맞다면 그 유익을 고객이 정 확히 이해할 때까지 계속적으로 알려 주는 일이 바로 나의 일이 다. 나는 고객이 나의 제안을 거절하는 것은 본인들에게 유익이 된다는 것을 모르기 때문이라고 생각한다. 그래서 계속하는 것이 고, 또 할 수 있는 것이다.

넷째, 경제적 이익이 있다.

돈을 맨 나중에 넣은 것은 그렇게도 빠져나오고 싶던 가난과 무능을 벗어나고 나서 알게 된 것이 있기 때문이다. 돈만 벌기 위

Track 4 대체 불가능한 사람이 되기 위한 도전

해서 일했던 것은 아니지만, 돈만 목적이었던 때가 있었다. 지긋지긋한 가난을 경험해본 사람들은 알 것이다. 가난이라고 하는 것이 얼마나 사람을 비참하게 한다는 것을.

그런데 지나고 나서 알게 된 것은 돈을 쫓아서는 돈을 벌 수가 없다는 사실이다. 돈을 쫓아갔더니 돈은 내게서 더 멀리 달아났다. 그러나 일을 즐기고 열심히 최선을 다하다 보니 어느 순간 돈이 나를 따라왔다. 그렇게도 돈을 벌려고 애를 쓸 때는 안 되더니 인생과 일에 대해 진지해지고 약간의 성찰(?)을 경험하고 나자, 돈이 다니는 길목에 서 있는 나를 발견한 것이다.

돈만 쫓는 사람은 쉽게 지친다. 내가 지쳤던 것도 그 때문이다. 일에 대한 가치를 먼저 찾고, 그 가치를 전달하기 위해 진정성을 가지고 했더라면 기쁘고 행복한 순간을 더 빨리 만날 수도 있었지 않았을까 하는 생각이 든다.

아내의 전직은 헤어디자이너다. 미용실 개업을 준비하는 찰나에 나를 만났는데, 오랫동안 미용을 했던 시간이 좀 아까운 것 같기도 해서 한 번은 내가 물었다.

"미용이 좋아서 하는 거야? 아니면 돈을 벌려고 하는 거야?"

그랬더니 아내는 돈을 벌려고 하는 것이라고 답했다.

"좋아서 하는 거라면 한 번 생각해 볼 만하지만, 돈 때문이라면 절대로 하지 마."

길게 살지는 않았지만 직업과 돈에 대한 나 나름대로의 철학(?)이 생겼다.

일에 대한 가치를 우선순위에 두었을 때, 그리고 그 일을 전심전력으로 했을 때 덤으로 얻어지는 보너스와 같은 것이 돈이다. 인생의 우선순위, 일에 대한 나의 우선순위가 정확하게 결정되어 있으면 혹 지금 가난하다 해도 얼마든지 돈의 길목을 찾아낼 수 있다. 보너스를 두둑이 받고 싶다면 일에 대한 나의 가치를 굳건히 하면 된다.

이 네 가지가 내가 하는 일에 대한 나의 생각이고 자세다.

사람마다 직업이 전부 다르다. 당신이 지금 하는 일이 어떤 일인지는 모르지만, 천직으로 여겨지는 일을 한다면 행복한 사람이고, 반대로 먹고 살기 위해 억지로 하는 일이라면 괴로움의 연속이다. 스티브 잡스가 말하지 않았던가?

"진정으로 만족하는 유일한 길은 위대한 일이라고 믿는 일을 하는 것이고, 위대한 일을 하는 유일한 길은 당신이 하는 일을 사랑하는 것입니다."라고.

Track 4 대체 불가능한 사람이 되기 위한 도전

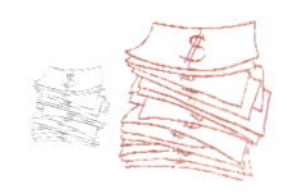

내가 먼저 뜨거워져야
상대를 달굴 수 있다

'첫사랑'

이 단어를 보고 당신은 어떤 여자 혹은 어떤 남자를 떠올리고 있을 것이다. 그것이 교회오빠일 수도 있고 동네 슈퍼 막내딸일 수도 있고, 학교 선생님일 수도 있다. 가슴이 뛰던 그날을 당신의 가슴은 생생하게 기억하고 있을 것이다. 사랑하는 사람을 먼발치에서 바라만 보아도 하루가 기쁘고 설레었던 그 감정을 나도 가지고 있다.

누구에게나 이런 첫사랑은 있을 것이다. 첫사랑의 감상에 젖기 위해 하는 말이 아니라, 그 느낌을 말하고 싶은 것이다. 사랑하는 사람과 전화 통화를 하다가 밤을 새면 피곤하기는커녕 오히려 상대를 생각하는 그 감정이 충만해서 몸 안에 에너지가 무한정으로 샘솟을 것이다. 그리고 강렬했던 그 감정은 오래도록 잊히지 않는다.

첫사랑의 뜨겁고도 강렬했던 감정은 쉽사리 사라지지 않는다.

사랑하는 사람이 부산에 있고 나는 서울에 있다면 보고 싶어서 미칠 것 같은 마음에 달려서라도 부산에 가고 싶을 것이다. 부산이 아니라, 저 먼 아프리카의 끝에 있더라도 어떤 수단과 방법을 가리지 않고 그 사람을 만나러 갈 것이다. 이것이 사랑에 미친 사람의 정상적인 감정 상태다. 사랑에 미치지 않으면 사랑을 가질 수 없듯이 일에 미치지 않으면 성공도 가질 수 없다. 적당주의자들은 사랑도 적당히 하고, 일도 적당히 한다. 그러나 성공하는 사람들은 사랑도 화끈하게 하고 일도 화끈하게 한다.

긍정의 걸작이라는 책에 보면 이런 말이 있다.
"뜨겁지도 차갑지도 않은 그때를 가장 경계하라."
지금 당신은 뜨거운가? 차가운가? 아니면 미지근한가?
미지근하다면 인생을 점검해보아야 한다. 지금 미쳐야 하는 대상은 유명 스타도 아니고, 스포츠 중계도 아니고, 바로 자신의 꿈이고 일이어야 한다. 인생에서 미치지 않고 얻을 수 있는 것은 별로 없다. 미친다는 것은 뜨겁다는 말이다.

어느 고객사를 방문해서 내가 설명하는 이 상품이 당신네 회사에 왜 필요한지, 그리고 회사에 어떤 이득을 가져다 줄 수 있는지에 대해 나는 열심히, 열정적으로 설명을 한다. 최선을 다하는 내 모습이 마음에 들었는지 긍정적인 눈빛을 보내는 담당자를 보면서 '아! 오늘 성과가 좋구나.' 하는데 꿈이다.

김유신 장군의 결단을 생각했던 순간부터 지금까지 나는 이런 형태의 꿈을 계속적으로 꾼다. 꿈속에서도 나는 늘 열심히 일을 하고 있는 것이나 다름없다.

비즈니스는 나의 뜨거움이 상대에게 제대로 전달될 때 무언가가 얻어지는 것이다. 그런데 내가 차갑다면 얻을 수 있는 것은 아무것도 없다.

손이 닿지 않아도 손끝에 전달되어 오는 뜨거움이 있어야 상대가 반응하고 내가 원하는 것을 얻어낼 수 있다.

내가 뜨겁다면 상대의 미지근함이나 차가움을 뜨거움으로 바꾸어 놓을 수 있다. 그래서 먼저 점검해 봐야 하는 것은 내가 지금 뜨겁냐 차갑냐이다.

어느 고객사 미팅을 마치고 나오는데 담당자가 한마디 한다.

"자신의 상품에 이런 확신과 열정이 있다는 것이 신뢰가 갑니다. 꼭 긍정적으로 검토해 보겠습니다."

제안하는 상품을 그가 선택하고 안 하고는 이제 중요한 것이 아니다. 내가 뜨거웠고, 상대가 나로부터 뜨겁게 데워졌다면 나는 내 할 일을 제대로 해낸 것이다.

내가 확신과 열정이 넘치는 사람이라는 것을 고객이 알았으니 다른 어떤 영업사원이 오더라도 같은 조건이라면 그 고객은 반드시 나에게 연락을 하게 되어 있다.

예전에 제안한지 2년이 거의 다 되어 가는데도 그때까지도 결정을 하지 않은 고객사가 있었다. 담당자에게 다시 전화를 걸었고, 재미팅 약속을 잡았다.

회사에 들러보니 담당자가 외근이 길어져서 복귀가 늦어진 상황이었는데, 직속 상관과 미팅을 할 수 있도록 다른 직원이 주선을 해주었다. 입에 침을 튀겨가며 열심히 설명을 했더니 검토를 해보겠다고 해서 며칠이 지나 확인 차 전화를 해보니 경쟁사에서 내가 제안한 상품에 부정적인 정보를 들려준 모양이었다. 미

내가 먼저 뜨거워져야 상대를 달굴 수 있다

팅 당시에는 굉장히 긍정적이었는데 전화 통화를 해보니 부정적으로 변해 있는 것 같았다. 재빨리 재방문을 했는데, 그날은 회사 대표가 자리에 앉아 있었다. 그 대표에게 나를 소개하고, 열정적으로 최선을 다해서 또다시 PT를 진행했다. 나를 유심히 바라보더니, "영업 잘하시네. 말에 확신과 열정이 있구만. 우리 직원들도 이렇게 영업을 해야 하는데 말이야. 좋습니다. 진행하겠습니다."

OK 사인을 받아서 나오는데 기분이 날아갈 듯했다.

2년 만에 얻어낸 성과라는 것도 일조를 했지만, 나의 열정과 확신을 인정받았다는 것에 대한 자부심이 더 컸다. 나는 뜨거웠고, 상대는 나의 뜨거움을 알았다. 그러면 비즈니스 게임은 끝난 것이다.

물론 가끔은 시베리아같이 차갑고 부정적인 사람과 마주하기도 한다. 별 관심 없이 내 얘기를 듣는 둥 마는 둥 하는데 그런 미팅이 제일 하기 어려운 미팅이다.

Track 4 대체 불가능한 사람이 되기 위한 도전

마음 한켠에 '아. 해도 안 될 텐데 그냥 대충하고 나올까?' 하는 생각이 들지만 마음을 재빨리 바꾸어 먹는다. 그리고 듣든 말든 뜨거운 열기를 뿜어내며 달리는 철마처럼 상대의 반응에 아랑곳하지 않고 내가 해야 할 말을 정확히 쏟아낸다. 그러다보면 가끔은 데워지는 사람을 만나기도 한다. 그런 사람들은 처음 만났을 때의 얼굴과 미팅이 끝난 후의 얼굴이 확연히 다르다. 물론 Yes로 이어질 확률 또한 높아지게 된다.

비즈니스라고 하는 게 늘 잘될 수는 없다. 중요한 것은 내가 현재 뜨겁다면 지금의 결과가 좋지 않더라도 상황을 역전시킬 수 있지만, 내가 차갑다면 역전은 이미 물 건너갔다. 타석에 선 타자가 휘두른 방망이에 장외홈런이 터질 때가 있듯이 내가 뜨거운 방망이로 계속 공을 쳐내고 있다면 역전 게임은 언제든지 가능한 것이다.

그래서 비즈니스에서 성공하려면 살짝 건들기만 해도 폭발해버릴 것 같은 강렬한 뜨거움이 필수다. 내가 뜨겁다면 상대를 달굴 수 있고, 그러면 원하는 것을 얻을 수 있다.

지금 당신은 차가운가? 미지근한가? 뜨거운가?

내가 먼저 뜨거워져야 상대를 달굴 수 있다

밥을 해결하는데 필요한
3가지 요소

　나는 차를 좋아한다. 흔히들 여자들의 로망은 집이고, 남자의 로망은 차라는 말이 있다. 앞에서도 말했지만, 나는 새벽녘에 내가 갖고 싶은 차를 혼자서 몰래 지켜보는 일이 많았다.

　차를 좋아하다보니 아무 영업점이나 불쑥 들어가서 구경을 자주 한다. 영업사원들은 내가 차를 살 사람인줄 알고, 열심히 와서 설명을 하기도 하고 꾸준히 연락을 하기도 한다. 그런데, 많은 영업사원들을 만났지만 마음에 쏙 드는 사람은 거의 만나지 못했다. 궁금한 내용을 질문하면 잘 모른다는 느낌을 자주 받았고, 자신감과 확신을 가지고 말해주는 사람이 별로 없었다. 만 원짜리도 아니고 수천만 원을 호가하는 제품을 파는 영업자는 그에 걸맞는 자세를 가지고 있어야 성공한다. 그런데 오히려 만 원짜리를 파는 사람보다 못하다면 누가 그 영업자를 믿고 차를 구매할 수 있을까?

　비즈니스 세계에서 밥을 해결하려면 적어도 3가지 요소는 분

Track 4 대체 불가능한 사람이 되기 위한 도전

명히 갖추어야 한다.

첫째, 자신이 파는 상품에 대한 확신이 있어야 한다.

영업자는 자신이 파는 제품에 대해서는 그 누구보다도 확신이 있어야 한다. 확신을 갖기 위해서는 그 상품에 대한 정확한 지식과 전문성이 있어야 하고, 전문성을 갖게 되면 자신감이 비례해서 상승한다. 고객이 구매 상품을 선택하는 이유의 90%가 영업자 때문이라고 하는데, 그렇다면 고객은 영업자의 무엇 때문에 구매를 하는 것일까? 바로 영업자의 상품에 대한 확신과 자신감 때문이다.

영업자가 자신이 파는 상품에 대해 확신을 갖고 있다면 자신감을 가지고 얘기하지 못할 이유가 없다. 사람의 진실은 통하게 되어 있다. 영업자가 거짓으로 하는 말인지 가슴에서 우러나와서 하는 말인지 대충 감이 잡히기 마련이다.

나는 언젠가 자동차 타이어를 갈기 위해 집 근처에 있는 타이어 교체하는 곳을 찾아갔다. 가격을 물으니 얼마라고 했다.

내가 "사장님, 좀 저렴하게 해주세요." 했더니, 그 사장님 하시는 말씀이 "근처 타이어 가게 전부 다니면서 가격 알아보셔. 여기보다 싼데 있으면 거기 가서 하슈."

그 사장님의 제품과 가격에 대한 확신을 보고 나는 두말없이 "갈아주세요."라고 했다. 설사 알아본다 하더라도 그곳보다 싼 곳은 정말 없었을 것이다.

그 사장님에게는 정말 좋은 제품을 싸게 판다는 확신에 찬 말투와 눈빛이 있었다. 그런 가게는 손님이 많아서 늘 바쁘다. 바쁠 수밖에 없다. 나도 타이어를 교체할 시기가 되면 늘 그곳에 가서 두말없이 교체하는 단골손님이 되었기 때문이다. 이렇듯 판매자의 확신은 곧 소비자에게 그대로 감정 전달이 된다.

비즈니스를 하면서 나는 내 상품에 대한 확신을 가지고 시작했다. 처음에는 지식적인 확신으로 했지만, 지금은 경험에 의한 확신이 더 크다. 그렇기 때문에 나를 만나는 고객들은 다른 건 몰라도 내가 제안하는 상품에 대해 의심하는 사람이 별로 없다. 그도 그럴 것이 내가 너무도 당당하고 자신 있게 말을 하기 때문에 그런 의심을 할 수가 없을 것이다. 영업자의 자신이 파는 상품에 대한 확신은 필수로, 기본 중의 기본이지만 의외로 그렇지 않은 영업자들이 무척 많다.

정확한 상품성을 알고 나서 세일즈를 하는 것이 맞고, 조금이라도 자신이 꺼려지는 느낌이 든다면 다시 공부를 해야 한다. 그 거리낌을 제거하지 않으면 탑 세일즈맨이 되기가 어렵다. 그리고 확신은 전문성에서 나온다. 자신의 상품에 대한 정확한 지식과 정보가 있으면 자신감이 생기지 않을 수가 없다. 비즈니스는 대충 알아서 할 수 있는 일이 아니며, 눈 가리고 아웅 하는 자세를 가지고는 오랫동안 일을 지속할 수가 없다.

그 누구를 만나도 당당하게 자신의 상품을 설명할 수 있는 확실성과 전문성을 갖추어야만 자신이 속한 세계의 정상에 설 수 있다는 것을 명심하기 바란다.

둘째, 열정이다.

불가능을 가능케 하는 것은 열정이다. 열정이 있다면 다른 게 좀 부족해도 부족한 부분을 메꿀 수 있다. 그런데 다른 건 완벽한데 열정이 없다면 성공할 수 없다.

이 열정의 가장 중요한 특징은 전염이 된다는 것이다. 내가 열정이 있으면 나와 함께 있는 상대도 덩달아 열정이 생긴다. 또한 상대에게 열정이 있으면 열정이 없던 나에게도 그 열정이 생긴다.

가슴 뜨거운 열정으로 열심히 최선을 다해서 설명을 하는데, 상대가 다소 부정적이라 하더라도 나의 열정이 그 부정을 이겨낼 수 있다. 이 열정 덕분에 나는 많은 고객들의 마음을 부정에서 긍정으로 바꾸었다.

열정은 자신의 꿈과 삶에 대한 사랑의 표현이다. 나는 내 꿈을 너무나 사랑하기 때문에 강한 열정이 튕겨져 나온다.

우리집 앞에 과일가게가 하나 있다. 지나가는데 때 아닌 수박을 팔고 있었고, 판매하는 직원이 정말 큰 목소리로 외치고 있었다. "수박을 맛보고 가세요. 정말 기가 막히게 맛있습니다. 자, 어서 오세요. 빨리 와서 맛을 보고 가세요. 자, 수박이요 수박. 맛있는 수박 있습니다."

그 말을 듣고 수박을 보니 정말 맛이 있어 보였다. 시식을 하는데 맛도 판매자의 말만큼이나 달았다.

수박 한 덩이를 사서 집에 와 먹으면서 아내에게 이런 말을 했다.

"아까 그 직원은 나중에 어디 가서 직접 장사하면 반드시 성공하겠어. 목소리에서 힘과 열정이 팍팍 느껴지더라고."

아내도 동감하는 눈치였다. 수박을 팔아도 열정적으로 팔아야 많이 팔린다.

시장에서 생선을 파는 사장님이 한분 계신다. 생선 파는 가게

밥을 해결하는데 필요한 3가지 요소

가 여럿 있는데 유독 그 가게가 장사가 잘되고 우리도 생선을 그 곳에서 꼭 사게 된다. 이유는 간단하다. 그 아저씨 목소리가 생선 파는 사람들 중에 제일 크고 우렁차기 때문이다.

한 마디로 그 생선 가게 아저씨는 열정이 가득하다. 그토록 우렁차게 소리를 지르면 눈 풀린 생선도 일어나서 춤을 출 것처럼 싱싱하게 느껴진다.

한번은 내가 고객사에서 미팅을 한참 하고 있는데, 옆자리에 있던 어떤 직원이 좀 조용히 해달라고 말하는 것이 아닌가? 원래 목소리가 큰 편인데다가 미팅 중에 열정적으로 말을 하다 보니 나도 모르게 다른 직원들의 업무에 방해가 될 정도로 목소리가 커진 것이다. 중요한 것은 일단 열정이 있으면 전문성이나 지식이 좀 모자라더라도 웬만한 것들이 전부 커버된다는 사실이다.

셋째, 집중이다.

아무리 강렬한 빛이라 하더라도 한곳에 모이지 않으면 종이를 태울 수 없다. 학교 다닐 때 선생님들이 늘 하시는 말씀 중의 하나가 집중해서 공부하라는 말이다.

귀에 못이 박히도록 들었건만 공부를 정말 집중해서 한 기억은 없기에 공부도 잘하지 못했다. 그런데 내가 좋아하는 것을 할 때는 집중이 저절로 됐다.

나는 락 음악을 정말 좋아했는데, 음악을 집중해서 들었을 뿐만 아니라 당시에 출판되는 음악 전문서적을 매달 꼬박꼬박 사서 보고 또 봤다.

그렇게 몇 년을 보고 나니까, 팝계의 흐름이 어렴풋이 보일 정도로 팝에 대한 상식이 풍부해졌는데, 그 당시 내가 유일하게 집중했던 것은 음악을 듣는 일이었던 것 같다. 그리고 오랜 시간이 지나서 다시 한 번 집중이라는 단어를 자연스럽게 떠올리게 된 것은 법인을 상대하는 비즈니스에 뛰어들면서부터이다.

'눈을 감아도 보이고 눈을 떠도 보인다면 당신은 이미 그것을 가진 것이다.'는 말이 있다.

나는 이 말이 집중의 뜻을 함축하고 있다고 생각한다. 이 말뜻을 진심으로 이해하기 시작하면서 나는 내 비즈니스에 집중을 했는데 그 이후로 성장이 일어나기 시작했다.

일기장에 기록한 대로 3년 동안은 완전히 집중할 것이라는 약속을 나는 지켰다. 비즈니스 세계에 뛰어들어서 일을 한 것은 훨씬 더 오래됐지만 완전한 집중을 한 시기는 그때부터다. 집중하지 않은 상태에서 하는 공부나 비즈니스는 그저 시간만 흘려보내는 허송세월 같은 것이다. 오랜 시간 영업을 했지만 결과는 참담했고, 밥 먹고 사는 것조차 불가능한 상태가 지속됐다. 그러다 2009년 1월 1일 새해에 스스로에게 한 그 결단. '이번이 아니면 나는 죽는다.'는 간절한 마음으로 그 기회를 잡고자 온 힘과 정성을 다해 집중을 했다. 주위를 돌아볼 시간이 없었고, 오직 일 하나에만 집중했다. 꿈에서도 고객사를 방문해서 제안을 하고, 전화를 했다. 어떤 날은 자고 일어났는데 그게 꿈인지 생시인지 구분을 못한 적도 있었다. 결과에 상관없이 집중을 하게 되면 정신이 명료해지고 강해진다. 집중을 방해하는 많은 것들이 존재하지만 정말 집중하고 있다면 방해요소가 있는지조차 모른다. 꿈에서도 보일 정도로 집중하고 있다면 당신은 이미 그것을 이룬 것이나 다름없다.

이렇듯 비즈니스를 하는 사람은 반드시 3가지 요소를 가지고 있어야지만, 밥도 해결하고 성공도 할 수 있다.

쉽지 않은 일이긴 하지만, 돈이 드는 일도 아니고, 하고자 하는 의지만 있다면 얼마든지 할 수 있는 일이기도 하다. 문제는 당신의 의지가 얼마나 굳건하냐다.

Track 4 대체 불가능한 사람이 되기 위한 도전

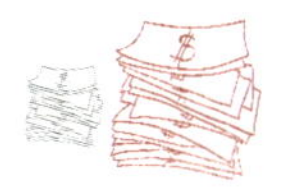

자신만의 원칙을 두어라

'원칙이 없는 것 자체가 변칙이다.'는 말이 있다. 꿈을 이루며 사는 사람들은 삶에 대한 확실한 자신만의 원칙이 있다. 원칙을 세우기까지도 힘이 들지만, 그 원칙을 삶에 적용하고 지키기 위해서는 더 큰 노력이 필요하다. 비즈니스에서도 이 원칙은 예외 없이 적용된다. 일단 원칙이 있으면 어떤 선택을 해야 할 때 확실한 기준이 된다. 확실한 기준이 있기 때문에 옳고 그름에 대한 것이 분명하다. 그리고 옳다는 판단이 서게 되면 그때부터는 뒤돌아보지 않게 되고, 뒤를 돌아보지 않으면 시간을 그만큼 줄일 수 있게 된다.

문제는 원칙이 없다는 것에서 시작된다. 바꾸어 말하면 삶에 기준이 없다는 말이고, 삶에 기준에 없다는 것은 어디를 가도 역풍을 맞게 되는 상황이 벌어진다는 것이다.

비즈니스를 하면서 내가 세운 원칙은 '하루 20군데를 방문한다.'와 '단 하루도 쉬지 않는다.'였다. 단순하다. 원칙을 세운 다음부터는 어떤 경우라도 예외를 두지 않고, 그것을 지키기만 하면 된다. 근데 항상 문제는 예외에 있다. 한번 예외를 두게 되면 두 번 세 번은 쉬워지게 된다. 그래서 원칙에 예외를 두면 안 된다. 누군가 가르쳐 주지는 않았지만, 살기 위해서 나만의 비즈니스 원칙을 세웠고 매일매일 지켜나갔다.

사실 하루 20군데를 방문할 일은 거의 없었다. 왜냐하면 미팅을 하다보면 얘기가 잘 되서 미팅이 길어지는 경우가 종종 발생했다. 그건 잘된 일이었고, 긴 미팅이 많으면 많을수록 나에게는 좋은 것이다. 중요한 것은 예외를 두지 않고, 하루 일과가 끝나는 5시 30분까지 방문을 계속했다는 사실이다. 어떤 날은 몇 군데를 채 가지도 못하고 하루 일과가 끝난 적도 있었고, 어떤 날은 20군데를 넘게 방문을 했지만 소득이 없는 경우도 있었다. 비가 오면 비를 맞고, 눈이 오면 눈을 맞고 하는 것이지, 비가 와서 못하고 눈이 와서 못하면 그건 원칙이 아니다.

한 농부가 봄에 씨앗을 뿌리려고 들판에 나왔는데, 비가 와서 씨를 뿌리지 못하고 집으로 돌아갔다. 다음날 다시 나왔는데 이번에는 바람이 많이 불어서 또 씨를 뿌리지 못했다. 다음날에 또 밭에 나왔는데, 이번에는 비바람이 불어서 또 돌아갔다. 문제는 지금 씨를 뿌리지 못하는 농부에게는 가을에 추수할 곡식이 없다는 것이다. 씨를 뿌리기로 했으면 날이 좋든, 좋지 않든, 비가 내리든 내리지 않든 씨를 뿌려야 한다. 이게 농사의 원칙이다. 곡식이 잘 자라느냐 자라지 않느냐는 차후에 논의할 문제다.

비즈니스 세계는 출퇴근이 자유롭다. 출근을 하지 않거나 늦어도 잔소리를 하는 상사가 없다. 1인 기업이고 내가 곧 사장이자 직원이다. 그러다보니 시간에 대한 원칙이 없으면 자유가 아닌 방종이 된다. 더구나 나는 처음에 집이 사무실이었으므로 더 힘이 들었다.

이런 상황이라면 출근과 퇴근을 정확히 하기가 참 어렵다. 마음만 돌리면 얼마든지 나태해질 수 있는 상황이었지만 뼈아픈 과거의 실패를 다시 반복할 수가 없었기 때문에 나는 두 눈을 질끈 감고 이를 악물었다.

눈 뜨면 총알같이 일어나서 옷을 입고 집을 나섰다. 5분만 하는 그 순간에 모든 꿈이 물거품이 된다는 사실을 알기에 중국 영화 속 강시처럼 벌떡 일어나는 것이다. 정시에 출근하고 퇴근하는 샐러리맨처럼 시간을 정확히 지켰다. 그랬기 때문에 지금까지 일을 지속할 수 있었다.

원칙을 지키는 것은 이렇듯 중요하다. 그런데 성공하지 못하는 사람들 대부분은 원칙에 대한 개념이 별로 없다. 원칙이 없는 사람은 모든 게 대충이다. 대충 지은 집은 언젠가는 무너지며, 원칙이 없이 지어진 건물들은 쉽게 무너져 대형 사고를 일으킨다.

나는 술자리에서의 분위기를 좋아한다. 분위기에 취해서 한잔 두 잔 먹다보면 주량을 넘기기가 일쑤다. 그 당시에는 기분이 좋았겠지만 다음날은 정말이지 하루가 너무 괴롭다. 내 주량을 알면서도 그보다 더 마시는 것은 원칙을 지키지 않은 것이고, 그로 인해 소중한 내 인생의 하루가 망가진다. 후회를 할 때가 한두 번이 아니지만 지켜지지 않을 때가 종종 있다. 그런데 아는 후배는 정확히 자신의 정량이 차면 선을 긋는다. 오버를 하지 않기 때문에 술자리를 여러 차례 가졌지만 실수한 적이 없다.

자신만의 원칙을 두어라

　다른 것은 몰라도 술에 대한 자신만의 원칙을 정확히 지켜나
가는 후배를 보면서 내가 배워야 할 점을 발견하기도 한다. 이렇
듯 작은 것이든 큰 것이든 원칙이 반드시 있어야 하고, 원칙을 세
웠다면 그것을 지키는데 있어서 예외를 두지 마라. 작더라도 원
칙을 세우고 하나씩 지켜나가다 보면 큰 원칙도 지켜나갈 수 있
게 된다. 특히 스스로 몸값을 정하는 사람들은 원칙이 없으면 조
만간 어려움에 봉착하게 된다.

　영업직원들 중에서도 원칙이 있는 사람은 다르다. 출근과 퇴
근이 명확하고 자신이 한 일과 해야 할 일에 대해서 정확히 문서
화가 되어 있다. 쉴 때는 정확하게 쉬고, 일할 때는 정확하게 일
을 하는 것이다. 시키는 사람은 없지만, 이렇듯 나름대로 원칙을
세우고 그 원칙대로만 움직인다면 머지않은 시간 내에 그 사람은
조직 안에서 정상에 올라서게 된다.

　나는 골프를 배우다 말았는데, 몇 달 배우면서 원칙적으로 해

Track 4 대체 불가능한 사람이 되기 위한 도전

야만 실력이 늘 수 있다는 것을 알았다. 어떤 일이든 기본기를 갖추기까지는 많은 시간이 소요가 된다는 것을 경험을 통해서 알고 있지만, 알면서도 폼을 정확히 잡고, 단순한 동작을 지속적으로 반복해야 하는 게 지루하고 따분했다. 옆 라인을 보면 대충 치는데 잘 맞는 것 같다는 생각으로 몇 번 따라해 보기도 했지만, 한두 번은 운 좋게 맞는 것 같더니 역시 제대로 맞지를 않았다.

프로가 말하기를 "골프는 단순한 동작을 반복하는 운동입니다. 수없이 많은 반복을 통해서 그 폼이 몸에 정확히 스며들면 그때부터는 편하게 그냥 치기만 하면 됩니다. 기본적인 폼이 몸에 맞기까지는 절대 다른 것을 하시면 안 됩니다. 기본 원칙을 지키십시오. 한번 배워두면 평생 폼 때문에 고생할 일은 없으실 겁니다."

맞는 말이다. 인생과 비즈니스도 마찬가지다. 원칙을 세웠다면 반드시 그것을 지키고, 그 원칙을 절대 잊어버리지 말아야 한다.

자신만의 원칙을 두어라

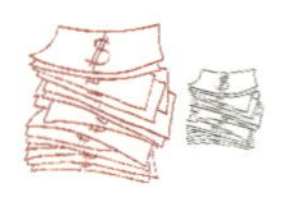

성장을 가로막는
최대의 적은 조바심이다

배가 무척이나 고픈 사람이 빵집에 들렀다. 허겁지겁 빵을 먹기 시작했다. 한 개를 먹었는데 배가 고프다. 두 개를 먹었는데 그래도 배가 고프다. 계속해서 빵을 먹는데도 배가 부르지 않았다. 7개를 먹었는데도 배가 부르지 않았고, 8개 째 먹고 있는데, 그제야 배가 불러왔다. 그때 그가 자기 뺨을 때리며 다음과 같이 말했다.

"아, 진즉에 이 빵을 먹었어야 했는데……."

어디선가 들은 이야기다. 이 이야기가 주는 교훈이 무엇인지는 모두가 이해를 할 것이다.

가치 없는 시간이란 존재하지 않는다. 인생은 하루아침에 만들어지는 성이 아니라, 하루하루가 차곡차곡 모여서 만들어지는 성이다.

나는 이야기 속의 주인공을 이해할 수 있다. 바보 같지만 나도 이 사람처럼 생각한 적이 있었기 때문이다. 첫술에 배부르지 않고, 천리 길도 한걸음부터 간다고 하지만, 내게만은 예외이기를

Track 4 대체 불가능한 사람이 되기 위한 도전

바랐다. 남들보다 빨리, 그리고 높게, 성큼 한 걸음에 성공에 다 다르고 싶었다. 그래서 사람들은 빨리 부자가 되기 위해서 복권을 사기도 하고, 일확천금을 노리며 투자가 아닌 투기를 하기도 한다. 짧은 과정으로 큰 결과를 빨리 얻고 싶어 하는 마음이 있는 것이다.

성공을 가로막는 최대의 적은 조바심이라는 것을 나는 나중에 알았다. 퇴계 이황 선생님은 이런 말씀을 남겼다.

"벼이삭을 잡아당긴다고 벼가 빨리 자라지 않는다."

그렇다. '누가 나보다 더 빨리 그곳에 갈 것 같고, 나는 왠지 뒤처지는 것 같다. 어떻게 해서든 저 사람보다 빨리 그 곳에 가고 싶다.'는 마음이 원칙을 무시하게 하고, 때로는 옳지 않은 방법으로 무엇인가를 해내려 하는 그릇된 마음을 먹게 하는 것이다.

모든 일에는 순서가 있는 법이지만, 그 순서가 자신에게만은 예외이기를 바란다.

'아프니까 청춘이다'라는 책에서 김난도 교수는 많은 젊은이들이 매화꽃만 되려 한다고 지적했다. 계절마다, 달마다 피는 꽃들이 전부 모양이 다르고 색도 다르고 향기도 다르건만 1년 중 가장 먼저 피는 매화꽃만 되려고 한다는 말이 가슴에 와 닿는다. 그 매화가 나 자신이기를 무척이나 원했던 적이 있었다.

김이 모락모락 나고 있는 밥솥을 지금 열면, 설익은 밥을 먹어야 한다. 그러나 배가 고픈 나머지 그 뚜껑을 열어버린다. 조금만 더 참았더라면 맛있는 밥을 먹을 수도 있었을 텐데, 그 배고픔이 바로 삶에 대한 조바심이다. 기다릴 여유가 없는 것이다. 어떻게든 빨리 가려는 마음 때문에 병이 깊어지고 있다.

막히는 도로에서 차를 운전해본 사람은 알 것이다.

꽉 막혀서 오도 가도 못 하는 상황이 될 때 마음이 급하다. 더군다나 약속시간에 늦은 사람들은 괜스레 클랙슨을 빵빵 울려댄다. 그런다고 막힌 길이 뻥 하고 뚫리겠는가? 그저 길거리에 소음만 가득 찰뿐이다. 다행히 옆으로 골목길이 나 있다. 이때다 싶어서 지름길로 간답시고 골목으로 차를 몰고 들어간다. 어렵사리 이리저리 잽싸게 핸들을 틀어가며 간신히 골목길을 빠져나와서 약속장소에 겨우 도착한다. 그런데 막상 도착을 하고 보니, 막히더라도 그 길로 가는 것이 더 나은 선택이었다는 것을 알게 된다. 이와 같은 상황을 당신도 겪어 보았을 것이다. 나는 여러 번 있었다. 그리고 또 그것을 통해서 삶의 지혜를 배우게 된다. 지금 가고 있는 길이 다소 늦어 보이지만, 가장 빠르다는 것을 말이다.

오로지 스피드만이 최고인 양 모든 것들이 빠르게 돌아가고 있지만, 모든 일에는 순서가 있는 법이다. 밥을 지으려면 우선 불을 지피고, 뜸이 들 때까지 기다려라. 그래야 맛있는 밥을 먹을 수 있다.

인생에서 무엇인가를 이루려면 시간이라는 재료가 필요하다. 애초에 조바심을 가지고 일을 시작하는 것은 가장 악조건 속에서 일을 시작하는 것이나 다름없다. 내가 조바심에 시달렸던 이유를 분석해보니 비교의식 때문이었다. 나와 비슷한 또래가 성장을 하면 비교를 하게 되고, 나와 시작이 비슷한 사람의 성장을 보면 또다시 비교를 하게 된다.

여러 가지 상황과 여건이 다름에도 불구하고, 눈에 보이는 것은 오직 하나, 결과뿐이었다. 이런저런 비교로 인해서 스스로 상대적인 박탈감에 빠지게 되고, 그 박탈감이 조바심으로 이어지게

Track 4 대체 불가능한 사람이 되기 위한 도전

되었으며, 조바심으로 인해 성장은 더욱 더디게 이루어졌다. 악순환이 반복되는 것이다.

성장하고 있음에도 불구하고 상대의 더 큰 성장으로 인해서 내 성장이 작고 초라하게 느껴지는 것은 스스로에 대한 자존감이 낮거나 없기 때문이다.

빨리 가려고 하는 조바심을 경계하고, 자신과 누군가를 비교하는 일을 피해야 한다.

나보다 먼저 내가 원하는 곳에 간 그 사람에게 비교의식이 아닌 도전의식을 느껴야 하며, 늘 긍정적인 자극이 필요하다. 그리고 도전의식을 느꼈다면 그때부터 철저히 자신과의 싸움을 시작하면 된다.

사람이기에 조바심이 생길 때가 종종 있다. 그럴 때는 가족과 함께 시간을 보내며 해맑게 웃는 아이들을 본다. 그러면 어느새 마음에 평안이 찾아오고, 하나님께 기도를 하면 마음에 평화가 찾아온다. 책도 읽고, 일기를 쓰면서 어지러운 마음을 달랜다.

이 모든 것이 안 되면 그때는 마음 편한 사람과 만나서 술 한 잔 하는 것도 나쁘지 않다. 그러면 다시 뜨거운 가슴과 차가운 머리로 되돌아온다.

인생은 이런 사이클이 끊임없이 반복된다. 그런데 이 모든 것이 성장으로 이어진다는 사실을 알아야 한다. 가치 없어 보일 수도 있지만 성장으로 이어지는 하나의 점이라는데 주목하고, 혹시 지금 조바심이 난다면 누군가와 나를 비교하고 있는 것은 아닌지 돌이켜 봐야 한다. 조바심은 마음만 허둥대고 있는 상태로, 그냥 마음만 있는 것이다. 그러니 지금부터 그 조바심을 내가 나에게 보내는 중요한 사인으로 받아들이는 것이 어떨까?

성장을 가로막는 최대의 적은 조바심이다

'머리 속으로만 생각하지 말고, 일단 신속하게 행동해.'

일단 행동을 하게 되면 조바심은 눈 녹듯이 사라지게 된다. 조바심을 마음만 있는 것이 아닌 신속한 행동으로 전환시키는 것이다. 쇼생크 탈출에서 주인공은 탈출하기까지 20년이나 걸렸지만, 당신은 지금 당장이라도 조바심으로부터 탈출할 수 있다.

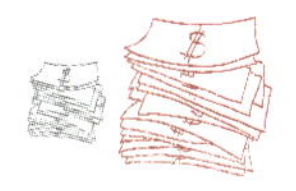

가야할 곳이 정해졌다면
모든 것을 걸어라

20대 때 처음으로 비즈니스계에 발을 들여 놓으면서 나는 내가 가야 할 인생의 정확한 방향을 설정한 후 내가 가진 모든 것을 걸었다.

가진 것이라고 해봐야 몸과 마음뿐이었지만 실패할지도 모른다는 두려움 따윈 갖지 않았다. 그런데 단시간 내에 성공으로 이어질 줄 알았던 나의 꿈이 장기화 되면서 내 마음속에는 실패할지도 모른다는 두려움과 의심이 생겨나기 시작했다.

급기야 이 두려움과 의심은 현실로 나타났고, 나는 처절한 실패에 오랜 시간을 갇혀 살아야만 했다. 내가 가진 모든 것과 젖먹던 힘까지 내었음에도 불구하고 성장도 없고 성공도 안 되니 좌절이 몰려왔다. 그리고 세상에 대한 두려움과 오랜 시간 동안 노력했던 모든 것들이 허망이라는 이름으로 내 앞에 거대한 산처럼 놓이게 됐다.

옴짝달싹할 수 없는 독방에 갇힌 죄수처럼 초점 없는 눈빛으로 우두커니 천장을 바라보곤 했던 나는 어디로 가야 할지, 앞으로 어떻게 살아야 할지 모든 것들이 막막하기만 했다.

'왜 모든 것을 걸었는데 성공은커녕 밥도 못 먹는 신세가 된 것일까? 이렇게 노력하고 사나 그냥 대충 사나 결과가 같다면 굳이 노력하고 애쓰며 살 필요가 있을까?' 결과적으로 보자면 노력하는 것만큼 손해가 나는 장사인 것 같았다.

안 먹고 안 입으며 겨우겨우 마련한 목돈을 순간의 실수로 다 날려버린 사람의 심정만큼이나 마음이 아프고 쓰렸다. 그러다 다시 새로운 아이템으로 비즈니스 일선에 섰을 때 나는 그제야 지나온 시간이 헛되지 않았다는 것을 알았다. 어딘가에 한번이라도 모든 것을 걸어본 경험이 새로운 도전에 섰을 때 빛을 발하기 시작한 것이다. 모든 것을 걸고 실패한 경험은 그냥 경험담에 불과한 것이 아니었다. 그것은 두둑한 인생의 베짱이 되어서 돌아왔고, 새로운 도전에 대한 두려움을 잠재웠다.

그리고 다시 한 번 비즈니스에 나를 베팅했을 때, 예전처럼 열정만 가지고 모든 것을 거는 사람이 아니라, 노련함으로 무장된 나를 느꼈다. 초행길에는 모든 것이 낯설고 어디에 무엇이 있는지 잘 보이지 않지만, 두 번째 가는 길은 그렇지 않다. 낯설지도 않고, 초행길에 미처 보지 못했던 많은 것들을 볼 수 있게 된다.

'전에 저런 게 저곳에 있었나!'라고 할 만큼 많은 것들이 낯익으면서도 새롭다. 그리고 초행길에서보다 운전을 훨씬 여유롭게 할 수 있게 된다.

마치 두 번째 운행 길에 나선 운전사처럼 나는 전보다 한층 더 업그레이든 된 자세로 다시 한 번 비즈니스에 나의 모든 것을 걸었다.

Track 4 대체 불가능한 사람이 되기 위한 도전

모래에 1,000도가 넘는 열을 가해야 유리가 만들어진다고 하는데, 그 유리를 녹여버릴 듯한 뜨거움으로 나는 내 모든 것을 비즈니스에 던져 넣었다. 그리고 '모든 것을 걸어보지 않은 사람은 인생의 진정한 의미를 알지 못한다.'는 말을 이제야 아주 조금 이해할 수 있게 되었다.

가끔 TV 속에서 자신이 가진 모든 것을 걸고 도전하는 사람들의 얘기가 나오면 나도 모르게 눈물이 난다. 그 사람들의 마음을 조금이나마 이해할 수 있을 것 같기 때문이다.

인생이든 비즈니스든 무언가를 얻고자 하는 사람은 한번은 자신이 가진 모든 것을 걸어봐야 한다고 나는 생각한다. 그 한번이 혹 실패로 끝나더라도 그래본 경험이 있는 사람과 없는 사람은 천지차이가 난다. 성공을 이뤄본 사람이 다른 것을 해도 성공을 이루는 이유가 분명히 있다. 그런 사람들은 자신이 가진 모든 것을 걸지 않고는 자신이 원하는 것을 얻을 수 없다는 것을 알기 때문에 같은 자세와 새로운 도전 정신으로 자신이 가진 모든 것을 걸어서 다시 성공을 쟁취하는 것이다. 그래서 성공은 배짱이 있는 사람이 얻을 수 있는 선물인지도 모른다.

모든 것을 건다는 말은 모든 것을 잃을 수도 있다는 말이다. 그것이 돈이든 인간관계든 자신이 가진 소중한 그 어떤 것을 두고 베팅을 하는데, 건성으로 힐 사람은 없을 것이다. 그래서 전력질주를 하는 것이고, 그 결과로 성공의 열쇠를 거머쥘 수가 있는 것이다.

때로는 실패할 수도 있다. 한 번의 올인이 한 번의 성공으로 이어지지 않는다는 것을 알고 있고 또 경험했다. 그러나 실패 속에서도 배운 게 있다면 실패로 끝나지 않는다는 것도 알았다. 중

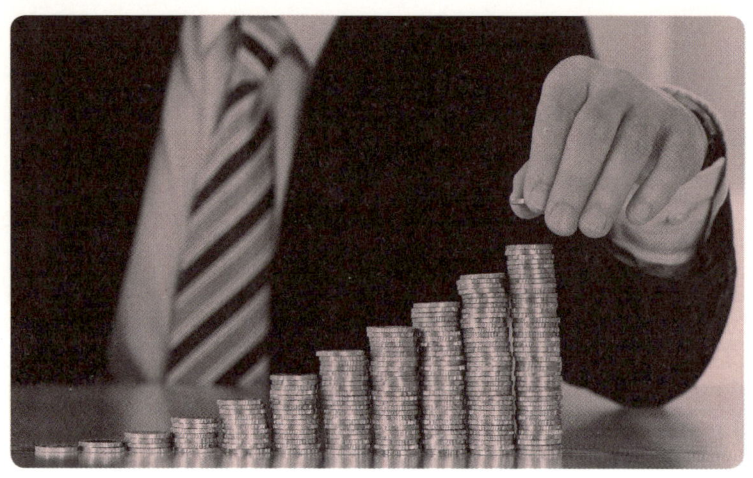

요한 것은 실패를 통해서 무엇을 배우고 무엇을 얻었냐이다. 실패로 인한 고통의 값은 더없이 크지만, 실패가 또 다른 실패로 이어지지 않는다면 그건 과정일 뿐이다.

나는 실패를 통해서 배운 것이 몇 가지 있다.

첫째는 실패도 최대한 젊을 때 경험해봐야 한다는 것이다. '젊어서 하는 고생은 사서도 한다.'는 말은 틀린 말이 아니다. 젊을 때는 실패해도 다시 일어날 수 있는 시간이 있다. 그러나 나이가 들어서 하는 실패는 재기에 있어서 젊었을 때보다 몇 배나 힘이 든다.

둘째는 실패에 대한 내성이 강해졌다는 것이다. 예전에 즐겨 보던 '드래곤 볼'이라는 만화가 있다. 여러 인물이 나오지만 '베지타' 캐릭터는 죽을 고비를 넘기고 이겨내게 되면 본인이 가지고 있는 전투력이 2배로 업그레이드가 된다. 그 상태에서 또 죽을 고비를 넘기게 되면 다시 전투력이 2배 상승하기 때문에 자신을 자꾸만 죽음의 상태로 끌고 가서 계속적인 전투를 함으로서 엄청한 힘을 가진 괴물로 태어나게 된다.

나는 힘들 때마다 베지타를 생각했다. 지금 이 고비를 넘기고 이 실패를 넘기게 되면 좀 전의 내가 아닌 더 강한 나로 태어나게 된다고 생각하고, 실패에 대한 내성을 키워 나갔다.

어떤 때는 나 자신을 일부러 실패로 내몰기도 했다. 그리고 점점 더 강해지는 나를 느끼면서 알 수 없는 쾌감을 느끼기도 했다. 실패에 대한 내성이 강해짐으로서 웬만한 실패나 어려움은 어려움으로 느껴지지도 않았고, 수없는 거절과 냉대, 고독한 싸움을 이겨낼 수 있었다.

셋째는 다시는 실패하지 말아야 한다는 것을 배웠다. 되는 일이 하나도 없는 인생을 오랫동안 경험하면서 여기서 빠져나가면 다시는 이곳으로 돌아오지 말자고 다짐했다. 그때 내가 얻은 교훈은 모든 것을 걸어서 실패하더라도 그 실패를 통해서 무엇인가를 배울 수만 있다면 다시 한 번 도전에 나섰을 때 그 실패가 디딤돌로 바뀔 수 있다는 것이다.

인생은 하나를 얻고 하나를 잃는 게임이 아니라, 전부를 걸고 전부를 다시 얻는 게임과 같다. 자신의 인생에 대한 방향 설정이 끝났다면 그 게임에서 승리하는 유일한 방법은 자신이 가진 모든 것을 걸고 도전을 해보는 것. 바로 그 방법뿐이다.

가야할 곳이 정해졌다면 모든 것을 걸어라

꿈을 이루는 가장 큰 요소는 인내다

성공의 다른 이름은 인내라는 말도 있고, 참고 견디면 웃을 날이 온다는 말도 있다. 이 말들이 정말 사실이라면 지금 이 순간이 아무리 괴롭고 힘들더라도 인내할 수가 있다.

내가 지금까지 살아오면서 잘한 것을 꼽으라면 자신 있게 말할 것이 딱 하나 있는데, 그것은 어떠한 순간에도 꿈을 포기하지 않았다는 것이다.

실패를 선택하는 사람은 없다. 그리고 그것은 내 의지가 아닌 선택권 밖의 문제이다. 그러나 포기는 다르다. 포기는 나의 선택권 안에 들어 있다. 얼마든지 내 의지대로 선택이 가능하다.

권투 시합에서 상대를 다운시키는 것은 위력적인 한방이 아니라고 한다. 작지만 수없이 많은 잽을 상대를 향해 날리면 아무것도 아닌 것처럼 보이지만, 맞는 사람은 시간이 갈수록 굉장한 체력 저하 현상을 겪게 되고, 그때 위력적인 펀치가 아닌 보통의 펀치를 날리면 이미 누적된 피로로 인해서 다운이 일어난다고 한다.

Track 4 대체 불가능한 사람이 되기 위한 도전

인생이란 게임에서도 작은 잽들이 나를 공격해온다. 이 잽을 피하지 말고 지혜롭게 맞으면서 체력을 키워나가야 한다. 체력이 저하되지 않도록 스스로에게 끊임없이 동기부여를 하면서 참고 기다려야 한다. 걷고 또 걸어도 끝이 보이지 않는 길을 가는 느낌이란 당해보지 않은 사람은 정말 모른다. 불빛 한줄기 없는 어두컴컴한 길을 오로지 내 감각과 판단만 믿고 가야 한다. 때로는 내가 선택한 이 길이 잘못된 길이면 어떻게 할까를 걱정하며, 괜한 믿음을 가진 것은 아닌가 하는 확신 없는 태도와 섣부른 판단이 아니었을까 하는 나 자신에 대한 불신으로 잠 못 이룰 때가 한두 번이 아니다.

나 자신만 나를 응원할 뿐 주위 사람 그 누구도 나의 꿈과 목표를 격려해 주지 않는다. 그래서 더 외롭다. 가만히 있으면 중간이라도 간다는 속담이 문득 문득 떠올라 나를 괴롭힌다. 그래도 꿋꿋이 걸어간다. '저 모퉁이만 지나면 내가 원하는 곳이 나올 거야.' 하면서 힘든 발걸음을 한 걸음 한걸음 내딛어 보지만, 모퉁이를 돌아보면 다시 까만 어둠의 길이 길게 늘어서 있을 뿐 빛이라고는 찾아볼 수가 없다. 허탈하다. '계속 이 길을 가야 할 것인가? 회의감이 나를 감싸 안는다. 자그마한 불빛이라도 있으면 그 빛을 쳐다보면서 걸을 수 있으련만, 바늘구멍만한 불빛조차 보이지 않는다. 오직 있는 것은 내 가슴 깊은 곳에 있는 작은 희망의 불빛뿐이다. 그 불빛을 의지하면서 걷다가 쉬다가를 반복한다.

하루가 가고, 한 주가 가고, 한 달이 가고 드디어 한 해도 간다. 한해를 보내는 연말이 되었는데도 불구하고 열심히 걷는다고 걸었지만, 겨우 몇 걸음밖에 걷지 못한 것 같다. 목표는 저 먼 곳에 있어서 아예 보이지도 않는다. 새해에는 달라지겠지. 스스로 자위

꿈을 이루는 가장 큰 요소는 인내다

하며 다시 한 번 길을 걷는다. 새해가 밝은지 한참이나 되었고, 목표를 향해서 끊임없이 쉬지 않고 걸었지만, 왠지 제자리인 것 같은데 과연 내가 잘하고 있는 것일까? 혹시 시간 낭비는 아닐까? 정말 내 꿈을 이룰 수는 있는 것일까? 꿈을 이룬 사람들은 처음부터 대단한 사람들이고 나같이 평범함에도 못 미치는 사람은 원래 안 되는 거 아닐까? 아, 정말 누군가가 "네가 선택한 길이 맞는 길이야. 조금만 더 가면 돼. 거의 다 왔어."라고 확신에 찬 말 한마디만 해주면 좋으련만, 그 누구도 내게 말이 없다.

실패보다 더 힘든 건 끊임없이 자신을 의심해야 하는 시간들이다. 무엇인가 확실치 않다는 불안이 나를 끊임없이 괴롭힌다.

'그래, 이쯤에서 포기하자, 그냥 평범하게 살자. 애초부터 송충이는 솔잎을 먹어야 하는 건데, 내가 괜한 욕심을 부린 거야. 잘못된 선택을 한 거야. 빨리 포기할 걸 괜히 여기까지 오면서 고생만 했잖아. 그래도 다행이다. 이쯤에서 포기하는 것이. 만약 계속 도전을 하고 나이만 먹었으면 큰일 날 뻔했잖아. 휴우, 다행이다.'

꿈을 향한 여정을 멈추려 할 때 사방이 깜깜한 가운데, 가슴속에 작은 불길이 거세게 타오르기 시작했다.

'어, 이건 뭐지. 이 불길은 왜 꺼질 듯 꺼질 듯 꺼지지 않고 이렇게 거세지는 거지? 포기하지 말라는 메시지인가? 나보고 어쩌란 말인가? 지금 어떻게 하는 것이 올바른 선택일까? 가슴의 불길을 무시하고 그냥 포기할까? 이 불길이 꺼지면 그때 포기해도 늦지 않으니 그냥 조금만 더 가볼까? 그래, 조금만 더 가보자. 지금까지 온 것도 아깝고 조금만 더 조금만 더 가보자. 만약 정말 안 되면 그때 포기하자. 그래 다시 가자. 내 가슴 속의 불길을 의지하고 다시 한 번 가보자.'

수없이 많은 갈등과 고뇌 속에서 어디로 가야할지 모르는 십자선 위에 서 있다면 타인의 조언이 아닌 자기 내면의 목소리에 귀를 기울여야 한다.

작은 소리라도 듣기 위해서 귀를 기울여야 한다. 거의 대부분의 사람들은 자기 인생인데도 스스로 결정하는 것을 겁내거나 타인이 대신해 주는 결정에 맹목적으로 따른다. 부모나 형제, 가까운 사람들이 선택해 주는 인생을 사는 사람은 자신의 인생을 사는 것이 아니라 타인의 인생을 대신 사는 것이나 다름이 없다. 그들이 선택해 주는 인생으로 살아서 성공적이고 행복한 삶을 살수 있다면 상관이 없지만, 실패한다면 그 몫은 오로지 당신 것이다. 실패에 대한 책임까지 다른 사람이 대신 져주지는 않기 때문이다. 그러므로 인생에 대한 중요한 선택은 스스로 하고, 거기에 대한 책임도 본인이 지길 바란다. 그것이 겁난다면 당신은 멋진 인생을 살 자격이 없다. 한 번도 가보지 않은 인생길을 가면서 모든 선택이 맞을 수는 없는 법이다. 잘한 것도 있고 못한 것도 있지만, 그런 것들이 모여서 결국 인생이 되는 것 아닌가? 꿈을 이루는 가장 큰 요소는 인내다. 꿈에 대한 열망으로 인내하고 버틸 수 있는 체력과 수없이 많은 잽을 맞으면서도 쓰러지지 않을 맷집만 있다면 지금과는 다른 삶을 살 수 있다.

두 마리의 개구리가 놀다가 우유통에 빠졌다. 우유통에서 빠져나오기 위해서 끊임없이 발버둥을 쳐보지만 우유통이 너무 커서 도저히 빠져 나올 수가 없다. 최선을 다해서 수없이 뛰어올라 보지만, 결국 제자리다.

'아 이쯤에서 포기를 해야 하는구나.'

꿈을 이루는 가장 큰 요소는 인내다

개구리 한 마리는 결국 포기를 하면서 옆 통에 빠진 개구리한
테 말했다.

"야! 이제 그만해 도저히 나갈 수가 없어. 최선을 다했지만 안
되나 봐. 힘 그만 빼고 편안히 있다가 그냥 죽는 게 나아."

그러나 옆 우유통의 개구리는 그 말을 듣지 않고, 계속적으로
허우적대면서 뛰어오르려고 애를 썼다.

"야, 그만 하라니깐. 힘 빠져서 일찍 죽을래? 힘을 아껴서 조금
이라도 더 살다가 죽자."

그러나 그 개구리는 아랑곳하지 않고, 계속 발버둥을 쳤다.

시간이 지나서 발버둥치기를 포기한 개구리는 서서히 우유 속
으로 빠져 들어가서 죽었지만, 계속 발버둥치던 개구리는 어느
순간 우유가 서서히 굳어가고 있다는 것을 느꼈다. 개구리의 수
없는 발버둥으로 인해 우유가 숙성이 되어 치즈로 딱딱하게 굳어
버린 것이다. 그 순간, 개구리는 힘차게 우유통 밖으로 빠져나왔
다. 같은 상황 속에서 두 개구리는 왜 달랐던 것일까? 우유통을
빠져 나온 개구리와 죽은 개구리에게는 어떤 차이가 있는 것일
까? 우유통을 빠져 나온 개구리는 왜 그만 포기하라는 옆 우유통
개구리의 말을 듣지 않았을까? 알고 보니 그 개구리는 귀머거리
였다. 주변의 부정적인 말을 듣지 못하고, 살아야 한다는 자신의
목소리에만 귀를 기울여서 결국 살아난 것이다.

성공하는 사람은 귀머거리다. 당신 또한 주변의 부정적인 소리
에 귀를 닫고 자기 내면의 소리에만 귀를 기울여라. 그 어떤 유혹
에도 흔들리지 말고, 당신이 원하는 꿈의 소리에 귀를 기울여라.
지금은 힘들고 좀 어렵더라도 조금만 더 인내하고 다시 도전하라.

들을 수 있는 귀가 있겠지만, 모든 소리에 귀를 기울이는 어리석은 사람이 되지 말고, 정말 들어야 하는 말을 듣는 지혜로운 귀머거리가 되라.

포기가 가져다주는 교훈은 오직 하나, "아! 그때 포기하지 말아야 했어." 뿐이다.

꿈을 이루는 가장 큰 요소는 인내다

지금 당신은
누구와 싸우고 있습니까?

세상에서 가장 무섭고도 힘든 적은 남이 아니다. 세계인들의 축제인 올림픽에서도 남과 싸워서 승부를 내는 것 같지만 사실은 자신과의 싸움에서 승리를 하는 사람만이 메달을 목에 건다. 그것이 진리로, 자신을 이겨낸 사람만이 타인을 이겨낼 수 있기 때문이다.

비즈니스를 하면서 누군가와 경쟁하듯이 한 적은 없다. 타인과 경쟁을 하면 할수록 나 자신이 한없이 초라해지고 비참해지는 심리적인 좌절감에 휩싸이기 쉽기 때문인데, 그것을 깨닫고 난 후부터는 상대적인 비교가 아닌 나 자신에 대한 절대적인 비교만 하면서 일을 한다. 과거가 만들어 놓은 오늘을 바꿔 내일은 다른 내가 되기 위한 투쟁을 하면서 가장 상대하기 어려운 적은 남이 아니라 나 자신이라는 것을 깨달았다.

진정한 적은 외부에 있는 것이 아니라 정말 내 안에 있다. 스포츠의 세계에서처럼 비즈니스도 나 자신과의 싸움에서 승리하

Track 4 대체 불가능한 사람이 되기 위한 도전

는 사람만이 성공의 달콤한 열매를 맛볼 수 있다. 냉정하기 그지 없는 세계에서 누가 누구를 짓밟고 올라가는 것이 아니라, 자신에게 진 사람은 떠나고, 자신에게 이긴 사람은 성공이란 단어를 가슴에 끌어안을 수 있다.

실패자의 생각과 습관에서 벗어나 뭔가 다른 사람으로 나를 바꾼다는 것은 정말 쉽지 않은 도전이다. '생각을 한번 바꾸니 세상이 달리 보이더라.'는 인식의 전환이고, 인식의 전환이 내 삶의 전환이 되어 완전히 바뀌기까지는 한 번이 아닌 수없는 갈등과 번민, 그리고 좌절과 도전의 연속이다.

사무실이 없었기 때문에 집을 사무실 삼아 일을 했던 시절에는 갈등이 눈을 뜨면서부터 시작된다. 텅 빈 사무실에 덩그러니 혼자 앉아 있어도 몸과 마음이 풀어지는데, 집에서는 오죽할까! 날씨까지 우중충하고 거기다 비나 눈까지 내리는 날이면 따뜻한 이불 속에서 몸을 빼기가 죽을 만큼 싫었다. 반가이 맞아주는 곳이 없었기에 궂은 날씨에는 편안하게 집에 틀어박히고 싶은 마음이 드는 것은 인지상정이다. 그러나 그것을 이겨내고 나가야 한다는 것을 내 마음은 알고 있다. 벌떡 일어나 세면대로 향한다. 나와의 싸움이 시작된 것이다.

찬물 세수로 정신을 차리고, 거울을 보면서 옷을 가다듬는다. 커피를 한잔 타고 책상 앞에 앉아 OK 사인을 받아야 할 고객의 명함을 찾아 놓고 일을 시작한다. 오전 9시부터 30분 동안 휴대폰으로 고객사에 전화를 걸어 결정 사항을 체크한다.

고객의 결정 사항을 체크한 후에는 전철이나 차로 현장으로 이동한다. 약 10시 전후로 도착을 하면 나를 반겨주는 곳은 한 군

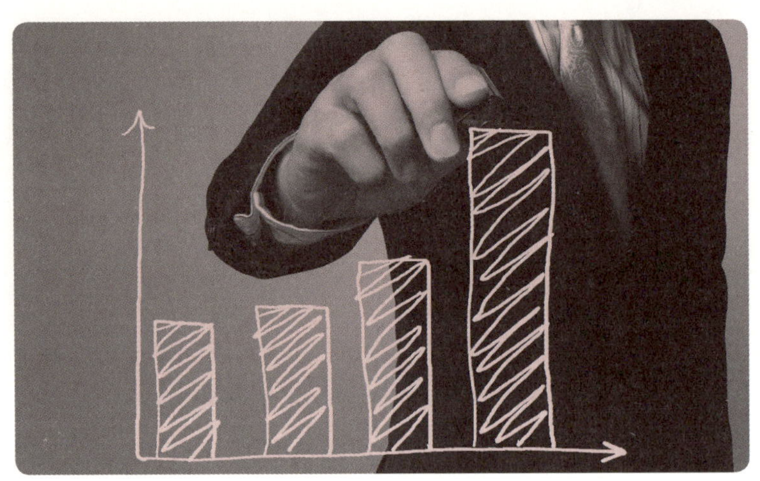

데도 없지만 가야할 곳은 눈앞에 엄청나게 많이 펼쳐져 있다.

출발점을 정하고 일을 시작한다. 눈에 보이는 순서대로 빌딩 속에 있는 사무실을 모조리 들르기 시작한다. 무작정 사무실 문을 열고 들어가서 담당자를 찾고 나를 소개한다. 그리고 사무실을 방문한 목적을 설명하고, 담당자가 시간이나 관심이 있으면 정상적인 미팅을 하고 상품에 대한 제안을 한다. 반대로 외출했거나 있는데 미팅할 시간이 없으면 명함을 건네주고 다시 약속을 잡아서 재방문을 한다.

이렇게 숨 가쁘게 다니다보면 어느새 점심시간이다. 식당에 들어가서 혼자 밥을 먹기가 좀 어색하지만 그래도 먹어야 힘이 나니 눈치를 보면서 후딱 점심을 해치운다. 근처 커피숍에 들어가서 오전에 미팅한 데이터를 정리하고, 오후 일정을 계획한다.

오후 1시 30분부터 일정이 다시 시작된다. 오전에 끝낸 지점부터 다시 오전과 같은 동일한 방법으로 사무실을 들르기 시작한

Track 4 대체 불가능한 사람이 되기 위한 도전

다. 그리고 5시 30분 정도가 되면 하루 일과를 마무리한다.

차를 타고 사무실로 복귀한다. 물론 사무실은 집이다. 오늘 미팅한 데이터를 정리해서 제안서를 발송할 곳을 선별하고, 메일을 발송하기 시작한다. 8시 정도가 되면 금일 업무는 마감이다. 그제야 씻고 대충 저녁밥을 먹는다.

이것이 내가 아침에 눈을 떠서 밤에 잠들기 전까지의 과정이다.

다음날 아침에 눈을 뜨면 동일하게 하루를 시작하고 마감한다. 어찌 보면 쉬워 보일 수 있지만 직접 해본다면 결코 만만치 않은 일일 것이다.

눈이 오는 날이나 비가 오는 날은 마음과 몸이 잔뜩 움츠러들어 집을 나오기가 더 어렵다. 날씨가 추운 겨울날에는 오늘 하루만 쉬고 싶다는 마음이 더욱 간절하다. 그도 그럴 것이 가는 곳마다 환대를 하면 다행이겠지만 거의 대부분 냉담한 시선으로 나를 바라보고, 바쁜데 들을 시간이 없다며 귀찮다고 거절하기가 일쑤이기 때문에 그런 거절을 당하면서 열정적인 마음을 지속하기가 결코 쉽지 않은 것이다.

아침에 눈을 뜨는 순간에 오늘도 어제와 같은 거절과 냉대를 받아야 한다고 생각하면 정말이지 이불 속에서 영원히 잠들고 싶다. 그래서 진정한 적은 외부에 있는 것이 아니라 내부에 있다고 하는 것이다.

이런 소심하고 게으르고 나태한 나를 일으켜 세워서 다시 현장으로 나가도록 하는 것이 가장 힘이 들었다. 그러니 타인과 싸우고 경쟁할 시간이 없다. 나 자신과 싸우기에도 벅찬데 남을 돌아볼 마음의 여유가 있겠는가.

철저히 고독하게 오늘도 내가 나를 이겨낼 수 있다면 나는 성공할 수 있다는 굳은 마음을 가지고 고객 사무실 문 앞에서 들어갈까 말까를 고민하는 순간에 내 손은 이미 문을 열고 들어가 버린다. 생각이 나의 행동을 제지하기 전에 몸이 먼저 행동해서 어쩔 수 없이 몸이 이끄는 대로 생각이 따라오게 만드는 것이다. 민첩한 행동이 게으른 생각을 이끄는 형국이다.

생각이 많아지면 행동은 게을러지게 되어 있다.

이것은 철학적인 사고를 하는 것이 아니라, 쓸데없는 잡생각을 하기 때문으로 잡생각은 아무리 많이 해도 영양가가 없으며, 나를 게으르고 나태하게 만든다.

잡생각을 없애는 방법은 오직 하나다. 몸이 먼저 행동을 해버리면 된다. 그러면 잡생각이 도망을 가버린다. 왜냐하면 현장에서는 무슨 말이든지 해야 하기 때문에 긴장이 도는 그 자리에서는 오직 일에 집중을 할 수밖에 없다.

습관적인 행동은 힘이 들지 않는다. 그러나 습관이 되지 않은 것을 행동으로 옮기기는 무척 힘이 드는 법이다. 오랫동안 실패한 행동습관에 길들여진 나를 성공하는 행동습관으로 바꾸기까지 고통스러운 과정이 이어졌다. 단, 하루라도 지면 안 된다는 간절함이 없었다면 나 자신과의 싸움에서 나는 패했을 것이다.

실패를 오랫동안 했었기 때문에 실패가 습관처럼 굳어진 사람이 일순간에 성공할 만한 사람으로 바뀌지는 않는다. 그러기에 고통의 값이 더 클 수밖에 없다.

성공한 경험이 한번이라도 있다면 그나마 나을 텐데, 레몬을 먹어보지 않는 사람이 레몬을 눈앞에 산더미같이 쌓아 놓은들 입에 침이 고일 리 있겠는가?

그러기에 나는 지금껏 경쟁상대가 없다. 나 자신과 싸움을 했었고, 지금도 그 싸움을 계속하고 있다. 그리고 오히려 지금은 이 싸움이 훨씬 편하고 좋다. 자신을 이겨낸 순간에 얻게 되는 쾌감이 이루 말할 수 없이 짜릿하다는 것을 나는 이미 알고 있기 때문이다.

타인과의 싸움에서는 절대 얻을 수 없는 행복을 나 자신과의 싸움에서는 맛볼 수 있다. 그러니 지금부터는 생각을 바꾸라. 남이 아닌 나와 싸우라.

'내가 나를 이겼을 때 나는 칭기즈칸이 되었다.'는 칭기즈칸의 말을 가슴에 새기고 새로운 도전을 해보라. 자신을 이겨내는 최고의 도전을.

자신을 제대로
경영하는 사람이
최고의 영업자다

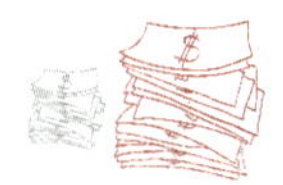

가계부 작성하기

경제적인 독립이 없다면 인생 독립도 없다. 적어도 밥을 먹고 사는 것에 대한 어려움은 없어야 하며, 만약 그게 어렵다면 가장 먼저 해야 할 일은 밥을 해결하는 일이다. 1인 기업가로서 경제적인 독립을 하려면 반드시 해야 할 일 중의 하나가 바로 가계부를 작성하는 일이다. 나는 가계부를 작성한지 6년이 됐는데, 거기에는 계기가 있다.

나는 어느 날 성공한 사업가의 강의를 듣게 되었는데, 그 분이 이런 얘기를 했다.

"가난을 벗어나 경제적인 자유를 얻고 부자가 되고 싶다면, 반드시 가계부를 작성하십시오. 자신의 현금 흐름과 자산과 부채를 명확히 파악하고 있지 않다면 가난을 벗어나기는 어려울 것입니다. 지금 부자인 사람은 더 큰 부자가 되기 위해서 반드시 가계부를 써야 합니다."

당시에 나는 굉장히 가난한 사람이었고, 빚밖에 없는 사람이

었다. 강의를 듣는 내내 고개가 끄덕여졌다. 내가 왜 가난할 수밖에 없었는가를 그때 명확히 알게 됐는데, 나는 수입이 많으면 부자가 되고, 적으면 가난해진다는 굉장히 잘못된 인식을 하고 있었던 것이다.

지금도 '돈을 많이 벌지 못해서 가난한 것이지, 돈만 많이 벌면 부자가 될 수 있다.'고 생각하는 사람들이 많을 것이다. 나도 물론 그랬지만, 이제는 이 말이 사실이 아님을 알게 됐다.

많은 사람들이 꿈의 연봉이라고 부르는 1억을 버는 사람이 100명 정도 있다고 치자. 10년, 20년 후에 이들의 재정 상태를 살펴보았을 때 그들이 모두 경제적인 안정을 유지하고, 노후 걱정이 없는 삶을 살고 있을 것이라고 생각하는가? 답은 '아니다'다.

이들 중 약 10% 내외만 경제적인 안정을 유지하는데, 그 이유는 무엇일까? 그것은 가계부를 통해서 수입과 지출을 기록하고 통제하지 않기 때문이다. 알고 사용하는 것과 모르고 사용하는

Track 5 자신을 제대로 경영하는 사람이 최고의 영업자다

것은 전혀 다르다.

회사 대표가 자기 회사의 월 매출은 얼마이며, 영업이익은 얼마이고 비용은 총 얼마인지, 또 연말에 올해 얼마를 벌었는지, 얼마나 손해를 보았는지 정확한 대차대조표를 만들고 새로운 계획을 세우지 않는다면, 그 회사는 아무리 많은 돈을 벌어도 곧 망하게 될 것이다. 비전이 없는 회사는 죽은 회사나 다름없으며, 그것은 국가나 기업, 개인 모두 마찬가지다.

특히 1인 기업가는 회사의 주체이고 대표다. 대표라는 사람이 자기 회사의 현금 흐름을 파악하지 못하고, 기록을 하지 않는다면 결과는 불을 보듯 뻔하지 않겠는가.

가계부를 정리하면서 얻게 되는 중요한 사실은 수입의 많고 적음이 아니다. 머릿속에만 있는 숫자는 의미가 없다.

가계부를 쓰는 것이 습관이 되기까지는 다소 어려움이 있지만, 그에 따른 이득은 너무나도 많다.

첫째, 가장 좋은 것은 현금 흐름의 파악이다. 한 달에 한번 월 수입과 지출을 통계내면 정확한 재정 상태를 확인할 수가 있다.

나는 신용카드를 사용하지 않는다. 그것은 과거 신용카드를 무분별하게 사용하면서 얻은 고통이 너무나도 컸기 때문인데, 카드를 사용하게 되면 일단 현금 흐름이 정확히 보이지 않게 된다. 수입은 적은 편이 아닌데, 카드 결제를 하고 나면 남는 게 없거나, 생각한 것보다 훨씬 많은 카드결제 금액에 깜짝 놀란 경험을 모두 한번쯤 해보았을 것이다. 그러므로 재정적인 안정과 자유를 원한다면 신용카드를 잘라라. 체크카드를 사용하고, 부득이하게 신용카드를 사용해야 한다면 가계부에 정확히 기록을 해서 월말

가계부 작성하기

에 빠져나갈 카드비용을 먼저 계산해 놓아야 한다. 그렇지 않으면 결국 다시 카드빚에 허덕이는 인생으로 전락하게 된다. 자신의 재정 상태를 한눈에 볼 수 있도록 투명하게 만들어야 경제적인 비전이 있다.

둘째, 쓸데없는 지출을 줄일 수 있다. 충동구매를 하거나 과한 술값을 가계부에 적는 날에는 정말 후회가 막심하다. 하지만 기록을 함으로써 후회할 짓을 안 하겠다는 다짐을 하는 것이고, 실제로 횟수를 줄이거나 없앨 수 있다. 지금 이 시대는 과용을 부르는 시대이다. 자칫 잘못하면 순간적인 유혹에 빠져서 필요하지 않은 것들을 구입하는 경우가 다반사다. 지금 필요한 것인지, 나중에 필요한 것을 미리 사는 것인지를 꼼꼼히 체크해서 경제적인 구매 습관을 들이는데 있어서 가계부만큼 좋은 것은 없다.

셋째, 살아있는 경제교육을 자녀들에게 시킬 수가 있다. 아이들은 유치원 때부터 대학을 졸업할 때까지 많은 교육을 받지만, 정작 필요한 금융교육을 거의 받지 못하고 사회생활을 시작하게 된다. 부모님에게 용돈을 받아쓰면서 살다가 스스로 돈을 벌게 되면 금전적으로 자유롭게 되는데, 문제는 자유와 함께 책임도 같이 주어진다는 사실을 잘 모른다는 것이다.

오랫동안 부를 유지하는 유명한 가문에서는 자녀가 어릴 때부터 철저한 금융교육을 시킨다고 한다. 돈이 많고 적음을 떠나 돈을 철저히 관리할 수 있는 사람으로 만들어 그 부를 대대로 물려주게 되는 것이다.

돈을 많이 번다고 전부 부자가 될 수 있는 건 아니다. 작은 돈

Track 5 자신을 제대로 경영하는 사람이 최고의 영업자다

이라도 어떻게 관리하고 사용하느냐에 따라 오랜 시간이 지난 후 부의 크기가 달라질 수가 있다. 아이들 스스로 자신이 받은 용돈의 일정 부분을 저축하고, 사용처를 기록하고, 혹은 투자를 하는 습관을 들인다면 합리적인 소비와 건전한 가정경제를 이끌 수 있는 능력을 갖추게 된다.

부모가 가계부를 꼼꼼하게 작성하고, 그 중요성을 아이들에게 일깨워주며, 매월 대차대조표를 만드는 모습을 보여준다면 아이들은 살아있는 금융교육을 받는 것이다. 아이에게 어릴 때부터 가계부를 적는 습관을 갖게 하면 평생 동안 경제적인 문제로 고생하는 일을 미연에 방지할 수가 있다.

따라서 돈을 벌려고 하기 이전에 먼저 돈을 벌만한 사람이 되는 것이 중요하다는 것을 인지하고 자신만의 가계부를 작성해보자.

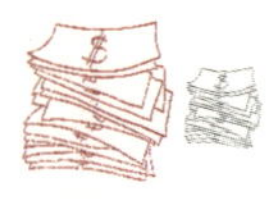

책은 비용 대비 최고의 효과를
내는 자기계발 명약이다

지금 내 삶의 모습이 마음에 들지 않는다면, 지금의 내 모습이 지긋지긋하다면, 오늘과 다른 내일을 살려면 과연 어떻게 해야 하는가?

나를 변화시켜야 한다. 변화는 이 시대의 최고 화두다. 그렇다면 어떻게 변해야 하고, 어디서부터 변화를 시도해야 하는가? 변화의 시작은 바로 나 자신이다. 지금의 삶이 맘에 들지 않는다면 지금부터 변화를 시도해야 한다. 나 역시 지긋지긋한 삶이 싫어서, 오늘과는 다른 내일을 살기 위해서 하루하루 절박한 마음으로 살았다. 과거의 나를 버리고 새로운 나로 거듭난다는 것은 처절한 노력과 함께 오랜 시간이 필요한 일이다. 적어도 내 경험으로는 그렇다. 삶의 변화가 빨리 일어나지 않는 것이 답답하고 숨이 막혔다. 변화가 필요하다는 것은 너무나도 잘 알지만, 솔직히 어떻게 변해야 하는지, 어떻게 시작해야 하는지, 어떻게 살아야 잘 사는 것인지에 대한 확신은 없었다. "이렇게 살아라, 그러면

Track 5 자신을 제대로 경영하는 사람이 최고의 영업자다

너의 인생이 바뀔 것이다."라고 조언을 해주는 멘토가 있었다면 너무나 좋았겠지만, 아쉽게도 주위에 그럴 만한 사람이 없었다. 그때 난 책을 만났다.

가슴이 뜨겁다. 책을 얘기할 수 있는 사람이 나 자신이라는 게 너무도 감사하다.

나는 고등학교를 졸업하고 책 읽은 기억이 거의 없는데, 더군다나 사회에 나와서는 먹고 사는 것이 먼저라서 책을 읽어야겠다는 생각조차 하지 못했다. 그러나 삶의 변화가 절실하게 필요하고 내가 원하는 인생을 살려면 지금의 내가 아닌 다른 내가 되어야 한다는 것을 깨달았을 때 새롭게 책을 만나게 됐다.

독서가 좋다는 것을 모르는 사람은 거의 없겠지만, 책이 삶을 180도 변하게 해준다는 생각까지는 못할 것이다. 그러나 나는 책이 내 인생을 180도로 바꾸어 주었기 때문에 자신 있게 말할 수 있다.

무슨 일이든지 익숙하지 않은 새로운 습관을 만들어 내는 일은 고통스럽다. 하지만 익숙치 않은 것이지 불가능한 일은 아니다. 처음 접하는 것이라 다소 낯설고 적응이 되지 않겠지만 회를 거듭하면 조금씩 나아지게 되어 있다.

나는 책을 읽으면서 과거에 내가 겪었던 상황보다 훨씬 더 절박한 상황을 꿋꿋이 이겨낸 많은 사람들이 있다는 사실에 놀랐고, 세상을 이끌어가는 리더들 중에 고통 없이 성장한 사람이 단 한 사람도 없다는 사실에 큰 위안을 받았다.

가정 파괴로 인해 어린 시절에 수없이 받았던 정신적, 육체적 학대가 깊은 마음의 상처가 되어 나도 모르게 마음속 깊숙이 자리 잡고 있다는 사실도 처음으로 알게 됐다.

책은 비용 대비 최고의 효과를 내는 자기계발 명약이다

성공해서 불우했던 어린 시절에 나를 외면한 사람들에게 보란 듯이 나타나는 복수를 꿈꾸었고, 성공만 한다면 모든 것들이 보상될 거라는 잘못된 생각이 나를 지배하고 있었다. 그야말로 '절름발이 인생'을 염두에 두고 있었던 것이다.

절름발이 인생을 살고 있었고, 앞으로도 그렇게 살아가려고 했었던 내가 성공을 한다는 것은 지금 와서 돌이켜보면 어불성설이었다. 그것도 모르고 '왜 내 인생은 이것밖에 안 되나' 한탄하며 아파하고만 있었으니 정말 안타까운 일이 아닌가.

그런데 책을 한 권 한 권 읽어나갈 때마다 나도 모르게 내 정신과 마음에 치유가 일어났다. 가슴속에 쌓여 있던 응어리가 하나씩 풀려나갔고, 악으로 깡으로 살아가던 자세에서 진취적이고 긍정적인 올바른 자세로 서서히 변해갔다. '노력만 하면 성공한다.'는 나 자신에 대한 맹목적인 믿음에서 '올바른 정신과 자세를 갖추지 않으면 제대로 성공할 수 없다.'는 나에 대한 객관적인 시선을 갖추게 됐다.

물론 모든 것이 한꺼번에 일어난 것은 아니다. 책 읽는 횟수와 시간이 늘어날수록 나는 서서히 변해갔다. 아무리 힘든 날도 손에서 책을 놓지 않았다. 돈이 없어서 밥을 못 먹을 때도 책은 읽었다. 일이 없어서 하루 종일 집에 있을 때면 암담한 현실에 괴로웠지만 책을 읽으며 마음을 달랬다. 힘이 났다. 책 속에 길이 있다는 말이 가슴에 와 닿았다. 젖줄과도 같은 한 마디를 놓치지 않으려고 줄을 긋고 가슴에 되새겼다. 저자의 생각을 100% 흡수하기 위해 엄청나게 집중을 했다.

책을 읽다보면, 많은 말들이 있지만 그 중에 특히 가슴에 와 닿는 글이 있기 마련이다. 그 글은 그냥 글이 아니라 내게 지금 필요한 위로이자 내가 실행을 해야 하는 목표라고 생각했다. 책은 읽는 행위 자체만으로도 훌륭하지만, 책을 통해 감동을 받게 되면 그것을 내 삶에 적용하고 실천하는 노력을 자연스럽게 하게 된다.

진정한 변화는 어떻게 해야 일어나는가? 책을 읽는 것만으로 일어나는가? 책을 읽는 것만으로도 책 속의 주인공처럼 되는 것이라면, 많은 사람들이 그렇게 되었을 것이다. 하지만 그렇지 않다는 것을 다들 알고 있다. 진정한 변화는 책 속의 주인공이 했던 행동을 자기 자신이 자신의 삶에서 직접 실천함으로서 시작된다. 이게 가장 어려운 점이다.

사람에게는 이성과 감성이 존재하며, 냉철한 머리와 뜨거운 가슴이 있는 사람이 성공을 한다. 중요한 것은 사람을 행동하게 하는 것은 이성이 아니라 감성이라는 점이다. 상대로부터 무엇인가를 얻고자 할 때는 감성을 자극해야지 이성을 자극해서는 아무 소용이 없다. 그래서 감성마케팅이라는 말을 많이들 하는 것이다.

머리부터 가슴까지의 거리가 가장 먼 거리라고 했다. 실제로는 30cm 내외지만 삶 속에서 그 거리는 참으로 멀기만 하다. 머리로는 이해가 되지만, 가슴이 움직여주지 않으면 행동으로 이어지지 않고 결국 내 삶에 아무런 변화가 없다.

영화를 보고 감동을 받으면 눈물이 나는 것은 이성이 움직인 게 아니라 감성이 움직인 것이다. 결국 가슴이 뜨거운 사람만이 변화에 성공할 수가 있고, 자신이 원하는 인생을 살 수가 있다. 나는 다행히도 귀가 얇은(?) 사람이다. 양은 냄비처럼 책을 읽으면 가슴이 금방 뜨거워지고 감동을 받았다. 책을 좋아하게 되면서 주위에도 책을 좋아하는 사람들이 자연스럽게 많아지게 됐다. 그

책은 비용 대비 최고의 효과를 내는 자기계발 명약이다

런데 그들 중 상당수가 책을 읽는 것으로 끝내거나 그저 하나의 지식으로 받아들이는 모습을 보여주었다. 가슴이 뜨거워지지 않고, 냉철한 머리에만 남아 있는 듯한 느낌이라고 할까? 변화는 책의 내용을 삶에 적용하는 것에서 시작된다. 그리고 그건 감성의 역할이지 이성의 역할이 아니다. 결국 책을 머리인 이성으로 읽다 보니 행동의 변화가 거의 일어나지 않은 것이고, 삶의 변화 또한 일어나지 못한 것이다.

그러나 나는 책 속의 주인공이 마치 나인 양 그렇게 책에 몰입하고 책 속에 나를 투영했다. 그들의 꿈이 나의 꿈이고, 그들의 고난과 역경이 나의 것이고, 그들의 이야기에 눈물이 나고, 그들의 기쁜 일에 나도 같이 기뻐했다. 그리고 책을 읽고 정말 맞다 싶으면 내 삶에 바로 적용을 시켰다. 책 속의 글이 아닌 현실 속의 내 경험으로 모든 것들을 바꾸어 나간 것이다.

나는 책을 보고 변화된 사람들의 얘기를 접하면서 공감이 가

Track 5 자신을 제대로 경영하는 사람이 최고의 영업자다

는 부분이 많았다. 브라이언 트레이시는 한 분야의 전문서적을 일주일에 한 권씩 5년을 읽으면 그 분야의 완전한 전문가가 되고 2년 더 읽으면 세계 최고의 전문가가 된다고 했다.

1년이 48주이니 일 년에 약 50권, 5년이면 250권이고 7년이면 350권인 셈인데, 나는 이 말을 진짜로 믿는다. 그리고 지금도 내 삶에 적용하기 위해 노력하고 있다.

책을 그저 이론으로만 보는 사람들이 의외로 많다. 책을 믿지 않는다. 물론 때로는 말도 안 되는 내용의 책이 있기도 하지만, 그건 그냥 무시하면 되는 것이고, 대체로 책을 쓴 사람들은 뭔가 남다른 사람들이지 이상한 사람들이 아니다. 따라서 책 속의 글이 맞다 틀리다를 판별하기보다는 그냥 100% 수용하면 훨씬 더 풍성한 변화를 경험할 수가 있다.

나 자신이 독서를 통해서 얻게 된 자산을 몇 가지 정리해 보면 다음과 같다.

첫 번째 자산은 마음의 치유이다.

나는 불우했던 환경 속에서 성장을 하다 보니 오랜 시간 동안 받은 마음의 상처가 나도 모르게 잠재의식과 무의식 속에 깊이 뿌리를 내리고 있었고, 그 상처는 열등감으로 표출이 되어 나는 타인의 말과 행동에 쉽게 화를 내거나 상처를 받았다. 그런 나의 상태를 '정상에서 만납시다'라는 책을 통해서 자세히 알게 됐는데, 일단 나의 자존감은 형편없이 낮았다.

결국 이 부분에서 치유가 일어나지 않으면 정신과 영적인 성장이 멈추고, 몸은 커지지만 마음은 어린아이와 같은 상태에 머물게 된다. 어린아이 같은 상태에서 삶의 변화와 성장이란 있을

책은 비용 대비 최고의 효과를 내는 자기계발 명약이다

수 없다. 그런데 독서를 통해서 상처받은 어린 나를 진심으로 바라보게 되었고, 이해를 하게 됐다. 더군다나 책 속에서 나보다 더 혹독한 환경이나 시간을 견디며 멋있는 인생을 살고 있는 사람의 얘기를 들으며, 상처받은 어린 내 영혼도 서서히 치유가 되었으며, 오랜 동안 자리 잡고 있던 상처의 뿌리가 조금씩 뽑혀 나가는 것이 느껴졌다. 마음 치유가 일어나게 되니 상처받고 가난했던 내 환경과는 관계없이 마음이 먼저 부자가 됐다. 가슴이 따뜻해졌다. 그리고 정말 무엇이든지 할 수 있을 것만 같았다. 낮았던 내 자존감도 세상 그 누구도 나를 대체할 수 없다는 강한 자부심으로 바뀌었다.

두 번째 자산은 생각의 변화이다.

사람은 생각한대로 살아가고, 생각한대로 결과를 맞게 된다. 그렇다면 사람에게 긍정적인 생각은 얼마나 중요한 것일까?

'생각의 부자가 세상을 이끈다'는 책이 있다.

나무는 뿌리가 넓고 깊게 뻗어야 크고 튼실한 나무가 되며, 열매 또한 풍성하게 열리게 된다. 잎이나 열매에 문제가 있다는 것은 나무뿌리에 문제가 있을 가능성이 높다. 그러나 뿌리는 보이지 않는다. 사람도 마찬가지다. 생각은 눈에 보이지 않는다.

내가 생각하는 것이 곧 나이고 생각대로 인생은 흘러간다. 생각이 가난한 사람은 가난한 현실을 맞게 되고, 생각이 부자인 사람은 풍성한 삶을 살게 된다. 여기서 풍성함이란 돈의 부유함뿐 아니라 인간관계를 비롯한 모든 것을 말하는 것이다. 생각을 바꾸는데 돈이 드는 것도 아니고 시간이 드는 것도 아닌데, 생각을 바꾼다는 것은 참 어렵다.

Track 5 자신을 제대로 경영하는 사람이 최고의 영업자다

생각을 바꾸면 행동이 바뀌고, 행동이 바뀌면 습관이 바뀌고, 습관을 바꾸면 운명이 바뀐다는 사무엘 스마일즈의 말처럼, 모든 것의 시작은 생각에서 출발한다. 그러나 오랜 시간 나를 지배해 온 이 '고정관념'이란 놈은 거대한 바위가 되어서 내 머릿속을 꽉 채우고 있다.

충격을 한번 준다고 쉽사리 깨어지지 않는다. 깨질 때까지 강한 충격을 줘야 하는데, 과연 무엇으로 충격을 주어야 가장 빠르게 이 바위를 깨뜨릴 수 있을까? 그건 바로 책이다. 이보다 더 좋은 것은 없다. 그런데 독서를 하게 되면 머릿속에서 강한 저항이 일어난다. 기존의 고정관념이 새로운 생각을 받아들이지 못하도록 가로막는 것이다. 그러나 거대한 바위덩어리에 석공이 망치질을 하게 되면 깨지지는 않더라도 자그마한 홈이 패이게 되며, 석공이 망치질을 멈추지만 않는다면 그 홈은 점차 커지게 되고, 바위는 어느 순간 쩌억 갈라진다.

책을 읽는 것은 고정관념이란 바위를 날카로운 석공의 정으로 깨는 것과 같다. 스스로가 무의식적으로 설정한 한계와 부정적인 생각들을 쪼개어내는 것이다. 가장 중요한 것은 홈이 패일 때까지는 변화가 없어 보이더라도 읽기를 절대로 포기하지 않아야 한다는 것이다.

무엇이든지 지속이 중요하다. 바위가 쪼개지는 순간이 언제가 될지는 알 수 없지만, 확실한 사실 하나는 멈추지 않으면 반드시 그 때가 온다는 것이다. 더 높고 찬란한 생각을 하기 위해서 '생각 세탁'을 계속 하는 일이야말로 평생을 걸고 도전해야 할 일이다. 물론, 책 한권 읽는다고 인생이 바뀌지는 않는다. 그러나 읽지 않은 사람보다 나은 인생을 사는 것만은 분명하다. 생각의 변화는

책은 비용 대비 최고의 효과를 내는 자기계발 명약이다

절대 쉽게 일어나는 것이 아니지만, 책은 변화의 시간을 단축시킬 수 있다. 그리고 그 일을 멈추지 않으면 언젠가는 달라진 자신의 인생을 보게 된다. 성공을 할 만한 사람으로 바뀌는 것이다.

나는 생각의 변화가 계속적으로 일어나다 보니 삶에 강한 자신감이 생겼다. 몇 번 하다가 안 되면 포기하던 일도 계속적으로 도전하게 됐고, 직업상 거절을 당해도 상처를 받지 않거나 덜 받았다. 혹 뜻하지 않은 상처를 받았더라도 금세 치유가 됐다. 스스로에게 그은 한계를 부수고 당당하게 세상에 맞설 수 있게 되었으며, 타인에게도 관대해지고, 위로를 건넬 수 있는 여유도 생겼다. 또한 꿈은 반드시 이루어진다는 믿음과 내 꿈도 시간이 걸릴 뿐이지 반드시 이루어진다는 확신도 생겼다. 생각의 변화가 가져온 풍성함은 다 적을 수 없을 정도로 너무나도 많다.

세 번째 자산은 열정의 유지다.

모든 일이 그렇겠지만, 공격적인 비즈니스를 하다 보면 고객의 거절은 생활이고, 매일 매일이 거절의 연속인 경우가 많다. 나 역시 사람인지라 수없이 많은 거절을 당해봐서 거절에 익숙해졌지만, 계속적인 거절을 당하다 보면 마음에 상처를 입는 것만은 어쩔 수가 없다. 자연스럽게 열정이 떨어지게 되고, 첫 번째 거절은 두 번째 고객사로 향한 발걸음을 무겁게 만들거나 겁이 나도록 만든다. 가장 중요한 것은 열정을 유지시키는 일인데 역시 책이 최고의 무기다.

고작 12척밖에 없는 조선 수군의 낡은 배 위에 올라 바다 한가운데 개미떼처럼 떠 있는 왜군의 133척 배를 바라보면서 이순신 장군은 무슨 생각을 했을까? 12척의 배를 가지고 싸울 수밖에 없

Track 5 자신을 제대로 경영하는 사람이 최고의 영업자다

는 그 상황에서 얼마나 외로웠을까? 또 대한독립을 위해서 이토 히로부미를 사살하고 감옥으로 끌려가 모진 고문을 당하다 결국 교수형에 처해져 짧은 인생을 마감한 안중근 의사와 그런 아들의 수의를 지어 보낸 어머니의 심정은 어떠했을까?

이런 저런 책들을 보고 있노라면 그 분들의 앞에 선 내 삶을 다시 돌이켜보게 되고, 지금 내가 당하는 고난과 역경이 한없이 작게 느껴질 때가 한두 번이 아니었다. 그리고 당장 일어나 다시금 힘차게 나아갈 수가 있게 된다. 평정심을 유지하게 해주고, 일이 잘 될 때 교만하지 않고 겸손하게 해주며, 꾸준히 삶에 충실하도록 힘을 주는 것이 바로 책이 가진 마력이다.

누구나 책을 읽어야 하지만, 특히 세일즈 분야에 있는 사람에게 있어서 책은 생존과도 같다. 읽느냐 마느냐의 문제가 아니라 읽지 않으면 생존이 불투명해진다. 1인 기업가 시대에 사람을 상대하는 많은 직업들이 있다. 그런 사람들이 책을 읽으면 고객을 만날 때 대화의 소재도 많아질 뿐만 아니라, 사람을 끌어당기는 은근한 매력을 풍기게 되고, 나를 좋아하는 많은 우호세력들이 생겨나 연봉은 자연스럽게 높아진다.

무식과 가난은 감추려 해도 표시가 난다고 했다. 대학을 나오고 대학원을 나와야 지식인이 되는 것이 아니고, 평소 책을 꾸준히 읽는 사람들은 시간이 갈수록 지식인이 되어 그것이 얼굴에 드러나게 되어 있다.

왕자정의 권학문에는 다음과 같은 글이 있다.

책은 비용 대비 최고의 효과를 내는 자기계발 명약이다

독서는 비용이 들지 않고,
독서는 만 배의 이익이 생기며,
글은 사람들의 재능을 밝혀주고
글은 군자의 지혜를 더해주네.

돈 있으면 곧 서재를 짓고
돈 없으면 곧 책궤라도 갖추어
낮엔 창문 앞에서 옛글을 보고
밤엔 등잔 밑에서 글 뜻을 찾네.
가난한 자는 글로 인하여 부해지고
부한 자는 글로 인하여 귀하게 될 것이며
어리석은 자는 글로써 어질게 되고
어진 자는 글로써 이롭게 될 것이니라.

다만 독서하여 영화 누리는 것은 봤어도
타락하는 것은 못 보았으니
금을 팔아 책을 사서 읽어라.
책을 읽어 두면 금 사기 쉬우리라.
좋은 책은 끝내 만나기 힘든 것이고
좋은 책은 정말 갖추기 어려운 것이니
독서인들에게 삼가 권하노니
좋은 책은 마음에 깊이 새겨 두기를 바라네.

벤자민 프랭클린은 "당신의 지갑에 1달러가 있다면 그 돈으로 책을 사서 읽어라. 그러면 그 책이 당신의 지갑을 두둑하게 해줄 것이다."라는 말을 했다.

권학문에도 비슷한 글이 있듯이 책을 읽으면 지혜가 생기고, 삶에 내공이 쌓이게 된다. 내가 특별해지기 때문에 똑같은 물건을 팔아도 내가 마케팅 하는 그 제품은 특별한 제품이 되는 것이다.

세종대왕이 성균관 학자들을 보면서 "우리는 여기서 책을 읽다가 죽자."라고 했던 것은 정말 의미가 있는 말이다. 이 말은 책만 보는 서생이 되라는 것이 아니고, 책을 읽으면 지혜가 생기게 되고, 그 지혜를 정책에 적용해서 많은 백성들을 이롭게 하라는 말이다.

인생을 조화롭게 사는데 있어서 중요한 것은 지식이 아닌 지혜다. 나보다 나은 사람의 지혜를 단돈 만원에 살 수 있다니 그 얼마나 경제성이 높은 일인가. 책은 정신적인 감옥을 탈출하는 가장 빠른 길이다. 그러니 읽고 또 읽자. 읽다가 죽을 만큼 읽자. 미로 속에 갇히면 출구를 찾기가 어렵지만, 책의 미로 속에 갇히면 굳이 출구를 찾을 필요가 없다. 계속 지혜의 숲에서 방황하는 편이 훨씬 낫다. 책이 당신의 서재에 쌓이는 만큼 당신의 가치는 가파른 상승을 하게 될 것이고, 가치가 높아지면 돈은 당연히 따라 온다는 사실을 곧 알게 될 것이다.

책은 비용 대비 최고의 효과를 내는 자기계발 명약이다

초심으로 돌아가서
가장 낮은 곳에서
다시 시작하라

삶과 일이 원하는 대로 안 될 때 우리에게 찾아오는 것은 '낙심'이다. 아무리 해도 안 될 때는 정말 힘이 빠지고 땅이 꺼지는 한숨밖에 나오지 않는다. 과연 이런 순간이 온다면 어떻게 해야 그 상황을 돌파할 수 있을까?

가장 낮은 곳으로 내려가거나 초심으로 돌아가서 다시 새롭게 시작하길 바란다. 그러나 초심으로 돌아가는 것은 비교적 쉽지만, 낮은 곳으로 내려가는 것은 어려운 일이다. 지금 서 있는 곳이 가장 낮은 곳이라면 상관이 없지만, 그렇지 않다면 힘들 수밖에 없다.

장사에서 밑지고 팔지 말지를 결정해야 하는 마지노선이란 게 있는 것처럼, 사람에게도 누구나 자신이 생각한 '마지노선 인생'이란 게 있다. 사람마다 차이가 있기는 하겠지만 마지노선에 걸리게 되면 어려운 선택을 해야 한다. 이번에는 밑지지만 일단 팔고 다음번에 이익을 남기자는 사람이 있고, 죽어도 밑지고는 못 판다는 사람도 있다. 선택은 자신의 몫이다. 그런 면에서 본다면 나는 어쩌면 행운아였다. 말하자면 가장 낮은 곳에 위치해 있어서 더 내려가야 하나 말아야 하나를 고민할 마지노선 자체가 없었다. 우습게 들릴 수도 있지만, 사실이다.

그런데 문제는 나 같은 사람이 아니고, 삶의 마지노선이 정해져 있는 어느 정도의 위치에 있는 사람들이다. 이들은 더 낮은 곳으로 내려가서 다시 시작해야 하지만, '이것만은 절대 안 돼'라는 마지노선 때문에 그렇게 하지 못한다. 마지노선이 발목을 잡게 되면 상황을 복구하고 다시 성장을 한다는 것이 쉽지 않다. "내가 왕년에 말이야."하는 사람치고 지금 왕년처럼 잘나가는 사람은 드물다. 사실 지금 잘나가는 사람은 굳이 왕년을 얘기할 필요가 없으니 말이다. 왕년을 찾는 사람들은 마지노선 밑으로 내려가서 다시 새롭게 시작해야 왕년처럼 잘 나갈 수 있다. 최대한 빠른 시간에 그렇게 해야지만 시간의 소모를 줄일 수 있으며, 계속 알량한 자존심만 가지고 버티면 마지노선은 점점 더 밑으로 내려가게 될 것이다.

기업의 부회장님으로 한 때 잘 나가다가 IMF 때 회사의 부도로 모든 것을 잃은 분이 계시다. 눈물과 후회로 인생을 살다가 과감히 삶의 마지노선을 깨고 더 밑은 곳으로 내려가서 '호텔 벨보이'로 새로운 삶을 다시 시작한 서상록 부회장님은 많은 임직원들이 "아니, 부회장님이 벨보이를 하시면 저희는 어떻게 합니까?"라고 얘기할 때, "너희들은 더 낮은 곳으로 내려가라."는 얘기를 했다고 한다. 그동안 누리던 모든 삶의 마지노선을 버리고 인생 2막을 다시 성공적으로 사는 그분의 모습을 보면서 과연 자신이 생각하는 삶의 마지노선은 무엇이며, 그것 때문에 다시 시작할 수 있는 소중한 기회를 놓친다면 그것이야말로 어리석은 일이 아닌가를 다시 한 번 생각해본다.

현재 역경과 고난이 있다면 가장 낮은 곳으로 내려가서 다시 시작하라는 신호임을 알기 바란다. '이보다 더 낮은 곳이 있을까?' 생각할 수도 있지만, 그렇게 생각할 정도라면 내려가야 할 곳이 한참이나 남은 사람이다. 정말 밑바닥에 있는 사람은 그런 생각을 할 여유가 없다.

나는 비즈니스를 하면서 원하는 대로 되지 않거나 무엇인가가 막혀 있다고 느낄 때는 반드시 빠른 시간 내에 초심으로 돌아간다. '전에는 잘 됐는데 왜 안 되지?' 하고 한탄만 하고 있으면 상황은 나아지지 않는다. 초심으로 돌아가서 다시 시작하면 늦을 것 같지만 가장 빠르며, 낮은 곳으로 내려가는 것을 두고 남들 눈치를 볼 필요가 전혀 없다. 정말 강한 사람은 자신을 낮출 수 있는 것처럼, 지금 잠시 낮은 곳으로 내려가는 것이지, 영원히 낮은 곳에 내가 존재하는 것은 아니라는 자부심을 가지고 내려가면 된다. 밑에서 나를 올려다보면 무엇이 잘못됐는지 어디서부터 다시 시작을 해야 하는지 명료하게 보인다.

낮은 곳으로 내려간다는 것은 자신을 객관적인 시선으로 본다는 것이고, 객관적으로 바라보고 평가를 하면 합리적이고 올바른 판단을 할 수가 있다. 그러면 다시 성공의 길로 접어들 수밖에 없다.

문제는 잘 나갔던 옛 영광의 환상에 빠져서 초심으로 돌아가지 못하는 사람들로, 이들은 과거의 핑크빛 환상에 젖어서 현재 자신의 수준과 상황을 객관적으로 바라보지를 못한다. 정상적인 비즈니스 궤도에서 한참이나 벗어나 있으면서도 초심은커녕 낮

Track 5 자신을 제대로 경영하는 사람이 최고의 영업자다

은 곳은 더더욱 남의 일이다. 돌아오지 못할 강을 건너면서도 왜 이곳까지 오게 되었는지를 스스로 반성하기는커녕 외부의 상황만 탓하기 일쑤다. 이런 사람들은 안타깝지만 비즈니스 세계에서 저절로 퇴출당하게 된다. 물론, 비즈니스나 삶은 원하는 대로 전부 이루어지지 않으며, 그렇게 되면 재미도 없다. 늘 초심을 잃지 않을 수는 없지만, 이상하다 싶으면 빨리 초심으로 돌아가서 낮은 자세로 임해야 실패의 시간을 단축시킬 수 있다.

자신의 꿈과 목표를 높게 잡고, 마음을 겸손함으로 낮은 곳에 둔다면 비즈니스가 잘 되지 않을 리 없다. 당신의 비즈니스가 지금 침체와 실패의 늪에 빠져 있다면, 머뭇거리지 말고 빨리 낮은 곳으로 내려가라. 자신의 모습을 똑바른 정신으로 바라보고 되지 않는 이유를 다시 찾아라. 다른 사람은 속여도 스스로를 속일 수는 없기 때문에 반드시 위기가 온 이유를 객관적으로 볼 수 있을 것이다.

초심으로 돌아가서 가장 낮은 곳에서 다시 시작하라

노력에 대한 보상을
받을 것인가,
게으름에 대한 대가를
치를 것인가

　인생에는 세 가지 금이 있는데 첫째는 황금, 둘째는 소금, 셋째는 지금이다.

　'시간은 금이다'는 말을 어렸을 적부터 귀에 못이 박히도록 들어왔지만, 내 가슴에 진지하게 와 닿기까지는 적지 않은 시간이 흘러서였다. 누구에게나 24시간이 매일같이 주어지지만 이 시간을 정말로 소중하게 생각하고, 1분 1초를 아껴서 쓰려고 노력하는 사람은 적다. 나 역시 아침에 눈을 뜨면서 시작되는 시간에 대해 먼저 감사하기보다는 "휴우, 오늘 하루가 또 시작되는구나."라고 생각하는 날이 많았고, 오늘 해야 할 일들을 체크하고 시간의 우선순위를 정해서 일을 하기보다는 아무 생각 없이 일했다고 표현할 정도로 시간을 정리하지 못했다.

　그러던 중 "시간이 정말 금이다."라는 생각이 들었던 순간은 오래전에 방문했던 고객사에서 재미팅을 요구했을 때였다. 그날을 돌이켜보니 하루 종일 열심히 했지만 성과가 좋지 못해서 힘

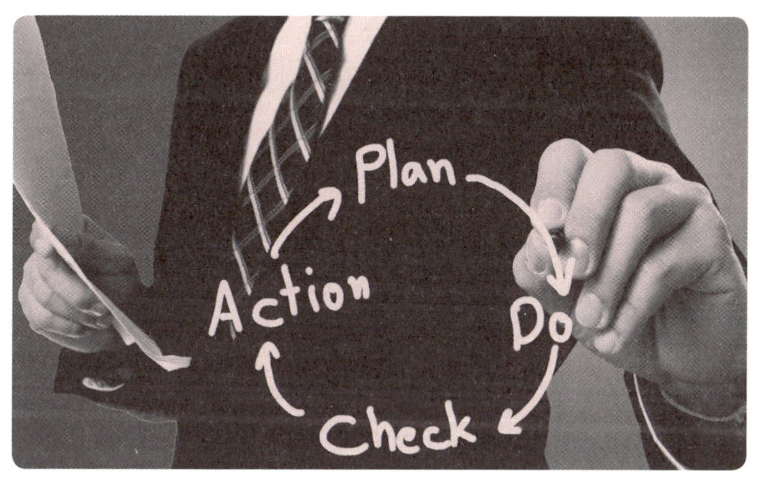

이 빠졌던 날이었는데, 이렇게 전화가 온 걸 보니 내가 그 시간들을 헛되이 보내지는 않았다는 것을 알게 됐고, '지금이라는 시간을 쉽사리 흘려보내지 않고, 최선을 다해서 꾸준히 열심히 하면 언젠가는 이렇게 보상을 받는구나.' 하며, 시간에 대한 소중함을 새삼스럽게 깨닫게 됐다. 그 후로 비슷한 일들을 수없이 겪으면서 내게 주어진 24시간이 미래의 무한한 가치를 생산할 수 있는 자본금이라는 것을 알았다.

하루가 인생의 전부인 하루살이와 무수히 많은 하루를 가진 사람이 느끼는 시간적 가치는 전혀 다르다. 지금까지 내 삶은 이 시간적인 가치를 무시하지는 않았지만, 간과했던 부분이 상당히 많았다는 것을 시인한다.

시간의 가치를 깨달으며 가장 크게 달라진 점은 오늘의 성실함이다. 내가 그동안 성실하게 살지 않았던 것은 아니지만, 성실함에 대한 보상이 일어나지 않다 보니 나도 모르게 삶을 대하는

노력에 대한 보상을 받을 것인가, 게으름에 대한 대가를 치를 것인가

태도나 일과 관련해서 자연스럽게 불성실해지는 날이 많았다. 오늘 열심히 산 결과가 오늘 혹은 내일은 아니더라도 몇 달, 몇 년이 흐르면 약간의 보상이라도 있었어야 했지만 그렇지 않다보니 삶에 대한 성실성을 꾸준히 유지한다는 것이 굉장히 힘들었다.

그러나 새롭게 비즈니스에 몰입하면서 결과에 상관없이 '나는 오늘이라는 나의 삶과 일에 최선을 다하자. 적어도 나 자신에게 부끄럽지 않은 사람이 되자.'는 생각과 마인드로 새롭게 나를 세팅했다. 물론 이런 생각을 하고 다시 시작을 한다고 해서 결과가 바로 나타났던 것은 아니다. 그러나 삶과 일에 임하는 나의 자세는 분명히 달랐다. 전과는 다른 자세로 성실함을 가지고 결과에 연연하지 않는 비즈니스를 했다.

비즈니스라고 하는 것이 결과에 연연하지 않는다고 심리적으로 초연해질 수 있는 것은 아니지만, 그래도 목표를 결과보다 내게 주어진 삶이라는 시간 속에 녹여내는 것으로 삼다 보니 결과와 상관없이 오늘에 성실해질 수 있었다. 하지만 결과가 좋을 때는 상관이 없지만 항상 문제는 반대의 경우이다. 고객의 지나친 거절과 실적 부진의 늪에 빠지면 또다시 보상심리가 작동을 한다.

성실에 대한 대가로 보상이 빨리 이루어지지 않으면 오늘 내 삶에 최선을 다하기가 굉장히 어려웠다. 그러나 내가 달라진 건 현재는 결과가 없는 이 시간들조차 미래의 언젠가는 보상이 된다는 것을 믿고 더 힘을 냈다는 것이다. 경험을 통한 확신은 인생의 진리가 되는데, 나는 성실한 오늘은 반드시 보상받게 된다는 것을 배웠다.

시간은 정직하다. 하루를 헛되이 보내지 않는다면 그 어떤 하루도 헛된 보상을 하지 않는다. 당장은 아니더라도 어느 순간 보

Track 5 자신을 제대로 경영하는 사람이 최고의 영업자다

상은 꼭 이루어진다.

　무능과 실패로 이어졌던 시간들조차도 그때는 참을 수 없을 만큼 힘들고 괴로웠지만, 그 시간들이 있었기에 지금의 시간이 존재하는 것이며 그 시간 역시 보상 받은 거나 다름없다. 눈앞에 보이는 것만이 인생의 진실은 아니다. 운명은 반복되는 실패에도 불구하고 꾸준히 오늘을 살아내는 자에게 희망을 보상한다.

　결국 모든 것은 시간과의 싸움이다. 오늘 최선을 다해서 산 삶이 내일 당장 엄청난 보상을 하지 않으며, 오늘 대충 흘려보낸 시간이 내일 급하게 대가를 요구하지도 않는다. 이것이 시간이 가진 함정이자 매력이다.

　이 진실을 아는 사람은 오늘 자기에게 주어진 삶의 승리를 위해 성실함으로 나아가고, 진실을 모르는 사람은 오늘 자신의 삶을 나태와 게으름에 빠뜨린다. 인생은 하루아침에 만들어지지 않는다. 오늘의 나태함이 내일 당장 대가를 치르라고 요구하지는 않지만, 미래의 눈물이 될 수도 있다. 어차피 어느 누구에게나 시간은 한정되어 주어진다. 더 갖고 싶다고 해도 더 가질 수 없으며, 가지고 싶지 않다고 해서 포기할 수 없는 것이 바로 하루 24시간이다.

　살아있다는 것은 시간이 있다는 것이고, 시간이 있다는 것은 기회가 있다는 것이며, 기회가 있다는 것은 운명을 바꿀 수 있는 그 무엇이 존재한다는 것이다.

　모든 건 시간과의 싸움이다. 그리고 오늘의 삶은 반드시 축적되는 것이다. 같은 시간 다른 장소에서 무엇에 시간을 집중하느냐에 따라서 꿈을 이루며 사는 사람도 있고, 그렇지 못하는 사람도 있다. 시간이라는 자산을 잘 활용하는 사람은 지금은 비록 남

노력에 대한 보상을 받을 것인가, 게으름에 대한 대가를 치를 것인가

들보다 뒤처져 있더라도 밀도 있는 시간이 축적되면 가공할 만한 폭발력으로 결국에는 튀어 오르기 마련이다.

돈은 통장에 저축하면서 시간을 저축하지 않는 사람은 큰 성공을 기대하기 어렵다. 돈보다 더 소중한 것은 시간이다. 시간을 가치 있는 곳에 집중해서 투자를 하면 언젠가 투자한 시간으로 인해서 돈은 저절로 따라온다. 그런데 통장에 쌓인 돈은 저축 액수가 정확히 보이지만, 시간은 그렇지 않다보니 의심할 수가 있다. 나 역시도 도대체 얼마가 저축이 되어 있는지 얼마를 더해야 만기가 되는지 알 수가 없어서 답답했다.

그러나 확실한 사실 하나는 명확치 않기 때문에 시간 저축을 하지 않는다면 보상 자체를 받을 수가 없다는 것이다. 그렇다면 시간을 저축한다는 것은 무엇인가? 그건 나의 꿈과 일에 오늘 최선을 다하는 것이다. 비록 결과가 지금 좋지 않거나 당장 나타나지 않더라도 말이다. 시간은 오늘도 차곡차곡 24시간을 나에게 넣어준다. 그것을 어떻게 쓰느냐는 순전히 나의 선택이다. 내가 이루고 싶은 꿈과 목표를 위해서 내 직업 현장에서 끊임없이 도전하고 있다면 결과는 이미 나와 있다. 만기가 언제인지는 알 수 없지만, 이자에 이자가 붙어서 반드시 보상이 이루어진다는 것. 그것이 바로 오늘을 성실히 살아야 하는 이유다.

Track 5 자신을 제대로 경영하는 사람이 최고의 영업자다

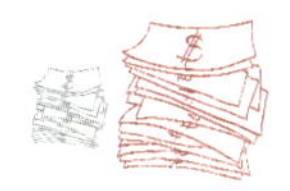

불타는 금요일 밤을
즐기는 사람이 되라

　비즈니스 자체를 즐긴다고는 하지만 지치는 날이 있다. 모든 게 내 맘대로 되지는 않는다. 뜻하지 않는 복병을 만나서 시간과 에너지를 낭비하는 경우도 있고, 고객의 말도 안 되는 클레임에 속이 상할 때도 있다. 어서 빨리 금요일 저녁이 와서 모든 것을 접고 그냥 푹 쉬고 싶다는 간절한 마음에 달력과 시계만 쳐다본다.

　일요일 저녁이 되면 한 주가 시작되는 월요일이 기다려지기보다 큰 심적 부담으로 다가오는 경우도 있다. 한 주를 시작하는 월요일 아침이 두려워서 밤잠을 설치는 많은 사람들과 마찬가지로 나 역시 심리적인 압박감을 강하게 느끼는 것이다.

　때로는 아침 출근길이 굉장히 길게 느껴지기도 한다. 해결해야 할 골치 아픈 일들이 쌓여있는 날에 이런 마음이 드는 것은 어쩔 수가 없다. 그런데 어느 날 문득 이런 생각이 들었다.

　'나의 일은 누군가와의 관계를 통해서 이루어지고, 그 관계를 통한 일이 결국에는 내 꿈으로 이어진다. 그렇다면 월요일부터 금요일까지는 내 꿈을 이루는 가장 소중한 시간들이 아닌가. 이 소중한 시간들을 함부로 써버리거나 내키지 못해서 일을 한다면 그만큼 꿈은 내게서 멀어지게 된다. 내게 주어진 5일이라는 시간은 꿈을 이루어나가는 너무도 소중한 시간이고, 내 주위의 사람들은 내가 꿈을 이룰 수 있도록 도와주는 소중한 사람들이다.'

이런 생각이 드니 내가 하는 일과 내게 주어진 월요일부터 금요일까지의 시간들이 부담과 스트레스가 아닌 그 무엇과도 바꿀 수 없는 소중함으로 새롭게 인식이 됐다.

나를 힘들게 하는 고객들도 나의 고객이 되었기에 힘이 든 것이지 고객이 되지 않았다면 힘들 일도 없으며, 지금의 실적과 수입, 성공도 없는 것이 된다. 그러니 지금 이 고객들이 나에게 얼마나 감사한 존재인가?

그래서 지금 나는 월요일이 무척 좋다. 다른 사람들에게는 그저 그런 하루가 될 수도 있지만 내게 있어 월요일은 내 꿈에 한 발짝 더 다가설 수 있는 소중한 스타트라인이다.

충전된 몸과 마음으로 나는 다시 스타트라인에 선다. 땅 하기 무섭게 전력질주를 시작하며, 달리다 보면 이런저런 사소한 일에 부닥치기도 하고, 짜증과 심란함이 몰려오기도 하지만 길어봤자 몇 분 혹은 몇 시간이다. 이제는 그런 것들에 마음을 뺏기지 않으며, 그런 감정조차 감사한 일로 여겨진다.

그렇게 열심히 일을 하고 금요일 오후가 되면 한 주를 정리한다. 잘한 일도 있고 못한 일도 있으며, 결과가 좋은 때도 있고, 그렇지 못한 때도 있다. 그러나 또 열심히 살았으니 휴식을 취하러 가야 하지 않겠는가?

비즈니스에서 롱런을 하려면 그 무엇보다 일과 휴식이 균형을

Track 5 자신을 제대로 경영하는 사람이 최고의 영업자다

이루어야 한다. 때문에 7일 중 5일이 꿈을 이루는 시간이라면, 나머지 2일은 이 꿈을 이루기 위한 재충전의 시간이 되어야 한다.

　나에게 있어서 월요일 아침이 설렘과 기쁨이 공존하는 행복의 시간이라면, 재충전이 시작되는 금요일 밤은 그야말로 갓 입대한 이병이 첫 휴가를 나오는 순간과도 같다.

불타는 금요일 밤을 즐기는 사람이 되라

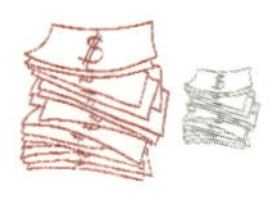

세상에서 가장 길고도
먼 다리는 겸손의 다리다

공들여 쌓은 탑이 순식간에 무너져 내리는 것을 우리는 종종 보게 되는데, 오랜 시간과 노동력을 투자해서 완성한 다리를 삽시간에 무너뜨리는 것은 과연 무엇일까? 그것은 바로 오만과 자만이다.

쌓기는 어렵지만 무너지는 것은 찰나다. 성공이라는 화려한 수식어 뒤에는 늘 자만이라는 단어가 따라붙으며, 달콤함에 도취해서 자만하게 되면 성공은 어느샌가 감쪽같이 자취를 감추고 만다.

주변을 돌아보면 조금 잘 나간다는 생각이 들면 자신도 모르게 목에 힘을 주는 사람들이 있는데, 그리 아름다운 모습이 아니다. 나 한 사람의 눈에 그렇게 보인다면 모든 사람들이 그렇게 본다는 것이고, 그러다 보면 그 사람에게 더 이상의 성공이나 기회는 없다. 기회란 결국 사람이 가져다주는 것인데, 거만과 자만으로 가득 찬 사람에게 기회를 가져다줄 사람은 없기 때문이다.

몇 년 전에 나는 지인의 소개로 한 사업가를 만난 일이 있다. 그 분은 건축업에서 성공을 거둔 오너이자, 억만장자였다. 대화중에 그 분은 웃으면서 나에게 말했다.

"당신은 평범한 사람들이 보기에는 대단한 사람처럼 보이겠지만, 우리 같은 사람이 보기에는 지극히 평범해 보입니다."

나는 망치로 머리를 한 대 얻어맞은 느낌이었다. 그분은 인생의 연륜이나 레벨로 치면 나와는 비교할 수 없을 정도의 위치에 있었고, 내게 사업가의 겸손에 대해 말하는 것이었다. 나는 그분과의 대화를 통해 또 많은 것을 얻었다.

가장 불행한 일 중의 하나는 초년에 성공하는 것이라는 말이 있다. 그렇지 않은 사람도 있겠지만 초년에 성공하면 자만하기 쉽다. '젊어 고생은 사서도 한다.'는 속담은 영구불변의 진리로, 자만이 가득한 사람의 특징은 우물 안 개구리라는 것이다. 자기가 속한 분야나 자신이 속한 세계에서 본인이 제일 잘 나간다며 세상이 모두 자기 것인 양 으스대는 경우가 많은데, 물론 그 사람들이 나보다 훨씬 물질적으로 풍요롭고 사회적 지위가 높은 것은 사실이지만, 그런 사람들을 보면 오히려 나는 그 사람들이 작아 보이고 안타까워 보일 때가 많다.

사람이 겸손하지 못하는 이유는 두 가지다.

첫 번째는 더 넓은 세상이 존재한다는 것과 그곳으로 나가면 나보다 더 대단한 사람들이 많이 존재한다는 것을 인식하지 못하는 것이다. 그런데 이상하게도 그런 사람들은 끼리끼리 어울린다. 그렇게 되면 차단된 세상을 사는 것이고, 더 큰 세상은 보지 못하기에 자만과 거만이 몸 안으로 스며들 수밖에 없다.

두 번째는 꿈이 작다는 것이다. 현실에 만족하면서 사는 건 정말 좋은 일이지만, 작은 꿈을 이룬 것에 대한 만족감이 너무도 커서 더 큰 꿈을 꾸지 못하고 현실에 파묻힌 채 살아가는 것은 안타까운 일이다.

꿈이 큰 사람은 자신이 이룬 성과에 겸손하다. 많은 사람들이 치켜세우더라도 아직 가야 할 길이 멀기에 그 자리에 오래도록 지체하지 않고, 서둘러 더 큰 꿈과 목표를 향해 나아간다. 자만할 틈이 없다.

나는 정말 대단한 사람들을 직접 또는 간접적으로 많이 만났다. 그것은 현재까지도 돈으로 바꿀 수 없는 가장 큰 자산으로, 대단한 사람들을 만나고 또 그들에게 배우면서 아직도 내가 가야 할 길이 한참이나 남았다는 사실을 깨닫는다. 그 사실은 나를 지치지 않게 하며, 현재에 머물지 않게 한다.

결국 위대한 성공은 겸손과 함께 가야 하는 것이다. 겸손한 사람은 어디에 있든지 은은한 빛을 내며, 그 빛에 영향을 받은 사람들은 끊임없이 그 사람에게 또 다른 성공의 기회를 주려고 노력한다. 그에 따라 그의 성공은 오래도록 지속이 되고, 시간이 지나면 지날수록 그는 더 빛나는 사람이 되어 존경을 받는다.

진정한 성공이란 반짝하고 빛난 후에 사라지는 혜성이 아니라, 캄캄한 밤길을 가는 사람에게 은은한 빛을 비추어주는 등대와도 같다. 성공을 오랜 시간 지켜내고 싶다면 지금 겸손해야 한다. 성공에 취해서 가야 할 목표를 놓친 채 정체되어 있다면 얼른 박차고 다시 일어서라. 가야 할 길은 아직도 한참이나 남아 있다.

겸손한 사람은 마음이 강한 사람이다. 작은 유혹에 쉽사리 흔들리지 않고, 약한 사람을 만나면 자신을 낮추며, 강한 사람을 만나면 깊은 내공을 발산한다.

나는 세계 챔피언이었던 권투 선수가 시비가 붙어 상대에게 맞아서 병원에 입원했다는 신문 기사를 접한 일이 있다. 아마추어도 아니고 프로였던, 그것도 세계챔피언이었던 사람이 주먹을 쓸 줄 몰라서 맞았겠는가? 그는 주먹 앞에 겸손했던 것이며, 그를 때린 상대방은 후에 가슴이 철렁했을 것이다.

평범한 사람도 겸손하면 빛이 나는데, 탁월함에 이른 사람이거나 성공한 사람이 겸손까지 하다면 그 자체만으로도 존경받기에 충분하다.

겸손한 사람들의 특징은 상대를 진심으로 인정해 준다는 것이다. 자신이 보기에는 작은 성과일지라도 그 성과에 대해 진심으로 칭찬하고 격려할 줄 안다. 그런데 거만한 사람은 타인의 성과에 대해 냉소적이고 비판적이다. 나보다 나은 부분이 있다면 분명히 인정하고 격려해야 옳지만 알량한 자존심 때문에 그러지를 못한다. 그런 사람들이 정상에 오르면 마치 세상이 자기 것인 양 큰소리를 치고 자신을 인정하지 않는 사람들을 보면 비난을 한다.

중요한 것은 앞에서도 얘기했지만 따스한 봄날에 잠깐 단잠을 자다 깨어나듯 그 성공이 오래가지 못한다는 것이다. 따라서 오랫동안 성공을 유지하고 싶다면 우물 안의 개구리로 남지 말고 더 큰 세상을 향해서 끊임없이 나아가야 한다. 그러면 겸손하고 싶지 않아도 자연스레 겸손하게 될 것이다.

세상에서 가장 길고도 먼 다리는 겸손의 다리다

꿈은 계속
어루만지는 자의 것이다

　화분에 주기적으로 물을 주고 빛이 좋은 곳에 놓아 햇빛을 충분히 받게 하면 날이 가면 갈수록 파랗고 싱싱한 잎들이 하나씩 솟아올라 보는 사람으로 하여금 생명의 경이로움을 맛보게 한다. 식물에게 꼭 필요한 것은 충분한 물과 햇살이지만, 사람을 사람답게 하고 생동감 있게 만드는 것은 무엇일까? 나는 꿈이라고 말하고 싶다.

　꿈이 없는 사람, 살아야 할 분명한 이유와 목적이 없는 사람은 열정적으로 자신의 삶에 임할 수가 없다. 그러나 꿈이 있는 사람은 다르다. 자신이 왜 살아야 하며 어디로 가야 하는지 분명히 알고 있다. 가는 그 길이 아무리 험하고 힘들어도 반드시 가야만 한다는 스스로의 결단으로 남들이 뭐라고 하든지 자신의 길을 묵묵히 갈 수 있다.

　화분의 꽃처럼 꿈이 있다면 그 꿈이 잘 자랄 수 있도록 지속적으로 꿈을 어루만져 주어야 한다. 그것이 드림터치다.

꿈을 터치할 때 사람은 가장 강한 동기부여를 받는다.

꿈은 누구나 있다. 그러나 그 꿈을 이루는 사람이 적은 이유는 끊임없이 꿈을 어루만지는 사람이 적기 때문이다. 내가 나의 꿈을 방치하고 있는데 누군가가 나타나서 정성스럽게 내 꿈을 대신 보살펴 주지는 않는다. 그 일은 반드시 스스로 해야만 하는 일이다.

나는 자유롭고 위대하게 사는 게 꿈이다. 그런데 그 자유를 누리려면 두 가지가 꼭 있어야 한다. 하나는 시간이고 또 다른 하나는 경제적인 여유다. 둘 중 어느 하나만 있게 되면 그건 반쪽짜리 자유가 된다. 내가 좋아하는 일을 하면서 그것으로 충분한 경제적 보상을 받고, 누구의 지시가 아닌 나 스스로의 시간을 조절하며 사는 것이 내가 원하는 인생이다.

나는 사회생활을 시작한 20대 초반부터 자유를 향한 도전을 시작했다. 남들과는 다른 삶을 살고 싶었기에 남들이 꺼려하는 길을 달렸다. 그런데 열심히 달리는데도 끝나는 지점이 보이지 않다 보니 힘이 빠졌다. Finish Line이 보이지도 않는데 그저 최선을 다해서 열심히 달린다는 것은 생각보다 쉽지 않기 때문에 뛰기를 관두고 걷기 시작한다. 여기서 조금만 게을러지면 경주를 도중에 포기하는 사람이 되며, 이때 필요한 것이 바로 꿈의 되새김질이다. 경주를 관두고 싶은 순간, 나는 반드시 꿈을 어루만지러 갔다. 내가 타고 싶은 차, 살고 싶은 집을 보러 가는 것이다.

나는 지하 월세 방에 살면서 몇 천만 원을 호가하는 비싼 차를 잘도 보러 다녔다. 행색은 초라했지만 가슴은 꿈으로 불타고 있었기 때문에 눈빛이 뜨거웠다. 전시장에 진열된 멋진 차를 이리보고 저리 보면서 그 차에 타고 있는 내 모습을 상상했다. 새 차에서 나는 진한 가죽시트 냄새를 깊이 들이마시며, 언젠가는 반

꿈은 계속 어루만지는 자의 것이다

드시 이 차를 소유할 날이 있을 거라는 꿈을 다시 한 번 나의 뇌에 깊이 각인시켰다.

차를 구매할 형편이 전혀 안 되는데, 딜러 눈치가 보여서 한 곳을 계속 갈 수가 없었다. 그래서 전시장을 여러 군데 돌아다니며 그 차를 보고 또 봤다.

아파트 모델하우스도 가고, 멋지고 우아하게 조성된 타운하우스도 자주 갔다. 차가운 밤공기에 코가 시렸지만 조용히 거리를 거닐면서 '내가 살 곳은 바로 이런 곳이다.'는 꿈을 되새겼다.

그런데, 사람 감정이란 게 요상하기 그지없다. 지하방에 있으면 한없이 초라해지고 힘이 빠지는데, 내가 살고 싶은 곳을 다녀오거나 내가 탈 멋진 차를 보고 온 날이면 지하방으로 들어가는데도 어깨에 힘이 들어갔다.

'지금은 내가 비록 이런 곳에서 살지만 이건 잠깐일 뿐이다. 나중에는 꼭 저런 집에서 멋있게 살 거야. 그 앞에 오늘 보고 온 차

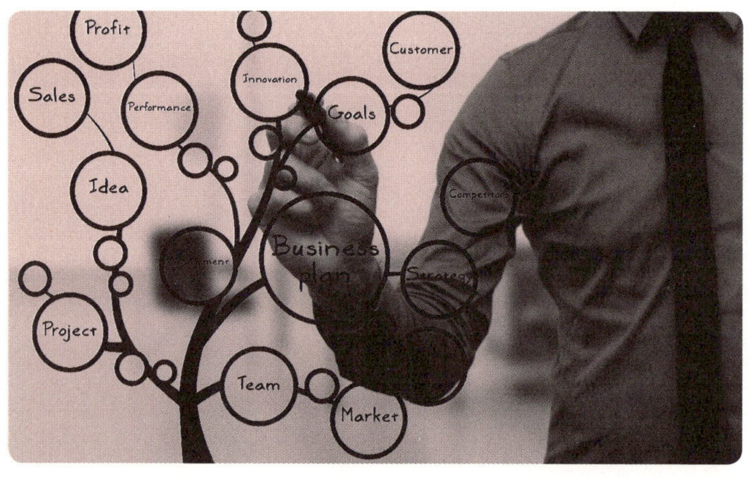

Track 5 자신을 제대로 경영하는 사람이 최고의 영업자다

도 잘 주차되어 있겠지! 가는 곳마다 많은 사람들이 나에게 박수를 쳐주고, 나는 반드시 희망을 잃어버린 사람들에게 용기와 희망을 불어넣어 주는 사람이 될 거야!'

나는 다이어리 맨 앞장에 앞으로 벌어들일 가상의 수입 5년 계획표를 붙여놓았다. 그곳에는 지금 현재 상황에서는 절대로 불가능한 숫자가 월마다 정확히 기록되어 있다. 그 숫자를 보고 상상하는 것만으로도 내 가슴은 뜨거워졌다.

나는 또 일기장 곳곳에 지금의 현실이 아닌 내가 진정으로 원하는 인생을 적었다. 현실은 빚에 시달리고 고객들이 나에게 계속적으로 거절의 신호를 보내오지만, 일기를 쓰며 어느 날은 괴로움과 슬픔을 쓰고, 어느 날은 괴로움을 넘어서는 희망과 꿈을 기록했다.

이렇게 하다 보면 다시 나의 생각과 시선이 현실이 아닌 내가 이루고자 하는 꿈에 고정이 되었다. 이 습관은 지금도 마찬가지다. 지금도 나는 무엇인가를 하고 싶다는 생각이 들면 일단 알아보고 찾아본다.

아내는 지금 사지도 않을 건데 뭣 하러 알아보러 가냐고 핀잔을 주지만, 그때 내가 꼭 하는 말이 하나 있다.

"알아보는데 돈 드는 거 아니잖아."

꿈을 보는 데는 돈이 들지 않는다. 다만 잠깐의 시간이 필요할 뿐이다. 그러나 지금의 현실과 너무나 동 떨어졌다고 생각하기 때문에 자신의 꿈을 보려고 시도조차 하지 않는 것은 잘못된 일이다.

돈은 없는데 차를 사고 싶어 하는 두 사람이 있다고 하자.

두 사람의 경제적인 조건은 같으며, 한 사람은 자신의 형편을

꿈은 계속 어루만지는 자의 것이다

알기 때문에 샀으면 좋겠다는 마음만 있고, 한 사람은 자신의 형편에도 불구하고 일단 차를 알아보러 다닌다.

당신은 두 사람 중 과연 누가 먼저 차를 살 것이라고 보는가?

당연히 차를 알아보러 다니는 사람이 먼저 차를 산다. 전자는 꿈만 꾸는 것이고 후자는 그 꿈을 계속 어루만지기 때문이다. 사람은 생각하다 보면 보고 싶고, 보고 있으면 가지고 싶은 법이다. 어떻게 하면 저것을 가질 수 있을까 고민을 하다보면 자신도 모르는 행운이 따르기도 한다. 그러다 보면 꿈에도 그리던 것을 자신이 소유하게 되는 것이다.

꿈을 이루는 기술은 별다른 게 없다. 자신의 꿈을 계속 어루만지면 된다. 그리고 그것을 상상하는 것만으로도 절반은 이룬 것이나 다름없다. 나는 한 달에 100만 원도 못 버는 시절에 연봉 10억을 꿈꾸었다.

아무도 나를 믿어주는 사람이 없었지만 나는 내 꿈을 붙잡고 계속 어루만졌다. 그렇게 시간이 지나다 보니 연봉 10억이라는 목표는 아직 달성되지 않았지만, 2~3억에는 다다랐다. 먹고 살기 위해서 일을 한 것이 아니라, 꿈을 위해서 일하다 보니 먹고 사는 문제를 넘어설 수 있게 된 것이다. 그래서 나는 지금 초라한 모습의 사람일지라도 꿈이 있는 사람을 보면 가슴이 함께 뜨거워진다. 달려가서 힘을 내라고 뜨거운 포옹을 하고 싶은 마음이 굴뚝같다.

어느 날 나는 술을 한 잔 하고 대리운전을 해서 집으로 오는데 운전을 하는 사람을 보니 굉장히 젊어 보였다. 이런저런 대화를 하면서 오는데 그가 대뜸 내게 말했다.

"사장님! 저도 사장님처럼 성공하고 싶습니다."

Track 5 자신을 제대로 경영하는 사람이 최고의 영업자다

나는 웃으면서 말했다.

"저 아직 성공 안 했는데요. 혹시 대리운전이 투잡입니까?"

그는 시골에서 올라와 고시원에서 지내며 착실히 대리운전을 하면서 돈을 모으고 있고, 그 돈으로 나중에 사업을 할 계획이라고 했다.

남들이 봤으면 젊은 사람이 대리운전이나 하고 있다며 비웃을 수 있다. 그러나 나는 꿈이 있는 그의 모습이 너무나 아름다워 보였다. 집으로 오는 동안 나의 얘기를 들려주면서 반드시 당신의 꿈을 이룰 수 있으니 절대 포기하지 말고 끝까지 밀어붙이라고 하면서 용기를 듬뿍 주었다.

꿈이 있는 사람을 만나고 나니 덕분에 나도 힘이 났다. 적은 돈이었지만 정해진 수고료에 약간의 돈을 더 얹어주면서 더 열심히 살라고 말하며 엘리베이터에 탔는데, 문득 그런 생각이 들었다.

'그래, 꼭 성공하자. 반드시 누가 보아도 당당하고 멋있는 사람이 되자.'

나는 또다시 나의 꿈을 어루만졌다.

힘이 빠지고 삶에 대한 열정이 떨어질 때 최우선으로 해야 하는 것은 바로 자신의 꿈을 어루만지는 것이다. 그리고 그 꿈이 있는 곳으로 당장 달려가라. 가서 그 꿈을 더 세밀하고 생생하게 느껴라. 가고 싶은 곳, 가지고 싶은 것, 되고 싶은 것을 계속 어루만지고 또 만져라. 닳아져 없어질 만큼 만지다보면 손 안에 뜨겁게 만져질 날이 반드시 온다. 그것이 바로 당신의 미래다.

꿈은 계속 어루만지는 자의 것이다

프리에이전트는
나 자신과 거래한다

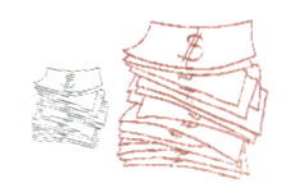

말 잘 하는 사람이
영업을 잘한다고?

영업에 대한 사람들의 가장 큰 오해는 영업은 말을 잘하는 사람이 하는 일이라는 것이다. 나 역시 그랬다. 그런데 이 말이 과연 사실일까? 현장에서 일을 해보면 물론 말을 잘하면 어느 정도 도움이 되는 것은 사실이지만 그것이 영업의 본질은 아니다.

말을 잘하는 것보다 중요한 것은 필요할 때 필요한 말을 하는 것이다. 때에 맞지 않은 말을 하거나 필요하지 않은 말을 하는 사람은 어디에서나 민폐를 준다. 그러므로 말을 잘하는 것보다 중요한 것은 때나 장소, 상대에 맞는 적절한 말을 찾는 것이다.

표현력 또한 중요한데, 영화를 보고 나왔을 때 그 영화에 대해 실감나게 얘기하는 사람이 있는 반면 그렇지 않은 사람도 있는데, 기왕이면 실감나게 표현해야 상대의 이목을 사로잡지 않을까?

고객은 자신이 필요로 하는 핵심적인 사항을 일목요연하게, 필요한 때에 맞춰 말을 해주는 영업자를 좋아한다. 말을 하는 것보다 중요한 것은 당신이 고객이 필요로 하는 사항들을 정확히

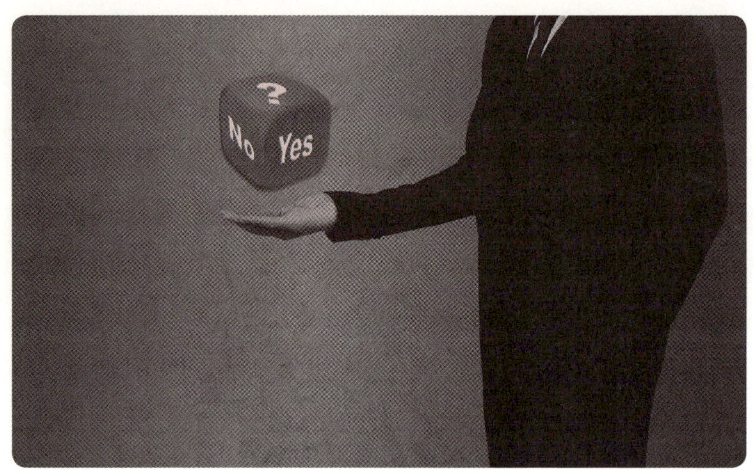

알고 있느냐로, 고객의 생각과 당신이 제안하는 것이 정확하게 들어맞아야 고객의 욕구가 충족된다.

그런데, 당신이 제안하고자 하는 상품에 대한 정확한 지식과 정보를 파악하고 있다면 고객의 니즈에 충분히 부응할 수 있지만, 문제는 그 반대의 경우에 있다. 자신의 상품에 대한 확신이 없고, 장단점조차 구분하지 못한다면 총에 총알이 없는 것과 같다. 총알이 없는 총이 무슨 의미가 있겠는가? 그러므로 일단 완벽하리만치 자신의 상품에 대한 지식을 갖추고 확신을 가져야 한다.

지식과 자신감은 비례한다. 잘 알고 있다면 어떤 질문, 어떤 상황에서도 당황하지 않고 슬기롭게 대처할 수가 있다.

때에 따라서는 고객이 내 상품에 대해 더 잘 알 수도 있다. 요즘은 고객들이 인터넷을 통해 많은 정보를 수집하기 때문에 자신이 필요로 하는 상품에 대한 지식을 넘칠 정도로 갖고 있지만, 그렇다고 주눅 들 필요는 없다. 서로 아는 것이 다를 뿐이지 그것이 영업자의 상품에 대한 무식함을 나타내는 것은 아니다. 나 또한 현장에서 그런 상황이 여러 번 있었다.

고객이 당신도 모르는 부분을 물어보면 다음과 같이 얘기하면 된다.

"그 부분은 제가 잘 모르겠습니다. 정확하게 확인을 한 후에 답변을 드리겠습니다."

당신은 고객이 보는 앞에서 그 내용을 정확히 메모하고, 상담을 마친 후에 내용을 파악해서 최대한 빨리 회신을 하면 된다. 그렇게 하면 고객은 어설픈 답변을 들었을 때보다 당신을 더욱 신뢰하게 된다.

영업자가 모든 것을 다 알 수 없다는 사실은 고객도 잘 알고 있다. 영업자가 모르는 부분을 솔직하게 시인하고 성의를 보이면 진실성이 부각되지만, 잘 모르면서 아는 척을 하게 되면 많은 것을 알고 있는 고객은 영업자를 불신하게 된다. 그러므로 모르는 사실에 대해서는 솔직하게 모른다고 대답하길 바란다.

때에 따라서 고객은 자신이 많이 알고 있다는 것에 대한 자부심으로 영업자에게 그 사실을 알려주면서 친밀감을 보이기도 한다.

그런데 유의할 점은 너무 많은 정보를 고객에게 줌으로써 고객을 혼란에 빠뜨려서는 안 된다는 것이다. 내가 많이 아는 것은 중요하지 않으며, 고객에게 알맞은 정보를 주는 것이 중요하다. 내 수준이 높고 고객의 수준이 낮다면 나의 높은 수준을 고객의 수준으로 끌어내려야 하며, 고객의 눈높이에 맞는 적절한 표현을 써서 이해를 시켜야 한다.

가끔 보면 자신이 아는 지식을 고객에게 자랑이라도 하듯이

말 잘 하는 사람이 영업을 잘한다고?

과시하는 영업자들이 있는데, 그것은 비즈니스에 전혀 도움이 되지 않는다. 지식과 정보는 적당한 선 안에서만 전달해야 하며, 선을 넘게 되면 고객은 혼란스럽게 되고 선택을 망설이게 된다.

휴대폰을 판매한다고 가정했을 때 휴대폰에는 많은 종류가 있지만, 가급적 선택에 필요한 1~2가지만 내어 놓아야 하는데, 그것은 선택의 폭을 줄여주어야 고객이 선택할 확률이 높아지기 때문이다. 그러니 많은 지식으로 고객을 혼란시키지 말고, 이해를 할 수 있는 적당한 선에서 말을 멈추어야 한다. 그러면 당신은 할 일을 다한 것이다.

이렇게 지속적으로 영업을 하다보면 경험 축적과 함께 몰랐던 지식과 정보를 더 많이 알게 되고, 점점 프로가 되어가는 것을 스스로 느낄 수 있다. 그러므로 말을 잘 못하는 것에 대한 두려움이 문제가 아니라, 자신의 상품에 대한 정확한 지식, 그리고 고객이 필요로 하는 것이 무엇인가를 정확하게 파악하고, 필요한 때에 필요한 말을 하기 위한 확신과 남다른 표현력을 갖추도록 노력해야 한다.

영업은 내가 팔고자 하는 상품이 고객에게 왜 필요한지에 대한 부분만 이해시키면 되는 것이고, 이해가 됐다면 선택은 고객의 몫이다. 이해가 됐음에도 불구하고 선택하지 않는다면 다른 고객을 이해시키기 위해 떠나면 그 뿐이다.

Track 6 프리에이전트는 나 자신과 거래한다

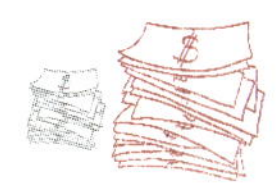

확률게임에서 승리하라!

어느 분야에서나 통하는 비즈니스의 황금률이 있는데, 그것은 바로 확률의 법칙이다.

10명을 만나는 사람은 100명을 만나는 사람을 결코 이길 수 없다. 결국 확률을 높이는 사람이 정상에 오를 수 있는 확률 또한 높이는 것으로, 내게도 이 법칙이 가슴에 와 닿는 시기가 있었다.

전과는 다른 결과를 만들어내고, 어떻게 해야 비즈니스에서 성공할 수 있을까에 대한 고민을 거듭하다가 나는 다음과 같은 결론을 내렸다.

'하루 20군데를 방문하고 한 달에 20일을 근무하면 약 400개 업체 방문을 하게 된다. 400개 업체 중에서 약 5%만 내 제안을 받아들여준다면 20개의 고객사가 생긴다. 그러면 나는 억대 연봉이 될 수 있다.'

2개 업체를 방문해서 1개의 업체가 긍정적으로 응할 확률은 극히 낮지만, 확률 상 20곳을 방문하면 1곳은 긍정적으로 응할 것이라는 판단 속에서 나는 거래처 방문 목표를 하루 20군데로 잡은 것이다.

나는 하루도 쉬지 않고 업체 방문을 시작했다. 한정된 시간에 20개 업체를 방문한다는 것은 쉽지 않은 일이었지만, 확률의 법칙이 진리라고 믿었기에 실천했다.

열심히 실천하면서 깨닫게 된 것을 정리해보면 다음과 같다.

첫째, 만나는 횟수가 많아질수록 긍정적인 고객수가 많아진다는 것.

둘째, 방문 횟수가 늘어남에 따라 다양한 경험을 빠르게 하게 되고, 그 경험으로 인해 실력이 일취월장한다는 것.

셋째, 실력이 좋아지면서 만나는 횟수가 적더라도 성공할 확률이 높아진다는 것.

이것은 이론이 아니며, 나의 실전 경험담이다. 중요한 것은 100명의 고객을 만나서 실패를 거듭하며 얻은 경험이 있다면, 10명의 고객을 만나서 실패한 사람보다 다음에 잘할 확률이 높을 수밖에 없다는 것이다.

실패를 많이 해본 사람은 실패하지 않는 방법을 더 잘 알 수밖에 없지 않겠는가?

동일한 수의 고객을 만나더라도 확률적으로 고객을 더 많이 만나본 사람이 더 나은 실적을 낼 수밖에 없다. 기왕에 비즈니스에 뛰어들었다면 확률의 법칙을 제대로 이해하고 당신의 것으로 만들어야 한다.

나는 원래 비즈니스에 실력이 있는 사람이 아니었다. 실력이 있었다면 10년 동안 실패를 했을 리가 없다. 그런데 확률의 법칙을 진정으로 이해하고 몸소 매일같이 실천하면서 이론이 아닌 확신을 가졌을 때 억대 연봉을 넘어서게 되었다.

아는 지식만 가지고 행동을 한 것이 아니라, 가슴에서 진심으로 이해가 될 때 나는 행동하기 시작했다. 귀에 못이 박히도록 들었던 그 말들이 하나씩 내 경험으로 되살아날 때 남들이 모르는 지혜를 얻은 것처럼 기뻐했다.

이 법칙은 어느 분야에서나 통한다. 나는 경험했고 그 경험에 의한 결과를 만들어 봤기 때문에 자신 있게 말할 수 있다. 이 법칙을 실천할 수만 있다면 정상의 자리는 다른 사람의 것이 아니라 바로 당신의 것이라고.

고객과의 심리전에서
우위에 서는 법

영업을 하면 실적에 대한 심리적인 압박감이 늘 동행한다. 압박감을 느끼지 않는 영업자는 별로 없을 텐데 심리적인 압박감을 줄이거나 넘어설 방법은 없는 것일까?

넘어서기는 어려울지 몰라도 압박감을 줄이는 나만의 방법이 있다.

첫째, 앞서 말한 대로 일단은 확률게임에서 이기기 위해 노력을 한다.

이 게임에서 승리하면 결과는 두 번째 문제이고 일단 심리적인 면에서 자유롭게 된다.

예를 들어서 5명을 만나서 제안을 했고, 결정을 기다리고 있다고 치자. 1명이 거절을 해온다면 20%가 사라진다. 그리고 1명이 더 거절을 해온다면 다시 20%가 사라지고, 60% 정도밖에 남지 않게 된다. 이렇게 되면 일단 압박감은 더 커지게 된다.

압박감이 커지게 되면 자신 있게 일을 진행할 수 없게 되고, 자신 없는 모습을 보이면 고객의 신뢰도는 떨어지게 된다.

그런데 만약 20명을 만나서 제안을 한 후에 결정을 기다리고 있다고 치자. 1명이 거절을 해온다면 5%가 사라진다. 그리고 1명이 더 거절을 해온다면 다시 5%가 사라지지만, 그래봤자 10%가 사라지는 것이다.

90%가 아직 남아있기 때문에 심리적인 압박감에서 좀 더 자유로울 수 있게 되는데, 나는 이것을 경험했기 때문에 최선을 다해 이 확률게임에서 지지 않으려고 노력한다.

거절이 늘면 그만큼 더 제안을 많이 하기 때문에 고객과의 심리전에서 밀리지 않고, 자신감 있는 태도를 유지하면서 영업을 하는 일이 가능하다.

둘째, 최대한 빨리 Yes와 No를 결정하게 한다.

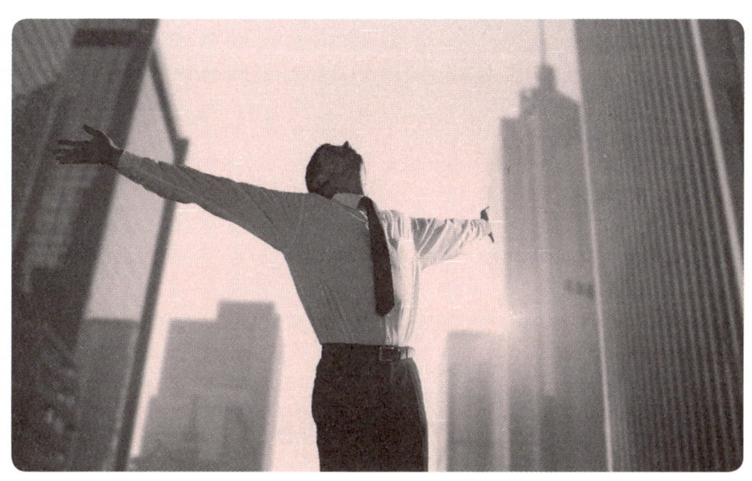

고객과의 심리전에서 우위에 서는 법

거의 대부분의 영업사원들이 거절당하는 것을 심리적으로 두려워하기 때문에 결정을 지어야 할 상황인데도 불구하고 먼저 결정을 유도하지 못한다.

고객은 아무 생각이 없는데 이번 달 본인의 실적 속에 이 고객을 넣어놓고 마냥 기다리고만 있는 것이다. 먼저 나서서 결론을 유도하지 못하는 이유는 그 고객이 거절할 수 있다는 두려움이 앞서기 때문이다. 그런데 결정의 시간이 길어지면 길어질수록 머릿속은 더 복잡해진다.

중요한 사실은 지금 결정을 하든 나중에 결정을 하든 Yes를 할 고객은 Yes를 할 것이고, No를 할 고객은 No를 한다는 점이다. 결정을 하는데 있어서 시간의 길고 짧음은 중요하지 않다. 나 자신을 위해서라도 빨리 결정을 짓게 만들고, No를 한다면 그만큼 그 고객에게 쏟는 시간을 줄일 수 있게 된다. 그리고 차라리 홀가분한 마음으로 다른 곳에 더 집중을 하면 된다. 이렇게 하면 일에 대한 효율성이 굉장히 높아진다.

이 두 가지 원리는 참으로 단순하지만, 실천은 쉽지 않다.

나 역시 이 원리를 깨닫기까지 많은 시간이 걸렸고, 행동과 습관이 되기까지 역시 오랜 시간이 걸렸다. 쉽지 않은 것은 분명하다. 그러나 이것을 정말 내 것으로 만들게 된다면 고객과의 심리전에서 우위에 설 수 있으며, 거절을 당해도 상처를 덜 받을 수 있다.

고객은 나의 표정과 자세를 보고 먼저 판단한다. 내 표정에 여유로움이 넘쳐난다면 고객은 안심하고 신뢰감을 갖게 된다. 어차피 그 상품을 구매할 거라면 신뢰가 가는 영업자에게 구매 의사를 밝힐 것이며, 당연히 나에게는 Yes를 하는 고객이 된다. 이 Yes 가 많아질수록 나의 자신감도 늘어나기 마련인데, 이것이 바로 선순환의 법칙이다.

중요한 것은 결정할 고객사를 많이 만드는 것이고, 만들었다 면 최대한 빨리 결정을 짓도록 하는 것이다. 일의 시작과 마무리 를 최대한 빠른 시간 안에 하면 산뜻한 기분으로 다른 고객을 만 날 수 있다.

고객과의 심리전에서 우위에 서는 법

기다릴 때와 나아갈 때 구분하기

결정을 지어야 할 상황인데 고객은 결정을 짓지 않고 있다. 이쯤 되면 많은 생각이 든다.

'좀 더 기다려 볼까? 아니면 오늘 가서 그냥 부딪쳐보고 되든 안 되든 결정을 내버릴까?'

애매한 상황이다. 과연 어떻게 하는 것이 최선의 방법일까?

바람이 불지 않는데 바람개비를 돌릴 수 있는 방법은 오직 하나다. 바람개비를 들고 앞으로 나아가는 것이다. 내가 바람을 만들어서 바람개비를 돌리면 된다. 최고의 타이밍을 기다리면 좋겠지만, 언제 최고의 타이밍이 올지 알 수 없다. 일단 부딪쳐야 하며, 부딪치다 보면 답도 나온다. 정확한 때라는 것은 없다. 적극적으로 들이밀어야 한다.

내가 생각하는 고객은 두 부류다.

Track 6 프리에이전트는 나 자신과 거래한다

A. Yes와 No를 분명히 하는 고객

B. 의사가 불분명한 고객

비즈니스를 하는 사람들마다 구분하는 방법이 다르겠지만 나의 구분은 간단하다.

나의 제안에 고객이 'Yes or No'라는 분명한 의사를 표현했다면 나는 그 고객을 A로 구분한다. Yes는 몰라도 No한 고객을 A로 구분하는 것에 대해서 사람들은 의아해 할 수도 있지만, 내가 제안한 상품에 대해서 정확한 이해와 필요성을 인지했음에도 불구하고 상황과 여건이 맞지 않으면 선택하지 못할 수도 있다. 이런 고객은 필요한 시기가 오면 다시 연락을 할 확률이 높다. 그래서 거절했지만 의사를 분명히 하는 고객을 A로 구분하고, 적당한 시기에 주기적으로 연락을 취한다.

그런데 문제는 B부류의 고객이다. 나의 제안을 정확히 이해하고 필요성을 인식한 것인지 도통 알 수가 없다. 뜨뜻미지근한 상태로 Yes도 아니고 No도 아닌 애매한 상황을 계속 연출한다. 이런 고객을 만나면 나는 스스로 결정을 내리고 관리대상에서 제외한다. 계속 붙들고 있어봤자 언제 의사를 분명히 할지 알 수 없으므로 괜히 시간과 에너지를 낭비할 필요가 없기 때문이다.

이렇듯 세상만사가 저절로 되는 것은 없다. 가만히 앉아있는데 입에다 밥을 떠서 넣어주지 않듯이 고객이 먼저 나서서 무언가를 하는 경우는 극히 드물다. 그러기에 영업 주체인 내가 먼저 움직여야 한다. 결정을 하도록 만드는 것이 바로 내가 해야 할 일이다.

물론 가끔은 가만히 있어도 저절로 바람이 불어서 내 바람개

비가 돌아가는 일이 있다. 하지만 그건 그냥 보너스이다. 내 실력이나 노력과 상관없이 그저 운이 좋았을 뿐이다. 이 운을 실력으로 착각해서 앞으로 나아가지 않고 가만히 앉아서 기다리는 사람이 있다면 조만간 밥줄이 끊긴다. 비즈니스 현장에서 부는 바람은 길이가 무척이나 짧다는 것을 명심하라.

영업현장에서 모든 것을 보여줘라

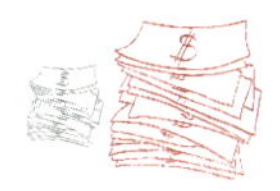

　사람은 양파 같은 사람이 좋다. 껍질을 한 올 한 올 벗겨낼 때마다 매력이 넘쳐나면 그것만큼 멋지고 매력적인 게 없다. 그러나 비즈니스는 다르다. 내가 고객과 만나는 현장, 그 자리에서 모든 것을 보여주어야 한다.

　그 시간, 그 기회를 잡지 못하면 다시는 기회가 오지 않는다. 그러기에 최선을 다해서 내 모든 역량을 집중해야 한다. 현장에서 모든 것을 보여주지 못하면 아쉽지만 기회는 유유히 사라진다.

　가끔 미팅이 끝나고 나올 때, '아! 내가 놓쳐버린 게 있구나.' 하고 무릎을 칠 때가 있다. 그러나 이미 때는 늦었다. 나 역시도 그런 실수를 가끔 하지만, 그건 어디까지나 가끔일 뿐이다. 모든 것을 쏟아 부어서 보여주는 것이 프로다. 두 번 세 번 미팅을 할 일이 별로 없다. 이미 모든 것을 다 보여줬는데 다시 만나서 할 말이 딱히 없기 때문이다. 고객이 조금 더 디테일한 것을 요구할 때는 그에 맞춰서 하면 된다. 그러므로 고객과 만나는 타이밍이 되었다면 딱 한번뿐이라는 생각을 하고, 당신의 모든 것을 쏟아 부어야 한다. 열정을 가지고 당신의 모든 것을 남김없이 쏟아 부을 때 고객은 감동을 받는다.

어떤 날은 고객이 "언제 시간이 나면 우리 직원들에게 영업 스피치 교육 좀 해주세요. 되든 안 되든 이렇게 혼을 실어서 영업을 하는 모습을 배워야 해요."

일의 성공 여부를 떠나서 이런 말을 들을 때는 기분이 좋다.

나의 확신과 열정을 보여줬고, 이렇게까지 얘기를 했다면 일의 성패는 이미 결정이 난 것이다. 이것이 고객감동이다. 모든 것을 쏟아 부을 때 고객의 Yes 선택 확률이 높아진다.

고객과 만나는 자리에서는 절대로 한눈을 팔면 안 된다. 나의 제안에 대해 고객이 부정적인 반응을 보이거나 시큰둥하면 초보시절에는 나도 고객의 감정을 따라 흔들릴 때가 있었다. 그러나 지금은 다르다. 고객의 반응이 어떠하든 나는 그 현장에서 나의 제안 사항을 정확히 말하고 모든 것을 보여준다. 고객이 Yes나 No를 하는 것은 추후의 문제이다.

내가 가진 모든 것을 임팩트 있게 집중력을 발휘해서 남김없이 보여주면 고객은 진정성을 가지고 듣게 된다. 고객과 만난 그 현장은 유일한 기회의 장이다. 기회는 한 번 더 주어지지 않는다. 지금 모든 것을 쏟아 부어야지만 그 현장이 가치 있는 시간으로 바뀐다.

Track 6 프리에이전트는 나 자신과 거래한다

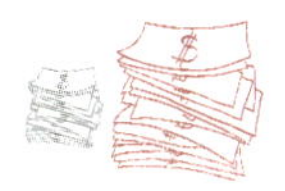

최상의 컨디션을 위해
나를 관리하라

컨디션이 좋지 않은 날이 있다. 몸이 좀 아프거나, 과음을 한 다음 날이면 정신적으로나 육체적으로 에너지가 많이 떨어진다. 아무래도 이런 날은 비즈니스를 하기가 쉽지 않다. 그러나 만나기로 한 고객이 있다면 반드시 만나야 하며, 빨리 컨디션을 회복하기 위해 노력해야 한다. 그래서 나는 주중에는 가급적 술자리를 갖지 않는다.

최고의 컨디션과 에너지를 가지고 비즈니스를 해도 될까 말까 한데 풀린 눈을 가지고 간다면 결과는 불을 보듯 뻔하다. 오늘 경기를 하는 축구선수가 어제 과음을 하고 필드에 나왔다면 온전하게 뛸 수 있을까? 과연 관객은 그 선수를 보며 무슨 말을 할까?

만인을 속여도 자신은 속일 수가 없는 법이기에 철저한 자기관리가 필요하다. 영업자의 성실함이란 나의 상황과는 상관없이 최상의 컨디션으로 고객을 만나는 것이다. 내가 오늘 기분이 나쁘다면 그 기분이 고객과의 만남까지 이어지지 않아야 한다.

나의 상황과 관계없이 고객을 만나는 자리에서는 최선을 다해야 하는데, 성실함이란 좋은 조건에서 최선을 다하는 것이 아니라, 좋지 않은 상황 속에서 최선을 다하는 것이다.

고객에게 거절을 당하거나 집에 우환이 있게 되면 열정이 떨어진다. 열정이 떨어지면 두려움이 생긴다. 그러다 보면 초심을 가지고 성실하게 다음 고객을 만날 수가 없기 때문에 결국 좋지 않은 결과가 나올 확률이 높아지게 된다.

고객은 영업사원의 태도를 보고 본능적으로 그가 어떤 상태인지 알아챈다. 사람이기에 언제나 성실하기가 쉽지 않지만, 불가능한 일도 아니다. 철저한 자기 관리를 한다면 언제든 최상의 컨디션을 갖출 수 있다.

비즈니스를 잘하기 위해서는 모든 상황을 열심히 해야 하는 상황으로 만들면 되는데, 만약 비나 눈이 온다면 '이렇게 궂은 날씨에 어디를 가나?' 걱정하기보다는 '이런 날씨라면 고객들이 외

Track 6 프리에이전트는 나 자신과 거래한다

근을 안 하겠군. 잘됐다. 기회로구나.'로 생각을 바꾸면 된다.

설날이나 추석과 같은 긴 연휴가 끝나고 출근한 첫날에는 정말 영업하기가 싫은데, 내가 힘드니 고객들도 당연히 명절증후군에 빠져 있다는 생각을 하게 되는 것이다. 그러나 그건 어디까지나 내 생각일 뿐, 그렇지 않는 고객도 많이 있다. 앞서 얘기했던 것처럼 나 역시 그런 상황이 있었지만 극복을 해보고 나니 가장 기다려지는 건 긴 연휴가 끝나고 첫 출근이 이루어지는 날이다.

왠지 어디선가 행운의 전화가 올 것 같은 느낌이 들고, 실제로 여러 번 그런 일이 있었기에 나는 가뿐한 마음으로 출근을 하고 일을 시작한다. 성실함이란 그런 것이다. 늘 한결같은 마음을 유지하며 오늘 최선을 다하다 보면 뜻하지 않은 행운이 찾아오기 마련이다.

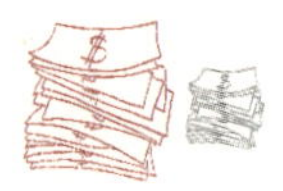

고객도 왕이고, 나도 왕이다

고객은 왕이다. 그러면 고객을 대하는 나는 신하일까? 아니다. '고객도 왕이고 나도 왕이다.' 가끔 음식점이나 서비스센터에서 고객이라는 이유로 왕인 양 소란을 피우는 사람들을 본다. 정말 꼴불견이다. 주변의 많은 사람들이 그 광경을 지켜보며 나와 비슷한 생각을 할 것이다. 왕과 같은 대접을 받으려면 상대를 왕으로 대접해야 한다.

상대가 필요로 하는 것을 내어주고 그에 따른 대가를 내가 받는 것이지, 결코 필요 없는 것을 상대에게 억지로 떠맡기고 대가를 착취하는 것이 아니다. 서로 주고받는 것이 있는 정당한 거래라는 점에서 고객과 나는 둘 다 왕이다.

그런데 고객들 중에도 상식 이하의 행동을 하는 사람들이 아주 가끔 있다. 그러면 나는 물러서지 않고 정확하게 말한다.

"이건 아닙니다. 모든 것을 다했기 때문에 저는 더 이상 할 것이 없습니다."라고 잘라 말한다. 고객이 나를 떠나도 상관없다. 내가 그런 말을 할 때 고객도 이미 안 된다는 것을 알고 있다. 그러나 고객이라는 것을 내세워서 억지를 부린다면 그건 부당한 거래가 된다. 둘 다 기분이 좋은 거래, 그것이 갑과 갑의 거래이다. 단, 고객이 필요로 하는 부분에 대해서는 최선의 것을 해주어야 한다.

같은 조건이라면 나를 선택해준 상대에게 진심으로 고마운 마음을 가지고, 철저한 A/S를 하거나, 고객이 미처 체크하지 못한 사소한 부분까지도 배려를 해주어야 한다. 나는 내가 가진 상품의 장단점을 알고 있고, 고객은 잘 모를 수 있다. 결국 나를 선택한 고객에 대한 나의 마음을 어떤 식으로든 표현을 해야 하는 것이다.

고객과 영업자와의 관계에 있어서 가장 이상적인 위치는 갑과 을이 아닌, 서로가 서로를 존중하는 왕 대 왕의 위치라는 것을 반드시 기억하기 바란다.

고객도 왕이고, 나도 왕이다

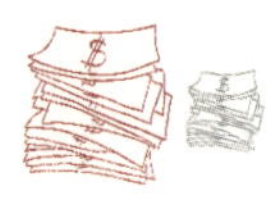

성취감은 나를 성장시키는
가장 큰 당근이다

지속적으로 열정을 유지한다는 것은 쉬운 일이 아니다. 날마다 힘이 넘쳐서 자신의 일에 혼신의 힘을 다한다는 것은 어찌 보면 불가능한 일이라는 생각이 들기도 하는데, 아무리 좋아서 하는 일이라 하더라도 사람이다 보니 가끔씩은 하기 싫을 때도 있기 때문이다. 더구나 나처럼 공격적인 마케팅 분야의 일을 하는 사람에겐 그런 일이 더더욱 많다.

어느 날은 이런 생각이 들었다.

'나는 왜 이 일을 계속하는 거지? 거절을 당하는 일이 좋은가? 돈 때문인가? 사람을 만나는 것을 좋아해서일까? 과연 뭐지?'

곰곰이 생각해보니 그 답은 바로 '성취감'이었다. 나는 이 성취감이 좋고 그 느낌을 사랑한다.

평탄하게 뻗은 고속도로를 달릴 때보다, 자갈과 진흙이 깔린 비포장도로를 달리면, 차가 심하게 흔들리고 멀미도 나겠지만 통과를 하고 난 후의 그 느낌은 정말 좋다. 남들이 가지 않는 길을

Track 6 프리에이전트는 나 자신과 거래한다

가고, 남들이 해내지 못하는 것을 해낸다는 성취감이야말로 나에게 열정을 가져다준다. 만약 이 성취감이 없었다면 지금껏 일을 지속적으로 하지 못했을 것이다. 사람은 성취감을 통해서 더 크게 성장한다.

짜여진 틀에 맞추어서 사는 것보다 틀을 짜 맞추어 가는 것이 더 재미있다. 물론 모든 것이 백지인 상태에서 퍼즐게임을 하면 '언제 이걸 다 맞추나?' 하는 한숨이 절로 나오지만 그 한숨을 넘어서 차분히 하나씩 하나씩 퍼즐을 맞추다보면 어느 순간부터인가 윤곽이 드러날 때가 온다. 그러면 재미가 생기고 퍼즐 맞추기에 탄력이 붙게 된다. 그것이 성취감이다. 나는 그 느낌이 좋아서 지금도 일을 한다. 일의 성사와 상관없이 느낌과 과정을 즐기고 사랑하기 때문에 그 결과가 달콤한 열매로 자연스럽게 따라온다.

언젠가 TV를 보다가 집에서 직접 농사를 지어 먹는 유기농 재배방법에 대해 알게 되었다. 이것을 보고 바로 열정이 생겨났고, 생각나면 바로 행동하는 습관 때문에 그 다음날 즉시 집 앞 베란다에 텃밭을 만들고, 상추와 치커리를 심고 가꾸기 시작했다.

며칠이 지나자 새로운 싹이 올라오기 시작했다. 햇살에 반짝반짝 빛나며 올라오는 그 새로움이 감동을 주었다. 아내와 나는 빨리 키워서 저 상추에 삼겹살을 싸서 먹자는 얘기를 하며 군침을 삼켰다. 그리고 어느 정도 자랐을 때 상추를 따서 삼겹살을 싸서 먹어보니 세상에 그렇게 맛있는 삼겹살을 먹어본 적이 없다는 느낌이 들 정도로 그 맛이 환상적이었다. 그냥 마트에서 상추를 사서 먹을 때는 없던 느낌으로, 그것이 성취감의 맛이다.

물론 얼마 지나지 않아 벌레가 잔뜩 끼는 바람에 아내한테 잔

성취감은 나를 성장시키는 가장 큰 당근이다

소리를 듣고 도시농부의 꿈(?)을 접어야만 했지만 그래도 그 느낌은 아직까지 남아있다.

어떤 일을 하든지 성취감은 매우 중요하다. 하찮은 일을 하더라도 성취감을 느끼는 사람은 행복한 사람이며, 위대한 일을 하지만 성취감을 느끼지 못하는 사람은 불행한 사람이다.

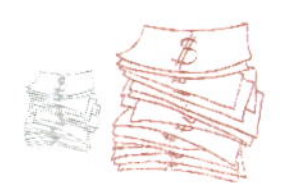

성공과 실패를 두고
일희일비 하지 마라!

"OOO씨 되십니까?"

"네, 그렇습니다. 어디십니까?"

"기억하실지 모르겠습니다만, 한 2년 전에 저희에게 제안을 하신 적이 있습니다. 명함이 있어서 전화를 드렸어요. 혹시, 다시 한 번 방문이 가능할까요? 그때는 결정하지 못했지만 지금은 진지하게 검토를 해보고 싶습니다."

2년 전, 기억도 잘 나지 않는 그 날. 아마도 나는 최선을 다해 설명했을 것이다. 그러나 고객은 No라고 거절했을 것이고, 거절에 기분이 좋을 사람은 세상에 단 한사람도 없기에, 나 역시 상처를 받고 기분이 좋지 않았을 수도 있다. 그런데 2년 만에 다시 전화를 해서 재미팅을 요구했다면, 갔을 때 필시 OK사인을 할 확률이 높다. 그렇다면 2년 전의 우울했던 감정과 시간들은 쓸데없는 낭비였던 셈이 된다.

비즈니스를 하면서 주의해야 할 사항 중에는 여러 가지가 있겠지만, 가장 경계해야 할 대상 1호는 금방 뜨거워지고 금방 식는 냄비근성이다. 꼭 할 줄 알았던 고객은 No를 하고, 당연히 저 고객은 안 하겠지 하는 고객은 Yes를 하며, 어제 No를 한 고객이 오늘 다시 전화를 해서 Yes를 하는가 하면, 어제는 Yes를 한 고객이 오늘은 다시 No를 한다.

한치 앞도 모르는 일이 이렇게나 많은데, 만약 이런 일들에 사사건건 마음을 쓴다면 제 명을 다하지 못할 것이다. 그리고 감정의 기복이 심한 상태로는 비즈니스를 오래 지속할 수 없으며, 그저 잘 되면 잘 되는대로 안 되면 안 되는대로 하면 된다는 묵묵한 평정심을 가져야 한다.

말은 참 쉽지만 사실 이게 생각대로 되지 않는다. 현장 영업을 통해서 얻은 나만의 자구책은 비즈니스의 목표를 오직 결과에만 두지 않는다는 것이다. 그저 오늘 나의 삶과 주어진 일에 충실함을 제1의 목표로 삼고 최선을 다하면 된다. 그러다 보면 잘 될 때도 있고 안 될 때도 있지만, 적어도 일의 성패가 내 감정 상태에 미치는 영향을 최소화할 수는 있다.

좋은 과정은 좋은 결과로 나타난다는 것을 믿어라. 시간차가 조금 나는 것일 뿐이며, 그것조차도 그다지 신경 쓸 일은 아니다. 고객의 반응을 따라 당신이 동요하게 되면 일희일비가 생활이 된다. 그렇게 되면 불이 붙은 지푸라기처럼 금세 타버리고 마는데, 진득한 맛이 없는 사람을 좋아하는 사람은 없다. 다리는 치타처럼 민첩하게 달릴지라도 마음은 미련한 곰이 되어야 상황과 무관하게 비즈니스에서도 인생에서도 성공할 수 있다.

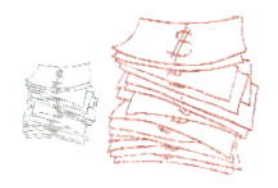

비즈니스맨은 오직
비즈니스로 말한다

자신을 표현하는 방식은 매우 다양하다. 가수는 노래로 자신을 표현하고, 연기자는 연기로 자신을 표현한다. 그렇다면 당신은 무엇으로 당신을 표현해야 할까? 답은 현재 당신이 하고 있는 비즈니스다. 그것만이 당신을 표현할 수 있는 가장 멋있고 강력한 무기이다.

비즈니스를 하는 사람이 비즈니스가 아닌 말로써 자신을 나타내려고 한다면 그 사람은 이미 성공에서 멀어진 사람이다. 진짜 실력이 있는 사람은 말을 하지 않는다. 묵묵히 자신의 실력으로, 실적으로 자신을 한껏 표현한다. 같은 말이라도 실력이 있는 사람이 하는 말과 실력이 없는 사람이 하는 말은 임팩트가 다르다.

과거의 나는 내가 몸담고 있는 직업으로 나를 표현하기보다는 말로써 나를 표현하는 일이 많았다. 아무리 내가 듣기 좋은 말을 하더라도 상대는 나의 상황을 알고 있기에 솔직히 내 말을 귀담아 듣지 않았다. 괜한 헛소리만 공중에다가 한 셈이다.

그도 그럴 것이 당장 밥도 못 먹는 사람이 아무리 그럴 듯한 꿈과 희망을 얘기한들 귀담아 들을 사람이 과연 얼마나 있겠는가? 열정적으로 말을 하지만 누구하나 제대로 나의 말에 귀를 기울이지 않아서 나는 늘 외로움에 시달렸다. 나중에서야 그렇게 행동하는 내가 잘못됐다는 것을 알게 되었고, 결국 나는 말이 아니라 내가 하는 비즈니스로 나를 표현했어야 했다.

가수가 노래를 못한다면 이미 가수로서의 자격을 상실한 것처럼, 비즈니스를 하는 사람이 자신의 일로 결과를 만들어내지 못하면 그건 비즈니스맨의 자격을 상실한 것이다.

말을 한다는 것은 결국 실적이고 결과다. 자신의 일을 예술로 승화시켜서 표현하는 사람은 멋이 있고 아름답지만, 예술가만이 예술을 하는 것은 아니며, 비즈니스도 하나의 예술이다.

자기 일도 못하면서 쓸데없이 자신에 대해 떠벌이는 사람은 아무리 열심히 말을 한들 들어줄 사람도 없거니와 말을 하면 할수록 스스로 공허해지는 것을 느끼게 된다. 차라리 그 시간에 비즈니스에서 더 좋은 결과를 얻기 위해 해야 할 일이 무엇인가를 고민하는 편이 훨씬 경제적이다. 표현의 자유가 있는 것은 사실이지만, 말로만 하는 표현은 공허하다. 그 말에 걸맞은 실제적인 결과가 있어야 사람들은 내 말에 귀를 기울이고 공감하기 시작한다. 아무것도 없는데 나를 그저 믿어달라고 하는 것은 갚을 능력이 전혀 안 되는데 일단 돈을 빌려달라고 떼를 쓰는 것이나 다름없다.

"당신은 무엇을 하는 사람입니까?"라고 누군가가 물을 때, "저는 비즈니스를 하는 사람입니다."라고 당당히 말할 수 있는 사람이 되어야 한다. 이외의 말들은 모두 부수적인 말에 불과하다.

Track 6 프리에이전트는 나 자신과 거래한다

현재 몸담고 있는 비즈니스에서 몇 년째 그저 그런 결과만 만들어내고 있다면 스케치를 멈춘 화가와 무엇이 다르겠는가. 화가가 자신의 손에 있는 연필 혹은 물감으로 자기 머릿속의 생각을 표현하듯 당신은 오로지 당신의 일과 그에 따른 결과를 얻기 위한 생각을 정리해서 그것을 표현해야 한다.

다음 달에는 잘해야지 하는 스스로의 다짐은 이제 그만하라. 지금 당장 확실하게 나를 표현하는 방법을 찾는 것이 급선무이며, 표현 방법을 찾았다면 그대로 실천해야 한다. 현재 하고 있는 일 외에 다른 방법으로 나를 표현하는 것은 도움이 되지 않으며, 아무도 그 표현을 진지하게 받아들이지 않는다. 따라서 자신을 드러내고자 한다면 최우선으로 해야 할 일은 자신의 비즈니스에서 성공하는 것이며, 말은 그 다음에 해도 늦지 않다. 자, 그렇다면 이제 말은 그만하고 진정한 비즈니스맨으로서 실천하고 표현하라.

비즈니스맨은 오직 비즈니스로 말한다

영업은 깡이다.
스토리를 만드는
세일즈맨이 되라

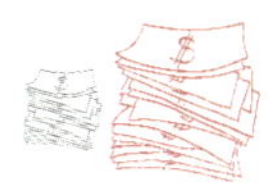

실수를 안타까워하지 마라

치열하게 살았다고 해서 인생을 잘 살았다고 할 수 있을까? 인생에는 정답이 따로 없다. 그러나 내 의지와 상관없이 치열하게 살 수밖에 없는 현실이 펼쳐지게 되면 그때는 그에 맞춰 살아갈 수밖에 없다.

나는 꿈을 선택한 순간부터 지금까지 그 어느 하루도 만만한 날이 없었다. 하지만 타임머신을 타고 다시 돌아가 꿈과 현실 중에서 어느 하나를 다시 선택할 수 있는 기회가 주어진다면 나는 두말없이 꿈을 선택할 것이다.

그러나 다시 꿈을 펼쳐나가는데 있어서 캐치프레이즈 하나를 걸고 시작할 것이다.

그동안 내가 간과했던 것 중의 하나는 희망과 꿈은 좋은 것이지만 쉽게 이룰 수 있는 희망은 빠른 시간 내에 절망으로 바뀐다는 사실이다. 그 당시에 나는 세상을 너무도 만만하게 봤었고, 내 수준과 그릇을 몰랐다.

꿈을 이루는 데는 오랜 시간이 소요되고, 결코 쉽지 않으며, 준비가 된 사람만이 이룰 수 있다는 것조차도 몰랐다. 많은 사람들도 나처럼 잠깐이면 될 거라는 자신의 희망적인 메시지에 속아 실패를 하고, 사기를 당한 것처럼 허무했을 것이다.

나는 희망만을 바라보았을 뿐 절망이 오면 어떻게 해야 하는지, 절망이라는 것이 나에게도 해당되는 것인지를 몰랐기에 쉽게 좌절했고, 그 절망은 오랜 시간동안 실패 속에 나를 가두어 버렸다.

'좋은 것을 넘어 위대한 기업으로'라는 책에는 스톡데일 패러독스 장군 얘기가 나온다. 미국이 베트남전에 참전을 했을 때 많은 미국인들이 베트콩에게 포로로 잡혔는데, 8년간의 포로수용소 생활 속에서 모진 고문과 고생을 하며 자살기도까지 했던 그는 살아서 미국으로 돌아왔다.

그런데, 수없이 많은 사람들이 죽어가는 가운데, 어떻게 그 장군은 살아남을 수 있었을까? 그의 말 속에 답이 있다.

Track 7 영업은 깡이다. 스토리를 만드는 세일즈맨이 되라

"흔히 긍정적인 사람이 오래 버티고 잘 견뎌낼 것이라고 생각하지만, 그들은 잘 버텨내지 못했습니다. 이번 크리스마스엔 나갈 수 있으리란 그들의 낙관은 아무 기적도 일어나지 않는 현실 속에서 배반을 당합니다. 그렇다면 부활절에는 나갈 수 있겠지. 그 기대 역시 응답을 받지 못했습니다. 그렇다면 추수감사절에는, 내년 성탄절엔, 그렇다면, 그렇다면, 그렇다면…… . 낙관주의자는 낙관의 배신감에 상심해서 결국 수용소 생활을 버티지 못했습니다. 이건 매우 중요한 교훈입니다. 결국에는 성공하리란 믿음, 결단코 실패할 리가 없다는 믿음과 그게 무엇이든 눈앞에 닥친 현실 속의 가장 냉혹한 사실과 규율을 결코 혼동해서는 안 됩니다. 우리는 크리스마스 때까지 나가지 못할 것입니다. 그러니 대비하세요. 이번이 아닐 것에 대비하세요. 하지만 꿈을 잃을 필요는 없습니다. 우리는 반드시 나갈 수 있을 테니까요."

만약 내가 그 포로수용소에 갇힌 한 명의 포로였다면 나는 과연 살아서 나올 수 있었을까? 나는 아마도 살아서 돌아오지 못했을 것이다.

오해는 하지 말기 바란다. 지금껏 꿈을 가지고 열심히 하면 된다고 해놓고 무슨 뚱딴지같은 소리냐고 할 수 있겠지만 나와 같은 실수를 하지 않기를 바라는 마음에서 다시 한 번 강조한다. '꿈을 이루고 싶다면 반드시 현실을 직시하라.'

현재 나는 새로운 일을 할 때 꼭 두 가지를 놓고 생각한다.

'잘 됐을 때와 안 됐을 때'

잘 됐을 때는 사실 생각할 필요가 없다. 잘 되면 만사가 다 좋기 때문이다. 그러나 안 됐을 때는 다르다. 내가 잃는 것과 그 잃

실수를 안타까워하지 마라

는 것을 감당할 수 있느냐는 중요한 문제로 남는다. 예전의 나는 안 됐을 때의 경우를 생각하지 않았다. 그저 무조건 잘 될 거라는 희망과 꿈만을 쫓았다. 차가운 현실과 실패했을 때 해야 할 것을 생각지 않고, 그냥 달리기만 했던 것이다. 그 결과로 실패했고 그 실패는 오래 지속됐다.

지금에 와서야 뼈저리게 느끼지만 현실을 부정하고 내일의 희망만 꿈꾸는 것은 이미 실패한 것이나 다름없다. 현실을 무시하는 사람은 실패한다. **중요한 것은 현실은 현실로 인정하되 그것에 빠져서는 안 되며, 찬란한 꿈을 향한 도전을 하되 시간이라는 동지와 손을 맞잡고 천천히 걸어야 한다는 것이다.**

세상에 공짜는 없다. 그리고 대가의 시간은 내가 생각한 것보다 훨씬 더 크고 길 수 있다. 따라서 패러독스 장군의 말처럼 현실을 직시하되 꿈을 잃지 말아야 한다.

꿈을 이루는 길은 현실이라는 놈을 넘어서야 볼 수 있다. 그렇다고 현실에 갇힐 필요는 없으며, 절대로 피해서도 안 된다. 이놈은 피하려고 하면 할수록 거머리처럼 더 악착같이 달려든다. 그때는 목을 빳빳이 세우고 뻔뻔스러울 만큼 의연하게 현실에 맞서야 한다.

"죽일 테면 어디 죽여 봐라. 죽이면 여기서 그냥 죽겠다."는 사람이 제일 무서운 법이다. 이렇게 현실에 당당히 맞설 때 오히려 현실은 당신을 향한 족쇄의 끈을 늦추어준다. 또한 그래야 당신이 꾸고 있는 그 꿈을 향해서 더 힘차게 나아갈 수가 있다.

현실 때문에 꿈을 포기하는 것이 아니다. 현실을 직시하지 못하고 부정을 할 때 현실에 갇혀버리게 되는 것이므로, 현실은 철저히 현실로 받아들여라. 그리고 받아들였다면 지금부터는 두 번

Track 7 영업은 깡이다. 스토리를 만드는 세일즈맨이 되라

다시 그와 같은 현실이 당신에게 일어나지 않도록 마음과 몸을 단단히 해야 한다.

꿈과 희망은 사람에게 없어서는 안 될 소중한 것이다. 공기처럼 형체는 없지만 사람을 사람답게 살 수 있도록 만드는 생명과도 같으며, 그 꿈은 결코 허상으로 존재하는 것이 아니다. 당신은 반드시 당신의 현실을 꿈으로 바꿀 수 있다. 그렇기 때문에 지금의 현실이 더욱더 직시되어야만 한다. 새로운 현실을 맞이하기 위해서는 당신이 생각한 것 이상으로 많은 것들이 소요될 수 있다. 그것을 알고 시작해야 한다. 그래야 오래 뛸 수 있다.

실수를 안타까워하지 마라

현실과 사실을 구별하라!

인간이 날수 있다는 것이 현실이 아닌 때가 있었다. 지금은 인간이 날 수 있다는 사실을 모르는 사람이 없을 것이다. 하지만 라이트형제가 비행기를 만들기 전까지 인간은 날 수 없다는 것이 현실이었다. 그러나 그 현실을 깨고 인간은 날게 되었고, 그 현실은 거짓이었음이 드러났다. 인간은 새로운 사실을 하나 더 발견한 것으로, 결국 인간이 날 수 있다는 것은 현실이 되었다. 우리는 현실과 사실을 구분할 수 있는 눈이 있어야 한다.

당신이 절대 성공할 수 없는 것이 현실이라고 하자. 하지만 그건 현실일 뿐 사실이 아니다. 인생에 있어 승자는 현실을 믿는 사람이 아니라 사실을 믿는 사람이다. 지금의 현실이 아닌 현실 너머에 있는 사실을 볼 수 있는 눈이 있어야 성공한다. 암담한 눈앞의 현실보다 그 너머에 있는 찬란한 인생의 사실을 보아야 한다. 지금의 현실을 보면 암담하고 슬프고 절망적일 수 있다. 하지만 속지 말라. 그건 현실일 뿐 사실이 아니다.

　현실과 사실을 구분하게 되면 자신의 새로운 가능성을 발견할 수 있다. 그러나 현실만 보고 사실을 보지 못하면 잘못된 선택을 할 수도 있다. 지금 내 현실을 보고 단정을 지어 버리면 내가 원하는 인생을 살 수 있는 소중한 기회를 놓치게 된다. 현실을 직시하는 것은 맞지만, 그것 때문에 사실을 놓치지 않는 것이 무엇보다 중요하다.

　내 현실은 모든 면에서 절망적이었다. 부모님이 이혼했고, 가난한데다 실업계 고등학교밖에 나오지 못했고, 실업계 고졸이라는 학력을 가지고 괜찮은 곳에 취업을 한다는 것이 거의 불가능했다. 경험도 없고 자본금도 전혀 없는 상태에서는 사업을 할 수도 없다. 현실은 그저 깜깜하기만 하다. 하지만 나는 현실 너머에 있는 사실을 바라보았다.

　'내게는 부모님이 물려준 건강한 정신과 건강한 육체가 있다. 배우지 못한 것은 흠이 아니며 이제부터라도 열심히 공부를 하자.

꼭 좋은데 취직을 해야 성공하는 건 아니다. 지금부터라도 내가 좋아하는 일, 내가 잘할 수 있는 일을 찾아보자. 그리고 그 누구보다 더 열심히 하자. 그러면 반드시 나는 성공할 수가 있다.'

이것이 내가 바라본 나의 사실이었다. 암담한 현실보다 희망찬 사실을 바라보면서 사실에 다가가고자 열심히 일했다. '이렇게 살기 위해서 내가 태어난 것은 아니다. 난 반드시 위대한 인생을 살 거야.'라는 말로 나 자신을 위로하고 달랬다.

시선을 어디에 두느냐에 따라 사람의 인생은 많이 달라질 수 있다. 밤하늘의 별을 바라보면서 사는 사람도 있고, 눈앞에 있는 진흙탕만 보고 사는 사람도 있다. 자신의 현실이 비록 진흙탕 길을 걷는 중이라고 하더라도 밝게 빛나는 별을 보는 사람은 별빛을 가슴에 품고 산다. 푹푹 빠지는 진흙탕 길을 걷고, 온 몸에 진흙이 묻어 더러울지언정 그 눈은 밝게 빛나며, 별을 바라보기에 가슴이 뜨겁다.

약한 것이 사람이기에 간혹 더렵혀진 자신의 모습을 바라보며 때로는 절망하기도 하지만, 가슴에 품은 별빛이 금세 눈을 하늘로 향하게 한다. 그리곤 툴툴 털고 일어나 다시 길을 가게 만든다. 지금 닥친 현실로 인해 힘이 빠져 있다면 자신의 시선이 어디로 향해 있는지를 점검해 봐야 한다. 그리곤 잽싸게 밤하늘의 별처럼 빛나는 희망적인 사실로 시선을 옮겨야 한다. 시선을 옮기는 작은 행위가 버틸 수 있는 끈기를 주고, 다시 나아갈 수 있는 용기를 더해준다.

물 한 방울 나지 않는 사막을 터벅터벅 걷는 낙타를 보라. 세찬 모래바람이 눈을 가리고 온몸을 할퀴며, 이글이글 태워서 죽여 버릴 듯 태양이 내리쬐지만 낙타는 자신의 길을 묵묵히 걷는다. 낙타의 시선은 사막 어딘가에 있을 맑고 시원한 오아시스를 바라보고 있기에 주저하지 않고, 멈추지 않는다.

현실보다 중요한 것은 사실이다. 사실을 바라볼 수 있는 사람은 절망하지 않는다. 내게 닥친 현실이 아무리 고통스럽다 하더라도 그게 앞으로의 사실이 아니라는 확신만 있다면 다시금 나아갈 수 있다. 그렇다고 현실을 부정하라는 얘기가 아니다. 닥친 현실을 애써 외면한다고 문제가 저절로 해결되지는 않는다. 다만 직시하되, 그 현실에 꿈을 빼앗겨서는 안 된다는 얘기다.

현실은 나에게 한계를 짓게 하고, 사실은 나에게 한계가 없다고 말한다. 사람은 스스로에게 그은 한계선이 있을 수 있다. 스스로가 그은 한계선을 마치 누군가가 '넌 이렇게 살아야 돼,' 하고 규정지어 놓기라도 한 것처럼 많은 사람들이 착각을 하고 그것에 맞추어 자신의 인생을 디자인한다. 그건 사실을 보지 못한 것이다. 가난하고 무능하고 변변찮은 인생이라는 한계를 스스로 만들어 놓고, 언제까지 끙끙거리며 살기 위해 몸부림을 칠 것인가? 지금 당장 박차고 일어나라.

한계는 없다. 스스로 한계를 만들지 않는다면 그 누구도 당신의 한계를 규정지어줄 수 없다. 마음의 한계를 먼저 무너뜨려야 한다.

나 역시도 '나는 과연 어디까지 갈 수 있을까? 어디까지 할 수 있을까? 여기가 과연 나의 종착역인가?'를 고민하고 스스로 한계를 짓지 않으려고 노력하고 있다. 지금까지는 위대한 인생을 위한 전초전이었고, 이제부터가 진짜 시작이라고 생각한다.

자신을 과대평가할 필요는 없지만, 과소평가할 필요는 더더욱 없다. 상상한 이상으로 자신이 대단한 능력을 가진 사람이라는

현실과 사실을 구별하라!

것을 알아야 한다. 만약 그렇지 않았다면 나 역시 지금 이렇게 글을 쓸 수가 없었을 것이다. 많은 시간동안 한계와 싸우며 그 한계를 넘어서고자 노력을 쉬지 않았다. 한계란 쉽게 넘을 수 없고, 쉽게 깨질 수도 없다. 하지만 영원한 것은 없는 것처럼 영원한 한계도 존재하지 않는다. 그 사실을 먼저 인식해야 한다.

무능과 가난이라는 단단한 덮개가 나를 현실이란 통속에 가둬서 뛰어오르다 머리가 깨진 빈대처럼 시도를 할 때마다 머리가 깨져서 피가 터져 나오곤 했지만 이렇게 통속에 갇혀서 살다가 죽느니 머리가 깨져서 죽는 게 낫다고 생각하고 계속 튀어 올랐다. 머리가 깨져 죽을 각오로 했는데, 정작 머리는 깨지지 않았고 뚜껑이 깨져버렸다. 결국 죽을 만큼의 한계란 존재하지 않는다는 것을 증명한 셈이다.

지금도 도전은 계속되고 있다. 조금만 틈을 보이면 한계란 놈이 스물스물 다가와 현실이란 통속에 나를 가두려 한다. 그러나 이제는 가만히 손 놓고 당하지 않는다. 그 통 속에 갇혀서 사는 인생이 나의 사실이 아니라는 것을 나는 이미 알고 있다. 나 자신의 가능성과 꿈을 믿으며, 가치 있는 것들을 추구하면서 사는 것이 행복하다는 것을 알기에 나는 오늘도 그 현실에 도전한다.

Track 7 영업은 깡이다. 스토리를 만드는 세일즈맨이 되라

반드시 해야 할 일이라면
당신이 먼저 나서라

　세계적인 석학 스티븐 코비 박사가 성공하는 사람들의 7가지 습관 중에서 가장 첫 번째로 꼽은 것이 바로 '주도적인 사람이 되라.'이다. 자신의 인생을 주도적으로 사는 사람들은 남다르다. 내가 우리 집안의 무능과 실패를 끊지 않으면 나의 아이들이 끊어야 한다는 것을 알았을 때, "나는 못했지만 너는 해결해라."라는 말을 남기고 세상을 떠나고 싶지 않았다. 적어도 이 문제만큼은 내 대에서 끝내고 싶었고, 끝내기로 결단했다. 물론 생각했던 것만큼 쉽지도 않았고, 지금도 진행 중이긴 하지만 적어도 내가 자식에게 가르칠 무언가가 있다는 것이 뿌듯하다. 무엇이든지 그런 것 같다. 꼭 해야 할 어떤 일이 있다면, 그것이 무엇이든지 누군가는 꼭 해야만 하는 일이라면, 그 일을 당신이 하겠다고 먼저 나서라. 그리고는 죽이 되든 밥이 되든 일단은 한번 해보는 것이다. 무슨 일이든지 처음에 하는 사람이 가장 어려운 법이다.

　부자는 삼대를 못 간다고 우리 아버지 대에서 우리 집안의 부는 끝이 났다. 할아버지는 머슴을 여럿 두고 살만큼 부자셨지만 6 남매였던 아버지 대에서 그 부는 소리 없이 사라졌다. 옛날이야 다들 그렇게 살았겠지만, 시골에서는 배곯지 않고 사는 것만도 감사한 일이었고, 자식들 시집장가 보내면 모든 것을 다했다는 시절이 있었다.

하지만 지금은 사정이 다르다. 일단 인생 100년을 바라봐야 하지만, 경제적인 활동 시간이 무척이나 짧아졌다. 짧은 기간 동안 돈을 벌어서 내가 먹고 살고, 자식들 교육시키고, 시집장가도 보내고 나의 노후도 준비해야 되는 상황이다. 내 자식에게 부를 물려주지는 못하더라도 가난은 물려주지 않아야 한다. 가난보다 무서운 건 가난한 습관의 대물림이라는 말이 있다. 우리 부모님이 못했다고 나도 못한다면 나의 삶을 내 아이들이 그대로 다시 살게 된다. 그건 옳지 않다. 과연 그러고 싶은 부모가 세상에 있겠는가? 나의 부모님 또한 그러고 싶지 않았을 것이다. 살다 보니 마음대로 되지 않았겠지만 적어도 나는 그러고 싶지 않았다. 나는 우리 아이들에게 "네가 하고 싶은 일을 해라. 먹고 살기 위해서 하는 그런 일 말고 네가 꿈꾸고 좋아하고 가슴이 뛰고 열정이 살아 숨 쉬는 그런 일을 해라. 그런 인생을 살아라."라는 말을 해주고 싶었다. 그러려면 말만 할 것이 아니라 뒷받침이 되어줘야 하고, 디딤돌이 되어주어야 하지 않겠는가? 그래서 무능과 가난한 습관의 대물림을 끊기 위해 내가 먼저 나서기로 한 것이다.

감나무 밑에서 익은 감이 떨어지기를 기다리며 입이나 벌리고 있는 사람이 아니라, 혼신의 힘을 다해 감나무를 흔들어서 익은 감을 떨어뜨리는 사람이 되고 싶었다. 먼저 한다는 것은 힘든 일이지만, 과정을 통해서 겪은 시행착오는 인생의 경험으로 오직

Track 7 영업은 깡이다. 스토리를 만드는 세일즈맨이 되라

나만의 자산으로 내게 남는다. 위대함을 향한 도전을 하면서 얻은 경험은 나의 자식과 그 후대, 그리고 그들의 후대까지 남을 것이다. '내가 닦아놓은 꿈의 길을 나의 후대들이 걸으며 무슨 얘기를 나눌까?' 이런 생각을 하면 저절로 웃음이 난다. 지금 우리가 누리고 있는 풍요와 평화는 우리 조상들이 목숨을 바쳐가며 이룬 희생과 수고의 선물이다. 그때 그 분들이 만약 죽음을 두려워하고 희생을 하지 않았다면 우리는 지금쯤 어떻게 살고 있을까? 아마도 이만큼 살지 못했으리라.

그러므로 지금 내가 하는 수고와 희생은 후대에 남는다는 강한 책임감을 가지고 오늘을 살아야 한다. 나로부터 집안이 새롭게 시작된다는 생각을 가지고 주도적인 삶을 살아야 한다. 하지 못한 것을 구차하게 변명하는 사람이 되지 말고, 후대에게 "네가 꿈꾸고 원하는 것은 무엇이든지 할 수 있다."고 당당히 말해 줄 수 있는 삶을 살아야 한다.

밥보다 더 가치 있는 것들이 세상에 너무나도 많다. 그러나 밥을 해결하지 못하면 그 가치를 볼 수 없고 보여줄 수도 없다. 수백 년 동안 명망이 이어져 내려오는 명문가도 번성의 시작은 반드시 있다. 누군가가 먼저 나선 것이다. 그 정신이 계승되어 내려오면서 명문가가 만들어졌다. 이제는 당신이 나설 차례다.

인생은 선택의 문제이고,
책임은 자신의 몫이다

　오늘을 살아가다 보면 우리는 수없이 많은 선택을 하게 된다. 점심에 무엇을 먹을까, 어떤 옷을 사 입을까 등 사소한 것에서부터 어느 대학을 갈 것인가, 어떤 것을 전공할 것인가, 어느 회사에 취직을 할 것인가, 누구와 결혼을 할 것인가 등의 중요한 선택에 이르기까지 하루라도 선택을 하지 않는 날이 없을 것이다. 그렇다면 인생을 살면서 가장 중요한 선택은 무엇일까?

　그건 꿈을 추구하며 사느냐 아니면 현실과 적당히 타협하면서 사느냐의 문제에 달려 있다. 더 정확히 말하자면 이대로 살 것인가, 다르게 살 것인가의 선택이다. 많은 사람들은 꿈을 선택하지만 적당히 노력해서 안 되면 현실과 타협하고 현실에 적응하며 살아간다. 그것이 꿈을 추구하며 사는 것보다 더 편하고 쉽기 때문이다. 그러나 꿈을 추구하며 사는 것이나 현실과 적당히 타협하면서 사는 것이나 고통의 질은 다르지만 고통은 필연적으로 존재하기 때문에 그 무게를 같은 것으로 봐야 한다. 결국 어떤 삶을

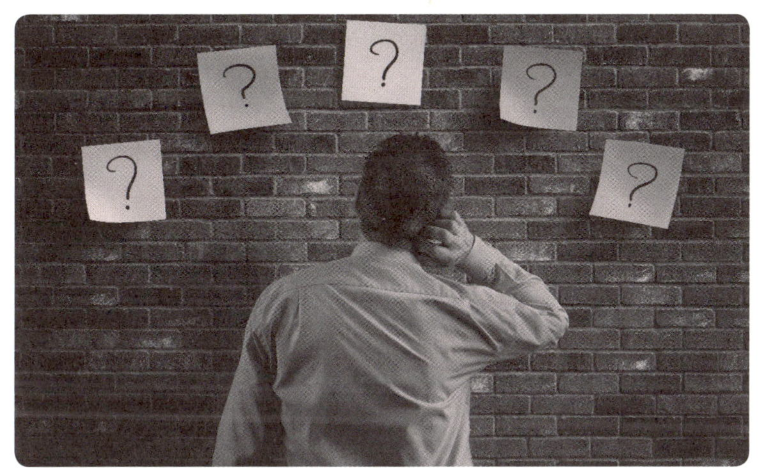

살든지 대가는 반드시 존재하며, 어떤 선택은 더 쉽고 어떤 선택은 더 어려운 것이 아니다.

그렇다면 정말 중요한 것은 고통의 무게가 같고, 대가를 무조건 치러야 하는 선택이라면 자신이 원하고 바라는 삶을 선택하는 것이 즐겁고 신나는 인생을 사는 올바른 선택이 아닐까?

어느 날 TV를 보는데 한 남자의 얘기가 방영되고 있었다. 남자는 직장을 다니는 평범한 사람이었는데, 어느 날 자신의 인생을 진지하게 돌아보는 시간을 가지게 됐다. 그는 매일매일 반복되는 생활과 먹고 사는 문제로 억지로 출근하는 자신의 모습에 염증을 느끼고 자신의 삶에 간절한 변화가 필요함을 알게 된다. 어렸을 때부터 그림 그리는 것에 재능이 있던 그는 자신이 처한 상황과 자신이 발견한 꿈을 아내와 진지하게 상의하고, 아내의 동의를 얻어 회사를 퇴직한다. 그리고 다른 사람의 꿈을 그림으로 그려주는 '꿈의 화가'라는 새로운 직업을 가지고 삶을 살아간

인생은 선택의 문제이고, 책임은 자신의 몫이다

다. 비록 수입은 직장생활을 하면서 받았던 월급의 반밖에 되지 않았지만, 지금이 너무 행복하다고 말하는 그의 얼굴에서 진정한 행복을 느낄 수가 있었다.

그 사람은 선택을 한 것이다. 이대로 계속 꿈도 희망도 없이 살아갈 것인가? 아니면 지금이라도 내가 원하는 인생을 살 것인가? 고민을 했으며, 과감하게 자신이 원하는 인생을 살기로 결단하고 새로운 도전을 한 것이다. 수입의 많고 적음이 아닌 자신이 진정으로 원하는 인생을 새롭게 선택한 그분에게 나는 마음으로 큰 박수를 보냈다. 그 사람은 행복한 사람이다. 쉽지 않은 결정이었지만 아내와 가족이 동의를 해주었고, 새로운 출발을 할 수 있는 뜨거운 격려와 응원을 받았다. 물론, 선택을 했다면 그에 따른 책임도 자신이 져야 한다.

스스로 선택을 했음에도 불구하고 일이 안 되면 남을 탓하는 사람들이 많다. 스스로 한 것이든 누가 등을 떠밀어서 한 것이든 결국 최종 결정을 한 사람은 자신이다. 그러므로 모든 책임은 자신이 지는 것이 맞다. 그런데 주위를 돌아보면 지나온 인생을 두고 남을 탓하며 변명을 하는 사람들을 자주 보게 된다. 안타까운 일이다. 변명을 해서 인생이 나아진다면 상관이 없지만, 그런 자세로는 지금의 인생을 바꿀 수가 없다는 사실을 알아야 한다. 지금 필요한 것은 밝고 새로운 나의 미래를 위한 새로운 선택과 그 선택에 대한 책임도 내가 지겠다는 단호한 결단이다.

나 역시도 내가 원하는 인생을 살기 위해 나 스스로가 선택을 한 것이지 누군가가 나에게 선택을 강요하지 않았다. 그런데 힘든 시간들이 계속되다 보니 나도 모르게 부모를 원망하게 되고 세상을 원망하게 됐다. 결국 그런 시간들이 길어질수록 원망과 변명의 시간들도 길어졌고, 돌이킬 수 없는 실패의 나락으로 떨어지고 말았다. 시간이 지난 후 변명과 원망으로는 원하는 인생을 살 수 없다는 것을 깨달았을 때, 변명과 원망을 관두었다. 그후로는 철저히 모든 책임을 나에게 돌렸다. 잘 되든 못 되든 모든 것에 대해서 남을 탓하지 않게 되자, 삶에 변화가 일어났다. 감사하다는 소리가 입에서 자주 나오게 되었고, 실타래처럼 꼬였던 인생이 서서히 풀리기 시작한 것이다.

그러므로 지금부터는 절대로 남을 탓하고 원망하는 부정적인 말을 입 밖으로 내지 말자. 그런 말을 쏟아내면 낼수록 인생은 꼬여만 갈 것이다. 물론 일부러 실패, 절망, 고통을 선택하는 사람은 없다. 살다 보니 자신도 모르게 그렇게 되어 있는 경우도 있을 것이다. 그러나 실패의 원인을 타인에게서 찾게 되면 실패의 늪이 계속 더 깊어진다는 것을 알아야 한다. 원인이 나에게 있음을 뼈아프게 받아들여라. 그리고 다시는 그와 같은 일을 겪지 않기 위해 지금 해야 할 일이 무엇인지를 찾고 다시 시작하라. 눈은 자신을 향하고 마음은 타인을 향해야 하루라도 빨리 그 늪에서 빠져나올 수 있다.

인생은 선택의 문제이고, 책임은 자신의 몫이다

당신의 터닝포인트는
바로 지금이다

"인생에는 기회가 3번 있다."는 말이 있다. 자신이 생각하기에 3번의 기회를 다 놓쳤다면, 앞으로 내 인생은 전혀 변화 없이 이대로 살다가 죽는 것이라면 얼마나 재미가 없을까? 그러나 다행히도 인생의 기회는 3번이 아니라 수도 없이 많기 때문에 인생의 기회가 3번이라는 말은 틀린 말이다. 그러나 기회가 온 것만으로 인생의 터닝포인트를 만들 수는 없다. 그 기회를 정말 나의 터닝포인트로 만드는 데는 두 가지가 필요하다.

첫째, 기회를 볼 수 있는 눈이 있어야 한다.

기회의 변장술이란 말이 있다. '이것이 기회다. 꽉 잡아라.'라고 하면서 기회가 온다면 누구나 기회를 잡을 수 있다. 그러나 기회는 그렇게 오지를 않고, 기회가 아닌 것처럼 평범하게, 혹은 불행의 뒤에 몸을 숨기고 다가오기 때문에 쉽게 지나쳐버리는 일이 많다.

Track 7 영업은 깡이다. 스토리를 만드는 세일즈맨이 되라

둘째, 기회를 내 것으로 만들 준비가 되어 있어야 한다.

기회라는 것을 확인했다면 꽉 붙잡아야 한다. 그러나 붙잡는다고 기회가 쉽게 잡히지는 않으며, 준비가 되어 있어야지만 잡을 수 있다. 파도는 준비되지 않은 자에게는 쓰나미가 되지만, 준비된 자에게는 파도에 몸을 싣고 유유히 바다를 헤엄칠 수 있는 흥겨운 놀이가 된다. 그러니 철저하게 자신이 기회를 잡을 수 있는 사람으로 준비가 되어 있는지 점검을 해봐야 한다.

내 인생의 기회는 여러 번 있었을 테지만 확실히 기억나는 건 20대 때 아는 형이 동업자를 구한다는 얘기에 내가 그 형을 만나러 간 것이다. 그게 인생의 기회였다. 물론 그 일로 인해서 성공한 것은 아니지만, 그 시간 동안 가장 진지하게 내 인생과 꿈에 대해서 생각을 해봤고, 비즈니스라는 것을 배울 수 있는 너무나도 귀중한 시간이었던 셈이다. 가혹하리만치 가파른 절벽 가까이로 수없이 내몰리기도 했지만, 나는 그것을 '기회'라고 믿었지 불행이라고 생각해 본 적은 없다. 결국 끝까지 놓지 않았던 그 기회가 나를 또 다른 기회로 이끌어 주었다.

그래서 나는 다시금 새로운 기회를 만날 수 있었고, 그 기회를 다시 열심히 내 것으로 만들기 위해서 불철주야 노력을 하다 보니 또 다른 기회가 주어졌다. 그래서 기회란 나의 노력 여하에 따라 한번으로 끝나기도 하고, 계속적으로 주어지기도 한다. 나는 인생의 기회는 무궁무진하다고 본다. 어디서 어떻게 튀어나올지 모르고, 스쳐 지나가는 가벼운 관계 속에서 새로운 기회의 문이 열릴 수도 있다.

기회는 멀리 있지 않다. 바로 오늘이 새로운 기회이며 오늘 나의 새로운 결단이 바로 인생의 터닝포인트가 될 수도 있다. 변하겠다고 마음을 먹는 것만으로도 새로운 인생을 향한 출발점에 설수 있다. 기회는 반드시 거창하고 아름다운 모습으로 오지 않는다는 것에 유의하라. 작은 시작으로 인해서 거대한 인생 반전이 이루어질 수도 있다. 눈을 크게 뜨고 주위를 살펴보라. 살아있다는 것만으로도 기회는 충분하다. 무엇이든 상관없다. 일단 작은 것일지라도 출발부터 하고 보라.

나 역시 항상 새로운 출발을 한다. 이루고 싶은 꿈이 더 많기에 마음이 바쁘다. 약 30년 정도는 현장에서 뛸 생각이며, 위대함을 향한 도전을 계속 하고 싶다.

한번 뿐인 인생에서 그저 그런 인생이 아닌 위대한 인생으로 나를 변화시키는 것이 아직은 한참 멀어 보이지만 '우공이산'의 마음으로 나는 멈추지 않을 것이다.

손정의 회장이 "인간은 모두 같다는 것을 내가 직접 보여주겠습니다."라고 말하고 행동한 것처럼, 나 역시 인간은 꿈을 꾸는 존재이고, 그 꿈대로 살아간다는 것을 나 스스로에게 확인시켜 주고 싶다.

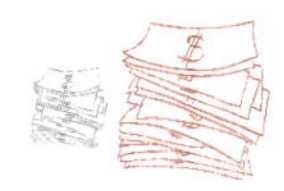

후회 없는 인생을 위해서
지금 해야 할 것들

글로 쓰고 혀로 하는 말 중에 가장 슬픈 말은 "그랬으면 좋았을 텐데."이다. 나는 적어도 후회 없는 인생을 살고 싶었다. 잘 살고 못 살고는 두 번째 문제이고, 후회하지 않고 사는 것만이 내게 주어진 인생에 대한 예의를 지키는 것이라 생각한다.

나이가 90이 된 노인들에게 기자가 물었다.

"살면서 가장 후회되는 일이 무엇입니까?"

"내 나이가 70 정도 되었을 때 이제 인생 다 살았구나 하고 모든 것을 포기했어. 그런데 그 후로도 20년을 더 살게 되었지 뭔가. 지금은 20년이란 인생을 포기한 게 가장 후회가 되네."

"그렇다면 다시 한 번 사실 수 있는 기회가 주어진다면 어떻게 살고 싶으십니까?"

"지금과는 달리 더 많은 위험을 감수하면서 살아보고 싶어. 모

험을 하면서 살아보고 싶다네."

인생을 살면서 선택의 순간은 너무도 많이 있다. 순간의 선택이 평생을 좌우한다는 광고카피처럼 작은 선택이 모이고 모여서 인생이라는 거대한 강이 이루어진다.

나 역시 방문판매를 하면서 '오늘 일을 할까? 말까?'와 '이곳을 들어갈까? 말까?'를 수없이 고민했었다. 사무실이 크고 규모가 있으면 주눅이 들어서 망설여졌고, 너무 작으면 별 볼일 없다고 생각해서 망설였다. 매일매일 할까 말까의 연속이었던 것이다. 그럴 때마다 나는 나 자신에게 습관처럼 하는 말이 하나 있다.

'나이 80살이 되었을 때, 지금 행동한 것을 후회할 것인가? 아니면 행동하지 않은 것을 후회할 것인가?'

만약, 안 한 것을 후회할 것 같다는 생각이 들면 바로 행동했다. 솔직히 지금 당장의 성과보다도 나 자신의 인생에 후회를 남

Track 7 영업은 깡이다. 스토리를 만드는 세일즈맨이 되라

기고 싶지 않은 마음이 더 컸다.

어느 날, 책을 보다가 나와 똑같은 생각을 하고 새로운 도전을 한 사람을 알게 됐다. 그 사람은 잘 나가는 회사의 부사장이었는데, 인터넷으로 책을 팔고 싶다는 생각을 했고, 창업을 할 것인가 말 것인가를 두고 고민을 했다. 사장에게 찾아가 자신의 생각을 말했을 때, 사장은 그냥 회사나 잘 다녔으면 좋겠다고 말했다. 그가 같은 얘기를 아내에게 했을 때 그의 아내는 다음과 같이 말했다.

"당신이 하고 싶다면 하세요. 저는 당신을 믿어요."

그는 사표를 내고 창업을 할 것인가, 아니면 그냥 안정적으로 회사를 다닐 것인가를 고민하다가 문득 "시간이 흘러서 내가 죽을 때가 가까웠을 때 창업을 한 것을 후회할 것인가 안한 것을 후회할 것인가?"를 생각하게 됐고, 창업을 하지 않은 것을 후회할 것 같다는 확신이 드는 순간, 사표를 던졌다. 그리고 엄청난 성공을 거두었다. 그가 바로 '아마존닷컴'의 창업자 제프 베조스다.

나는 그 책을 읽으면서 몸에 전율을 느꼈다. 제프 베조스가 나와 같은 생각을 했다는 게 믿겨지지가 않았고, 그와 만난 적도 없지만 생각이 통했다는 것 자체로 흥분했다. 내가 왠지 제프 베조스처럼 훌륭한 경영자가 된 것 같은 착각이 들었다.

망설임의 순간들은 시간이 갈수록 줄어들었다. 왜냐하면 무언가를 결정할 순간에 하지 않기보다는 일단 한번 해보자는 자세로 바로 행동했기 때문이다. 결과는 대부분 성공적이었다. 때로는 생각보다 행동이 너무 빨라서 손해를 본 적도 있다. 하지만 후회는 없다. 지금 이 순간에도 많은 사람들이 할까 말까를 고민하고 있는데, 지금 당신 또한 그런 상황일 수도 있다.

후회 없는 인생을 위해서 지금 해야 할 것들

‘그녀에게 사랑한다 고백을 할까 말까?’, ‘이 회사에 입사를 할까 말까?’, ‘다시 한 번 도전을 해볼까 말까.’, ‘이쯤에서 포기를 해야 하나, 말아야 하나?’, ‘사표를 내고 창업을 해볼까 말까?’

선택은 당신의 몫이지만, 나 자신에게 했던 다음의 말을 꼭 한 번 스스로에게 질문해보고 결정을 하기 바란다.

‘내 나이 80이 되었을 때, 오늘 행동한 것을 후회할 것인가? 행동하지 않은 것을 후회할 것인가?’

자신의 가슴에서 답변이 나왔다면 이제는 망설이지 말고 바로 행동하라. 우물쭈물 하지 마라. 성공이냐 실패냐와 상관없이 적어도 후회하지 않기 위해서 전력 질주하라. 뒤돌아보지 마라. 지금까지 얼마나 많은 순간을 자신을 속이면서 가슴에서 나오는 소리와는 반대되는 곳을 선택하고 행동을 했는가? 이제는 그렇게 살지 않기 위해 결단을 해야 한다. 후회가 없는 인생을 산다는 것 자체가 성공한 인생이다.

그렇다면 새로운 선택과 도전, 혹은 모험을 시도하지 못하도록 만드는 가장 큰 요인은 무엇일까?

바로 지금의 편안함으로, 다른 말로 하면 익숙함이다. 새 신발을 사서 신으면 처음에는 왠지 불편하다. 그래도 계속 신고 다니게 되면 어느 순간 내 발 모양에 꼭 맞는 편한 신발이 된다. 지금 편안한 모든 것은 어쩌면 처음에는 모두 불편한 것이었고, 나와는 잘 맞지 않는 낯설음이었는지 모른다. 새 옷, 새 신발, 새 차, 새 집은 그렇게 천천히 편안함으로 변해간다. 우리가 사는 인생도 마찬가지다. 지금 이 순간부터 새로운 기회, 새로운 직장, 새로운 도시, 새로운 꿈을 두려워하지 말고 과감하게 나아가라. 처음이라 낯선 것뿐이다. 새로 산 신발이라고 생각하라. 새로운 것을 두려워하고 받아들이지 않으면 성장도 없고 변화도 없다. 편안함에서 벗어나 새로운 도전을 시작하라. 집의 안락함에 취해서 다른 곳을 여행하지 못하는 사람은 깎아지른 듯한 절벽 위에 세워진 고풍스런 멋진 호텔에서 드넓게 펼쳐진 파란 바다를 바라보며 마시는 커피 한잔의 여유로움을 결코 맛보지 못할 것이다. 모험을 두려워하지 마라.

후회 없는 인생을 위해서 지금 해야 할 것들

스토리가 있는 인생이 아름답다

영화나 드라마에는 주연과 조연, 많은 엑스트라 배우가 존재하는데, 이들이 모두 자신의 역할을 제대로 해낼 때 재밌고 감동적인 한편의 드라마가 완성된다.

그렇다면 내 인생의 주연은 누구인가? 바로 나 자신이다. 오직 나 자신이 제작자이자 감독이고 주인공이다.

인생의 주연이 자신인데도 불구하고, 마치 조연인양 때로는 엑스트라처럼 생각하고 행동하는 사람들이 있다. 영화를 보는데 주연이 마치 조연이나 엑스트라처럼 보인다면 그 영화는 이미 실패한 영화다. 주연은 영화에서 가장 중요한 사람이다.

그렇다면 어떠한 영화가 우리에게 재미를 주고 감동을 주는가?

좋은 집안, 좋은 부모 밑에 태어나서 행복한 학창시절을 보내고, 적당한 나이가 되어 괜찮은 집안의 여자 혹은 남자와 만나서 연애를 하고, 결혼을 하고, 아이를 낳고, 나이가 들어서 으리으리한 멋진 집 앞마당 의자에 앉아 황혼이 지는 노을을 바라보며 "우리 인생은 참 멋있었지?"라고 묻는 영화는 황혼이 아름답기는 하지만 깊은 감동을 주기는 어렵다.

그러나 어릴 적에 부모가 이혼을 하고 새엄마 밑에서 학대와 멸시를 당하다가 참지 못해 가출을 하고, 어렵사리 여기저기 눈치를 봐가며 시골 변두리의 실업계 고등학교를 겨우 졸업하고, 성공에 대한 열정 하나 가지고 서울로 상경해서 이리 치이고 저리 치이면서 이런 저런 직업을 전전하는 실패한 인생을 살다가 그래도 꿈을 포기하지 않고 다시 도전을 해서 비즈니스맨으로 성장한 사람은 많은 이들에게 감동과 꿈을 줄 수 있다.

영화 속 주인공의 실패와 고난은 관객을 안타깝게 한다. 때로 영화를 보는 이들이 울음을 터뜨리기도 한다. 많은 고난과 실패에도 불구하고 주인공은 다시금 일어서고 큰 성공을 거두어 많은 이들에게 꿈과 용기를 주다가 세상을 마감한다. 해피엔딩이다. 이 영화의 주인공은 바로 나다. 나는 내 인생을 이런 영화로 만들고 싶다.

자신이 주인공인 인생의 영화는 딱 한편밖에 만들지 못한다. 상영 중인 영화가 실패한다면 제작자는 다시 다른 영화를 만들 수 있고, 주연배우 또한 다른 영화에 출연하면 되지만, 자신이 주연을 맡은 인생의 영화는 그럴 수가 없다. 오직 한편 뿐이기에 내가 가진 모든 것을 쏟아 부어야 한다. 감동과 재미, 기쁨과 슬픔, 성공과 좌절, 사랑과 이별 등 할 수 있는 것들을 총동원해서 깊은 여운이 남는 그런 영화를 만들어야 한다.

지금 좌절과 고난의 시간을 통과하고 있다면 해피엔딩을 위한 전초전일 뿐이다. 이것만 통과하고 나면 재밌고 신나는 일이

스토리가 있는 인생이 아름답다

또 생긴다. 어렵사리 통과했는데 또 다른 아픔과 슬픔이 나를 붙잡을 수 있다. 그러면 또 참고 견디며 의연히 맞서면 된다. 어차피 희로애락은 한번으로 끝나는 것이 아니라, 무한히 반복된다. 그럼에도 불구하고 꿋꿋이 자신의 길을 가는 주인공에게 관객들은 아낌없는 박수를 보낸다. 이런 박수를 받고 싶다면 스스로 희망과 꿈을 연출하는 연출자가 되라. 인생이란 영화는 단 한편이라는 단점이 있지만 장시간 동안 방영되는 '시리즈물'이라는 장점도 있다. 오늘 한 편이 망했다고 슬퍼할 필요는 없다. 다음 편에 오늘 못 다한 다른 이야기를 하면 된다. 그렇게 한편씩 제작을 해 나가다 보면 슬픔이 있는 편도 있고, 기쁨이 있는 편도 있으며, 실패도 있고, 성공도 있고, 가슴 따뜻한 사랑도 있고, 가슴이 찢어질 듯한 아픔도 담기게 된다. 그런 모든 것들이 모여서 드라마틱한 한편의 영화로 탄생하는 것이다. 따라서 드라마틱한 인생을 꿈꾼다면 오늘의 고통과 아픔은 견디어낼 만한 가치가 있고, 미래에 다가올 기쁨을 배가 시킬 수 있는 뜨거운 삶의 재료가 된다는 것을 믿어야 한다. 참고 견디고 또 견디면 반전의 시기는 반드시 온다. 그때까지 메가폰을 놓지 말아라.

Track 7 영업은 깡이다. 스토리를 만드는 세일즈맨이 되라

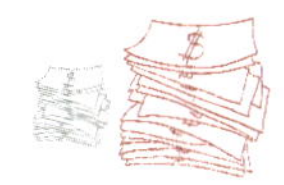

당신이 성공한다면
최고의 수혜자는
바로 가족이다

우리가 열심히 살고 성공을 하고자 하는 이유는 무엇인가? 나는 그 중심에 가족이 있다고 생각한다. 가족이 없다면 그 성공을 같이 누릴 사람이 없는 것이고, 그렇다면 그 성공은 공허해진다. 내가 성공하면 가장 크게 기뻐할 사람이 누구인가? '사촌이 땅을 사면 배가 아프다'는 속담처럼 다른 사람들은 내 성공을 배 아파할지 모른다. 앞에서는 박수를 쳐주지만, 뒤돌아서서는 나를 험담하고 비웃을지 모른다. 그렇지만 가족은 그렇지 않다. 진심으로 기뻐할 것이다. 진심으로 환영할 것이다. 진심으로 눈물을 흘릴 것이다. 때문에 당신에게 가족이 있다면 성공해야 한다. 적어도 포기하지 않아야 한다.

때론 가족 때문에 힘이 들 수도 있으며, 가족이 남보다 못한 순간이 오기도 한다. 하지만 결국 그들은 당신편이다. 나는 어린 시절에 아버지 때문에 많은 고통을 당했다. 아버지는 책임감 있는 모습을 보여주지 못했고, 그런 아버지로 인해서 우리 가족은

뿔뿔이 흩어져 세상 어딘가에서 외롭게 상처 받으며 아파해야만 했다. 세월이 흘러서 어른이 됐지만 여전히 그때 받은 상처가 걸림돌이 됐고, 아무리 열심히 살려고 발버둥을 쳐도 바탕이 전혀 없는 상태에서 일어나는 것이 쉽지 않았다. 넘어지고 일어서기를 수도 없이 반복하면서 의지할 곳 하나 없게 만든 아버지를 많이 원망하기도 했었다.

나는 변화가 간절히 필요할 때, 유서를 써보기로 했었다. 어두운 방구석에 싸구려 스탠드를 켜놓고 정말 죽기 전에 마지막으로 쓰는 글이라 생각하고 간절한 마음으로 글을 적어 내려가는데 정말 많은 말들 가운데, 딱히 적을 글이 하나밖에 없었다. 그건 '사랑합니다.'였다.

나는 유서 쓰기를 포기했다.

'그래, 내게는 가족이 있다. 이 가족들을 위해서 내가 일어서야 한다. 늙고 병든 아버지를 위해서, 엄마와도 같은 불쌍한 우리 누나를 위해서, 많이 싸우고 미울 때도 많지만 우리 형에게 자랑스런 동생이 되기 위해서 내가 일어나야 한다.'

가족이란 이런 존재다. 당신이 힘이 빠질 때, 많은 거절을 당해서 오늘은 정말 울고 싶을 때, '에이 더 이상 못하겠어. 이제 정말 포기해 버릴 거야.' 자포자기 하고 싶을 때 집에서 당신을 기다리는 부모님을 생각해보라. 이제는 늙어서 야윈 그 뒷모습을 생각하면 그분들에게 힘이 되고 싶은 생각이 없는가? 형제는 늘 싸우며 크지만 그래도 내가 맞고 들어오면 가장 먼저 "누가 내 동생 때렸어?"하며 뛰쳐나갈 사람은 형제자매가 아니던가?

그들에게 자랑스런 형, 자랑스런 동생이 되어보라. 가족은 나의 성공을 도와줄 힘은 없더라도 나의 성공을 진심으로 기뻐해

Track 7 영업은 깡이다. 스토리를 만드는 세일즈맨이 되라

줄 유일한 사람들이다.

시간이 흘러 이제 내게는 나를 중심으로 하는 가족이 새롭게 구성됐다. 아침에 눈을 뜨면 밤새 뒤척이는 아이들을 보느라 피곤에 지쳐 겨우 잠들어 있는 아내를 본다. 그리고 옆으로 널브러져 자고 있는 아이들이 있다. 쌔근쌔근 자는 모습이 꼭 나를 닮았다.

새벽동이 터오기 전인데 오늘은 일찍 나가서 해야 할 일이 있다. 씻고 옷을 갈아입는다. 현관문을 열고 나가려다 방으로 다시 들어가서 자고 있는 아내와 아이들을 한 번 더 바라본다. 머리카락을 헝클어뜨린 채 세상모르고 깊은 잠에 빠져있는 아내. 아이를 키운다는 것이 무척이나 힘든 일인 것 같다. 조심스럽게 아이들 곁으로 간다.

조그만 발가락, 그리고 손가락을 만져본다. 꼼지락 꼼지락 몸을 움직이는 모습이 너무나도 귀엽다.

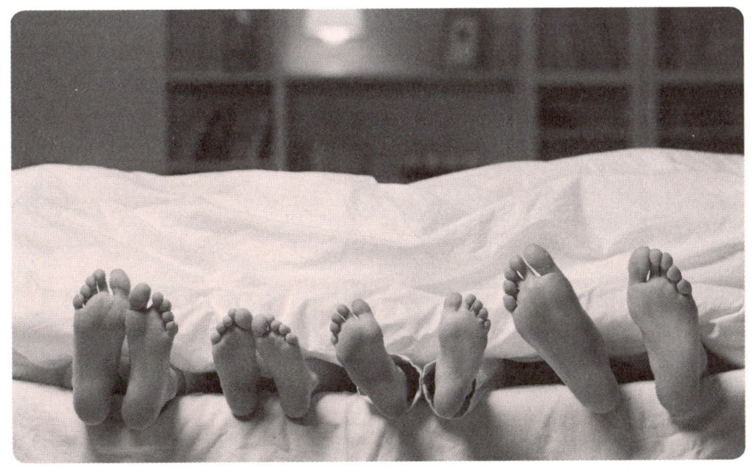

당신이 성공한다면 최고의 수혜자는 바로 가족이다

아이의 코에 귀를 가져다 댄다. 숨소리가 들린다. 콩닥콩닥 작은 심장박동 소리도 들린다. 아이들의 숨소리 냄새를 맡는다. 아무 냄새도 없지만 그 냄새가 나는 참 좋다. 세상에서 가장 아름다운 향기는 바로 아이들의 살 냄새다. 그렇게 우리 가족은 오늘도 편안하게 자고 있다. 내가 정말 열심히 살고자 했고 살고 있는 이유도 가족 때문이다.

나는 가족들에게 편안함과 자유를 선물해 주고 싶었다. 자유국가에 살고 있지만 그동안 실제로 내 삶에서 선택할 수 있는 자유는 지극히 제한적이었다. 그저 TV채널이나 돌리는 정도의 자유가 있었을 뿐이다.

성공한다는 것은 선택의 자유가 있는 삶을 사는 것이다. 원하는 것을 원하는 때 할 수 있는 것이 진정한 자유다. 내가 원했던 삶이기도 하고 내 가족들에게 선물해 주고 싶은 삶이기도 하다. 그래서 나는 열심히 산다. 가족을 위해서 못할 일이 과연 무엇이 있겠는가?

가족이 있다는 것만으로도 성공할 수 있는 충분한 여건이 된다.

누군가 했던 말이 있다.

"돈으로 가족을 살 수는 없지만, 가족을 지킬 수는 있다."

당신이 성공하고 부자가 되어야 하는 분명한 이유, 그것은 바로 가족이다.

세일즈맨의 페이스메이커가 되어 주십시오

소중한 인생의 한 페이지에 이 책을 넣어주신 독자분들께 깊은 감사를 드립니다. 성공과 자유를 향한 위대한 도전을 하면서 가장 힘이 들었던 것은 외로움이었습니다.

주위 사람 그 누구도 제게 "네가 걷고 있는 지금의 길이 맞는 길이다. 그 길을 계속 가라."는 따뜻한 응원과 격려를 해주지 못했습니다. 가슴을 터놓고 얘기할 상대가 없다보니 외로움은 오랜 시간 저의 친구이기도 했습니다. 평범하게 사는 것이 맞는 것인지, 아니면 위대한 무엇인가를 추구하며 사는 것이 맞는 것인지, 인생의 진리를 모두 깨우치진 못했지만, 어떤 길이 됐든 자신이 선택한 길을 가고 있다면 그 길이 맞는 길이라고 지금은 생각합니다.

당신 또한 저처럼 선택한 꿈을 향해서 열심히 뛰고 있지만, 예전에 제가 느꼈던 외로움을 현재 느끼고 있을 수 있습니다. 왜 불타는 내 마음을 몰라주는지 모르겠다며 한탄할 수도 있고, 속상

할 수도 있고, 마음이 아플 수도 있습니다. 그런데 중요한 것은 주위 사람들이 모르는 것은 어쩌면 당연한 일입니다.

바다 끝까지 가면 절벽이 있어서 떨어져 죽는다는 진리가 통하던 시대에 "저 끝에는 절벽이 아니라 신대륙이 있다."는 허무맹랑한 소리를 했던 사람이 콜럼버스입니다.

스페인 여왕의 도움으로 그는 항해에 나섰고, 천신만고 끝에 신대륙을 발견했지만, 평민이 귀족으로 단숨에 신분상승을 하다 보니 귀족들의 반항이 거셌습니다.

영화의 마지막 장면에서 감옥에 갇힌 콜럼버스에게 한 귀족이 얘기합니다.

"당신은 몽상가야!"

"밖을 봐요, 뭐가 보이죠?"

"탑과 궁전, 그리고 교회들의 첨탑, 문명, 하늘을 찌르는 종탑이 보이는군!"

"모두 나 같은 몽상가가 만든 겁니다. 아무리 시간이 흘러도 당신과 나는 같아질 수가 없소. 난 해냈소, 당신은 못했고."

같은 공간에 살지만 생각이 다르기에 미래는 다른 공간에 존재하게 됩니다. 이것이 주변에서 알아주지 않아도 당신이 가는 그 길을 결코 포기하지 말아야 할 이유입니다. 저는 지금 걷고 있습니다. 당신도 꿈을 향해서 터벅터벅 걷고 있습니다. 그래서 우리는 동지입니다. 혼자 걸어가고 있고, 멀리 떨어져 있지만 우리는 같이 걷고 있는 것이나 다름없습니다. 꿈을 향해 도전을 하는 사람들이 당신을 응원하고 있고, 함께 뛰고 있으니 이제부터 외로워하지 마십시오.

제가 가는 그 길이 맞는지 틀리는지 알 수 없을 때, 그 길로 계속가면 네가 원하는 곳에 도착할 수 있다는 위로의 말을 듣고 싶었던 간절한 순간이 있었습니다. 그때 위로의 말을 한 마디라도 들었다면 덜 힘들었을지도 모르지만 안타깝게도 그러지를 못했습니다.

혹시 당신이 현재 그때의 제 심정과 같다면 이제 제가 당신에게 말하겠습니다.

"지금 당신이 걷고 있는 그 길이 맞습니다. 절대 포기하지 말고 계속 그 길을 걸으십시오."

꿈은 제각각 다른 모습이지만 꿈을 향해서 가는 길은 거의 비슷할 것입니다. 순탄하지도, 짧은 시간이 걸리는 길도 아닙니다. 중요한 것은 방향이 올바르다면 꾸준히 걸었을 때 분명히 그곳에 닿을 거라는 사실입니다. 그 어떤 위로의 말로도, 위로가 되지 않는 순간일지라도, 방향을 바꾸지 않고걷는 것을 포기하지 않는다면 다다를 수 있습니다.

만약 "당신은 그렇게 살고 있습니까?"라고 물으신다면 저는 자신 있게 "그렇습니다."라고 대답할 것입니다.

저는 제가 해보지도 않은 것을 누군가에게 한번 해보라고 할 만큼 비양심적인 사람이 아닙니다. 시도해보았던 인생의 결과를 조금이나마 얻어 봤기 때문에 말하는 것입니다. 마라톤 선수가 홀로 42.195km를 뛴다는 것은 무척 힘든 일입니다. 하지만 그 옆에는 페이스메이커가 있습니다. 그가 선수와 함께 뛰면서 힘과 용기를 주었기에 그는 그토록 힘든 코스를 완주할 수 있었습니다.

지금부터 제가 당신의 페이스메이커가 되고, 당신은 저의 페이스메이커가 되어 주십시오. 다른 것은 몰라도 같이 뛰면 힘이 납니다. 다시 한 번 힘차게 달려 보십시다.

세일즈맨의 페이스메이커가 되어 주십시오